Sigurd Rink

KÖNNEN KRIEGE GERECHT SEIN?

Glaube, Zweifel, Gewissen –
Wie ich als Militärbischof
nach Antworten suche

Unter Mitarbeit von
Uta Rüenauver

Ullstein

Ullstein ist ein Verlag der Ullstein Buchverlage GmbH

ISBN 978-3-550-20004-5

INHALT

Den stillen Helden
Johannes, Bolette und Theodor,
Mechthild und Sigurd Burckhardt
Den unbekannten Friedensstiftern

EINLEITENDE WORTE

»Dieser Stein
Steht groß in seiner Stille
Und in der Mitte der Dinge
Die Trauer.«   *Peter Huchel,*
                        Verona

Zuweilen stehe ich am Grab meiner Familie. Sie ruhen auf
einem Kirchhof im Marburger Land: meine Großmutter,
die Söhne im Krieg verlor; mein Vater, der von der Ostfront
schwer gezeichnet nach Hause kam, meine Mutter, eine stille
Heldin, deren beide älteren Brüder fielen. Ich stehe auf diesem weiten, stillen Feld und höre nichts als die Vögel. Und
ich frage mich: Weshalb hat mein Vater dieses Gedicht von
Peter Huchel für den gemeinsamen Grabstein gewählt? Wieso endet es dort mit der Trauer? Und nicht mit Freude. Oder
Hoffnung. Oder Auferweckung?

Ich ahne: Es hat etwas mit dem Thema, mit dem Kern
dieses Buches zu tun. Denn die Generationen des beginnen-
den 20. Jahrhunderts haben in unvorstellbarer Weise unter
den Kriegen gelitten. Wer seinen Mann, seine Frau, seinen
Sohn, seine Tochter, seine Mutter, seinen Vater im Krieg verliert, bleibt davon für immer gezeichnet. Ein Schatten legt
sich über sein Leben. Gott selbst, der »Backofen voller Liebe«, von dem Martin Luther predigte, hat es fortan schwerer, ihn mit seinen wärmenden Strahlen zu erreichen. Und
vielleicht, wer weiß, liegt dieser Schatten, den Peter Huchel

Trauer nennt, zuweilen selbst noch auf uns Nachgeborenen.

Wie gerne hätte ich meinen Patenonkel und Namenspatron Sigurd Burckhardt noch kennengelernt, bevor er an den Folgen des Krieges starb. Der Krieg, der große, der »vaterländische« Krieg, der dreißigjährige Weltkrieg zwischen 1914 und 1945, wie manch kluger Historiker heute beide Weltkriege zusammenfasst, lastet auf der deutschen wie auf der europäischen Seele. »Das wird kein Sommerbuch«, höre ich von Verlagsseite – und vielleicht würde es tatsächlich besser in den November passen: Volkstrauertag, Totensonntag, Ewigkeitssonntag.

Aber dieses Buch erscheint mir nötig: Wir sind in unserer Gesellschaft Meister der Ausblendung. Krankenhäuser werden ausgeblendet, Hospize und Rettungsdienste. Mit Tod und Krankheit wollen wir möglichst nichts zu tun haben. Genauso wenig mit Gewalt und Krieg, weswegen uns die Polizei nicht ganz geheuer ist und erst recht nicht das Militär.

Manchmal sehen wir ein Straßenschild, das den Weg zu einer Kaserne weist. Was aber hinter einem Kasernentor oder gar in einem Camp der Bundeswehr in Mali passiert, will kaum jemand so genau wissen. Vielleicht gibt es in der Familie noch einen Onkel, der »beim Bund« war. Aber auch diese Spur verliert sich, jetzt, wo die Streitkräfte klein und freiwillig geworden sind.

Es wurde Zeit, dass ich dieses Buch schreibe. Nach nun fünf Jahren im Amt des Militärbischofs, des, wie es kirchlich heißt, Bischofs für die Seelsorge in der Bundeswehr. Ich habe das Buch nicht als Politiker geschrieben, wenngleich es sehr politisch geworden ist. Und ich habe es auch nicht als Angehöriger des Militärs geschrieben, sondern als gläubiger Christ und als Mann der Kirche.

Dieses Buch ist riskant. Denn es handelt von einer Ethik im Ernstfall des Lebens. Ich sehe jetzt schon voraus, wie es von allen möglichen Seiten Kritik erfährt. Von meiner Kirche, von der Politik, von den Streitkräften. Gut so. Ich bin in meinem Amt inzwischen Kritik gewohnt und beziehe sie nicht mehr notwendig auf meine Person. Auch wenn ich als Autor natürlich mein erster und kritischster Leser bin.

Ich fühlte mich als Militärbischof dazu verpflichtet, dieses Buch zu schreiben. Über ein Thema, über das viel zu viel geschwiegen wird. Zuweilen aus Unkenntnis. Zuweilen aber auch, weil sich mit den Themen Krieg, Bundeswehr und Auslandseinsätze kein Blumentopf gewinnen lässt. In der Politik ist dies mehr als deutlich. Wer sich dort mit Sicherheits- und Verteidigungspolitik beschäftigt, braucht nicht zu erwarten, hohe Beliebtheitswerte einzufahren. Die große Fluktuation im Amt des Verteidigungsministers spricht Bände. Für viele Politiker hat sich die Verteidigungspolitik als »Karrierekiller« erwiesen. Zu komplex ist sie und zu anstößig.

Für die Bundeswehrangehörigen gilt die fehlende Anerkennung erst recht. Vielleicht hat das auch ein wenig mit ihrem für die Armee üblichen, um Knappheit und Präzision bemühten Auftreten zu tun. Ich würde mir wünschen, dass häufiger Soldatinnen und Soldaten in den Medien präsent wären, um von ihren Einsätzen zu berichten. Wie sonst sollen wir von dieser Wirklichkeit erfahren, die auch zu unserer Welt gehört, ob wir wollen oder nicht?

Ich wollte in diesem Buch von dieser Seite der Welt berichten. Ich weiß, dass es nur – wie Paulus in 1. Korinther 13 sagt – »Stückwerk ist«. Der Untertitel sagt es bereits: Es ist ein tastender, fragender Versuch, der zu einer Debatte beitragen und keine definitiven Antworten geben will.

Das Thema ist kompliziert und brisant. Meine Gedanken mögen manchem falsch und naiv erscheinen. Ich nehme dieses Risiko in Kauf und jede Unzulänglichkeit auf mein Konto. Wenn ich im Folgenden einigen Menschen danke, so danke ich ihnen für ihre Hilfe, ihre Gedanken und Erkenntnisse, nicht aber mache ich sie für den Inhalt des Buches verantwortlich.

Es ist bezeichnend für die Brisanz des Themas, dass einige meiner Gesprächspartner nicht namentlich genannt werden möchten. Ihnen sei an dieser Stelle herzlich gedankt.

Dieses Buch hat eigentlich zwei Co-Autoren: Uta Rüenauver und Klaus Beckmann. Und so ist es selbstverständlich, dass ihnen auch der erste Dank gebührt. Der Ullstein Verlag hat mich mit Uta Rüenauver zusammengeführt, und diese Auswahl gestaltete sich als Glücksfall. Mit Uta Rüenauver hatte ich eine erfahrene Philosophin und Autorin an meiner Seite, mit der ich Stunden und Stunden damit zubrachte, die zentralen Inhalte des Buches zu kondensieren. Dass sie zudem aus meiner hessischen Heimat stammt, konnte nur von Vorteil sein.

Klaus Beckmann ist ein langjähriger Standort- und Einsatzpfarrer und seit einiger Zeit als Militärdekan mein persönlicher Referent. Seine pointierten, immer profunden theologischen und politischen Gedanken haben dieses Buch sehr bereichert. Es ist ein großer Genuss und Gewinn, mit ihm zusammenzuarbeiten.

Mein erster gremialer Dank gilt dem Rat der Evangelischen Kirche in Deutschland (EKD), zunächst unter dem Vorsitz von Nikolaus Schneider, dann von Heinrich Bedford-Strohm. Dem Rat verdanke ich meine Berufung zum Militärbischof und somit auch die Möglichkeit, dieses Buch zu schreiben. Ich empfinde es als einen sehr mutigen Schritt, zuzulassen, dass gerade im Feld der Soldatenseelsorge und der Friedensethik die Expertise verstärkt wird. Auch danke ich dem Rat und seinen Vorsitzenden für die vertrauensvolle Zusammenarbeit und die Freiheit, abweichende Meinungen und Debattenbeiträge formulieren zu können.

Der Synode der EKD unter ihrer Präses Irmgard Schwaetzer danke ich für die Möglichkeit, meine Gedanken zur

Seelsorge an Soldaten in einem jährlichen Bericht zu unterbreiten.

Meinem Beirat für die Seelsorge in der Bundeswehr unter dem Vorsitz des Friedensbeauftragten der EKD, Renke Brahms, und der Hamburger Bischöfin Kirsten Fehrs danke ich für Ermöglichung eines Austauschs mit Persönlichkeiten aus der Kirchenleitung und aus der Bundeswehr.

Bettine von Arnim nannte einst eines ihrer Bücher: »Dies Buch gehört dem König«. Solche Widmung käme mir heute natürlich nicht in den Sinn, aber zweifellos habe ich in friedens- und militärethischen Fragen am meisten von den politischen und militärischen Amtsträgern gelernt. Allen voran meinen Gesprächspartnern im Verteidigungsministerium, Ursula von der Leyen und ihren Staatssekretären und – stellvertretend für die Soldatinnen und Soldaten – dem Generalinspekteur und seinen Inspekteuren. Es ist ein besonderes Geschenk, in einem derart komplexen und schwierigen Handlungsfeld von so viel kompetenten und zugleich warmherzigen Menschen umgeben zu sein.

Ich danke meinem Stab in der Bundesbehörde »Evangelisches Kirchenamt für die Bundeswehr« für zahlreiche Anregungen und Verbesserungsvorschläge. Wir waren und sind nicht immer einer Meinung. Und vielleicht hätte sich der ein oder andere gewünscht, dass ein solches Buch gar nicht erscheint. Dennoch habe ich viel von der Expertise meines Hauses gelernt.

Ich danke der Presseabteilung des Verteidigungsministeriums für die sehr genaue Durchsicht des Manuskripts, einen Faktencheck gleichsam. Das heißt nicht, dass wir in allem einer Meinung wären. Das wäre auch seltsam. Aber gewonnen hat das Buch durch die Zusammenarbeit, und Fehler, die sich dennoch eingeschlichen haben, nehme ich getrost auf mich.

Ich danke den Presseexperten der EKD, allen voran meinem verdienten Mitarbeiter Roger Töpelmann, der das Manuskript immer wieder kritisch durchforstet und zahlreiche Anregungen gegeben hat.

Ich danke meinen 108 Pfarrerinnen und Pfarrern im Feld, die mich an ihrer Arbeit in der Seelsorge immer wieder haben teilhaben lassen, allen voran Ralf Zielinski, der mich als mein langjähriger persönlicher Referent mit der besonderen Welt der Marine und ihren Einsätzen vertraut gemacht hat.

Ich danke dem Wehrbeauftragten des Deutschen Bundestages, Hans Peter Bartels, und den Mitgliedern des Verteidigungsausschusses, stellvertretend Frau Heidtrud Henn, für viele Begegnungen und offene Gespräche.

Ich danke der Forschungsstätte Evangelische Studiengemeinschaft (FEST) in Heidelberg. Sie nimmt mit ihrem Grundlagenforschungsprojekt gegenwärtig maßgebliche Neuverortungen vor, die nur rudimentär in dieses Buch einfließen konnten, aber die Friedens- und Militärethik in Zukunft stark prägen werden.

Ich danke den Grand Old Men, den Wegbereitern der heutigen, zeitgemäßen Friedensethik, allen voran dem ehemaligen Ratsvorsitzenden Bischof Wolfgang Huber, meinem akademischen Lehrer Wilfried Härle sowie meinem Examensfreund und Studienleiter an der Akademie Frankfurt, Eberhard Martin Pausch. Ohne die bahnbrechenden Arbeiten dieser drei Theologen, insbesondere die Friedensdenkschrift der EKD von 2007, stünde die evangelische Kirche viel ärmer und schlechter da. Mein Studium an der Alma Mater der Evangelischen Theologie, der Philipps-Universität Marburg, in den 1980er Jahren ist ohne diese drei prägenden Persönlichkeiten undenkbar.

Zum Schluss ein Wort zu meinem Verlag. Als Ullstein vor einem Jahr mit dem Wunsch auf mich zutrat, dieses Buchprojekt mit mir zu realisieren, konnte ich nicht ahnen, wie gut ich begleitet werden würde. Es war wirklich im besten Sinne Old School, ich fühlte mich bestens betreut, von Julika

Jänicke und Alexandra Krishnabhakdi vom Ullstein Verlag und der Lektorin Hanna Schuler, die dem Buch durch ihre sorgfältige, sprachbewusste Bearbeitung den Feinschliff verpasst hat. Wenn Verlage heutzutage noch so umsichtig und gewissenhaft arbeiten, kann es um die Bücherlandschaft so schlecht nicht bestellt sein. Bei den Streitkräften sagt man kurz und bündig: »Respekt und Anerkennung«.

Ich wünsche dem Buch viele aufmerksame Leserinnen und Leser und bin gespannt auf die Reaktionen.

Berlin, Ostern 2019
Sigurd Immanuel Rink

EIN MILITÄRBISCHOF SUCHT NACH ANTWORTEN

Von der Kirche ins Krisengebiet

Anflug auf Afghanistan
Es beginnt mit einem kurzen Schock. Bevor die Maschine auf dem Flughafen von Masar-e-Scharif landet, muss sie noch einmal durchstarten. Sturmböen machen dem Piloten einen Strich durch die Rechnung. Auf der Runde zum nächsten Anflug wird der Blick frei auf die größte Stadt des afghanischen Nordens. Immer weiter breitet sie sich aus. Allen Krisen und Konflikten trotzt sie. Dann fällt der Blick auf das nahe Marmal-Gebirge. Majestätisch ruhen die kargen Berge in der Stille der Landschaft. Tiefen Frieden strahlen sie aus – in einer von Gewalt erschütterten Gegend.

Bald hat die Maschine erneut den mit deutscher Hilfe gebauten Flughafen erreicht. Und damit Camp Marmal, das Hauptquartier der deutschen Truppen. Schließlich gelingt die Landung. Als ich aus dem Flugzeug trete, schlägt mir die Hitze Afghanistans entgegen. Sie trifft auch die etwa fünfzig Bundeswehrsoldaten, die mit mir eingeflogen sind. Es ist ein freundlicher Empfang, den der General uns bei diesem Besuch im Frühjahr 2018 bereitet. Doch es herrscht eine hohe Gefährdungslage: »Fighting season«, wie man hier sagt.

Militärfahrzeuge bringen uns sicher ins angrenzende Camp. Beim letzten Mal hatte es noch Raketenbeschuss gegeben. Doch diesmal ist – Gott sei Dank – alles ruhig. Die Stadt in der Wüste: Biblische Bilder gehen mir durch den Kopf. Da steht die Kapelle, die von Soldaten eigenhändig geplant und erbaut wurde. Da ist die Moschee für die afghanischen Ortskräfte. Da die Oase, ein Ort der Erholung für die Soldatinnen und Soldaten. Und etwas abseits von all dem schweigt mahnend das große Ehrenmal für die gefallenen deutschen Soldaten.

Der Militärpfarrer empfängt uns sichtlich erfreut. Für vier Monate teilt er sein Leben mit dem der Soldaten, geht alle Weg- und Durststrecken mit ihnen. »Gemeinsames Leben« hat Dietrich Bonhoeffer das in Bezug auf seine Vikare genannt. Wie in einem Brennglas werden in diesem Camp Deutschlands neue Herausforderungen in der Welt sichtbar, von denen der Bundespräsident, die Kanzlerin und auch die Verteidigungsministerin immer wieder sprechen. Das Ende des Kalten Krieges hat die alten geopolitischen Kräfteverhältnisse aufgelöst und Deutschland in eine Position mit veränderten Aufgaben gebracht. Seit 1990 ist die Bundeswehr an sogenannten friedenserhaltenden und friedenserzwingenden militärischen Einsätzen außerhalb des NATO-Gebietes beteiligt. Manche betrachten es als »Sündenfall« der aus der Katastrophe des Zweiten Weltkrieges entstandenen Bundesrepublik: Deutsche Soldaten sind wieder in kriegerische Auseinandersetzungen verwickelt. An dreizehn Auslandseinsätzen, drei Missionen und drei einsatzgleichen Verpflichtungen weltweit nimmt die Bundeswehr gegenwärtig teil, Tendenz nicht absehbar.

Da auch die Soldaten ein im Grundgesetz verbürgtes Recht auf Gottesdienst und Seelsorge haben, werden die Einsätze von einem Militärpfarrer oder einer Militärpfarrerin begleitet. Als Militärbischof bin ich sozusagen der *pastor pastorum*, der »Pastor für die Pastoren«. Ich bin für die Auswahl und Betreuung der derzeit dreiundzwanzig Militärseelsorgerinnen und fünfundachtzig Militärseelsorger in der Evangelischen Kirche in Deutschland (EKD) verantwortlich. Daher besuche ich nicht nur die hiesigen Bundeswehrstandorte, sondern fliege regelmäßig auch zu den im Ausland stationierten deutschen Truppen.

Kirchenamt im Militär

Seit ich 2014 zum ersten hauptamtlichen Militärbischof der EKD ernannt wurde, hat sich mein Leben grundlegend verändert. Ich bin nun nicht mehr, wie in meinem vorigen Kirchenamt, der Propst im regionalbischöflichen Amt, der seinen alles in allem wohlgeordneten und friedlichen zweihundertzwanzig Kirchengemeinden einen Besuch abstattet und von den heimischen Kanzeln des Taunus Frieden und Gerechtigkeit predigt. Ich kann nicht die Augen verschließen vor der Realität der kriegerischen Auseinandersetzungen, an denen Deutschland wieder aktiv und in aller Konsequenz teilhat – und in die ich als Militärbischof nolens volens verwoben bin. Deutsche Soldaten kämpfen wieder, werden verwundet, sterben, töten und bleiben mitunter lebenslang von traumatischen Erfahrungen und anderen Einsatzfolgen gezeichnet.

Ich sehe es mit eigenen Augen, ich trage es mit und muss dazu eine Haltung finden, als Mensch und als Christ. Manche scheinbare Gewissheit kommt ins Wanken, seit ich mich mit dem Thema Frieden und Militär intensiver beschäftige.

»Nie wieder Krieg!« Dieser Leitsatz sei typisch deutsch, sagte mir einmal ein polnischer Gesprächspartner. In Kreisau war das, in der Begegnungsstätte auf dem niederschlesischen Gutshof, wo mutige NS-Gegner einst ein Attentat auf Hitler planten und Konzepte entwarfen für ein befreites Deutschland in einem gerecht geordneten Europa. In Ländern wie Polen oder Israel, wo die Erinnerung an den Zweiten Weltkrieg von anderen Perspektiven geprägt sei als bei der Mehrheit der Deutschen, heiße die Lehre von damals zugleich: »Nie wieder wehrlos.« Diese Worte stimmten mich nachdenklich.

Im gesellschaftlichen und im kirchlichen Umfeld sollte

man sich bewusst machen, dass Friedensliebe wie nahezu jede ethische Maßgabe auch zeitlichen Rahmenbedingungen unterliegt. Das zum Frieden mahnende Zeugnis der Kirche fruchtet nämlich nur dann politisch, wenn es der komplexen Realität gewachsen ist.

Eine Totalverdammung militärischer Gewalt kann, auch das deutete mein polnischer Gesprächspartner an, die Flucht aus konkreter Verantwortung verschleiern. Wäre alles Militärische schlechthin vom Teufel, dann löste sich ja der Unterschied zwischen solcher Gewalt, die Unrecht stürzt, und solcher, die Unrecht stützt, in Nebel auf.

Andererseits steht für mich fest: Für Christinnen und Christen gibt es kein Zurück hinter das Wort des Weltkirchenrates von 1948. Es lautet: »Krieg soll nach Gottes Willen nicht sein!«

Krieg ist ein Übel. Er ist böse. Er verkörpert das Widergöttliche in der Welt, wie Christen es in der Erlösungsbitte des Vaterunsers ansprechen. Vom üblen Wesen des Krieges kann in der deutschen Gegenwart kaum jemand so anschaulich berichten wie Soldaten der Bundeswehr, die in Auslandseinsätzen mit Verletzung und Tod, Schuld und Hilflosigkeit konfrontiert werden, von denen mancher traumatisiert nach Hause kommt – und oft viel zu wenig Anteilnahme und Unterstützung findet.

Doch nicht die Angehörigen der Bundeswehr beschließen, auf Auslandsmissionen zu gehen, sondern es ist der Deutsche Bundestag, das Parlament, das wir gewählt haben. Die Gesellschaft sollte die Soldatinnen und Soldaten mit dem Auftrag, den sie ihnen erteilt hat, nicht allein lassen.

Kriegsrealität

In Afghanistan ist die Bundeswehr seit Anfang 2002, seit sich Deutschland nach den Anschlägen vom 11. September 2001 dem von den USA angeführten »Krieg gegen den Terror«

angeschlossen hat. Natürlich stellt sich die Lage hier ganz anders dar als im Europa zur Zeit der Weltkriege. Die heutige Herausforderung heißt »asymmetrischer Krieg«, trägt also auch Züge von Bürgerkrieg und Terrorismus und mutet den Juristen, den über ethische Fragen Nachdenkenden und vor allem den Soldatinnen und Soldaten allerhand zu.

Mehr als siebzehn Jahre sind deutsche Truppen nunmehr am Hindukusch stationiert. Es ist ihr bislang verlustreichster, in jeder Hinsicht teuerster und bald auch längster Einsatz. Als ich im Frühjahr 2018 nach Masar-e-Scharif und Kabul kam, hatte sich die Sicherheitslage seit meinem letzten Besuch weiter verschlechtert. Die Taliban und jetzt auch die Terroristen des sogenannten Islamischen Staats halten das Land unbarmherzig in Angst und Schrecken. Etwa die Hälfte des Territoriums haben sie derzeit in ihrer Gewalt. Ständig schlägt irgendwo eine Rakete ein, explodiert eine Bombe, jagt sich ein »Suizider«, ein Selbstmordattentäter, in die Luft. Hunderte, ja Tausende von Menschen verlieren ihr Leben, zum großen Teil Zivilisten. Ende 2018 meldete Präsident Ghani den Tod von fast dreißigtausend afghanischen Sicherheitskräften seit 2015 – ungezählt die Opfer aufseiten der Taliban. Es ist eine in jeder Hinsicht entgrenzte Sicherheitslage.

Und das nach fast zwei Jahrzehnten »Krieg gegen den Terror«. 2016 wurde das deutsche Generalkonsulat in Masar-e-Scharif durch einen Sprengstoffanschlag zerstört, 2017 dann die deutsche Botschaft in Kabul. Seither befinden sich die beiden Einrichtungen in den Camps und nicht mehr im Stadtgebiet. In der Wahrnehmung der deutschen Öffentlichkeit hatten die Soldatinnen und Soldaten den Auftrag, zur Stabilisierung des Landes beizutragen, sie sollten beim Aufbau der Infrastruktur helfen, Offiziere ausbilden, Schulen errichten. Inzwischen gleicht Camp Marmal einem abgeriegelten Hochsicherheitstrakt, der aus der Luft mit Kameras überwacht wird.

Sie fühlten sich wie in einem Käfig, erzählten mir Soldaten. Auch Militärseelsorger, die in Afghanistan in letzter Zeit Dienst taten oder immer noch tun, berichten vom schwer erträglichen Eingesperrtsein, von einem militärischen Paralleluniversum nahezu ohne Kontakt zur zivilen Welt. Die Bilder, auf denen man deutsche Soldaten beim Fußballspiel mit afghanischen Kindern oder mit der Schaufel in der Hand bei Bauarbeiten neben afghanischen Männern sieht, gehören lange der Vergangenheit an.

Heute tragen die Soldaten außerhalb des Camps dreißig Kilo schwere Schutzkleidung mit Weste, Helm und Brille und sind schwer bewaffnet. Sie wirken auf den ersten Blick eher wie eine Bedrohung denn wie Helfer. Auf die Straßen fahren sie nur noch im geschlossenen Konvoi, damit kein Selbstmordattentäter dazwischenfahren kann. Ohnehin wird aus Sicherheitsgründen der Landweg inzwischen möglichst gemieden, selbst kurze Wege legen die Soldaten mit dem Kampfhubschrauber zurück. Auch ich wurde von vier Soldaten in voller Ausrüstung, einem »Close Protection Team«, wie es in der Sprache des Militärs heißt, auf Schritt und Tritt geschützt und abgeschirmt.

Es ist eine surreale Situation. Immer wieder frage ich mich, und dies nicht nur in Afghanistan, sondern auch in anderen Einsatzgebieten: Was mache ich hier eigentlich? Was mache ich hier als evangelischer Pfarrer und Bischof, der ich doch in erster Linie bin? Ist es richtig, was ich tue? Und ist es richtig, was die Bundeswehr tut beziehungsweise die deutsche Politik? Wo ist der Sinn dieser Mission? Und wo ihr Erfolg?

Menschliche Grenzerfahrungen

Die Unwirklichkeit der Situation steigerte sich noch, als mich ein alter russischer Armeehubschrauber von Masar-e-Scharif nach Kabul brachte. Wir flogen über die Berge des Hindukusch und sahen eine betörend schöne Landschaft. Afghanistan ist ein zauberhaftes Land, von einer Stille, Kargheit und Erhabenheit, die einem die Sprache verschlagen kann. In Kabul dann ein Sternenhimmel, wie ich ihn noch nie zuvor gesehen hatte, und ein Sonnenaufgang wie eine Offenbarung. Und dagegen, in größtmöglichem Kontrast, dieses martialische Kriegsszenario, die Bewaffnung, das schwere militärische Gerät, die Detonationen von Bomben und Raketen, die zerstörten Häuser, die Toten und Verletzten. Im Lager fand ein Gottesdienst für die Soldaten statt. Ich sprach – als Einziger in ziviler Kleidung unter lauter Uniformierten – vom Leben und vom Tod, vom Zweifel und von der Suche nach Sinn, von der bedingungslosen Liebe Gottes. Ich wusste nicht, ob ich die Männer und Frauen vor mir erreichte, ob meine Worte etwas mit ihrer Realität zu tun hatten. Was ich aber spürte, war ein Durchatmen bei denen, die den Gottesdienst besuchten. Endlich mal auf andere Gedanken kommen. Endlich mal den Kopf frei bekommen. Endlich einmal singen, zuhören, poetischen Texten lauschen. Das jedenfalls tat den Soldatinnen und Soldaten gut – auch wenn sie sonst vielleicht gar keinen Kontakt zur Kirche haben mochten. Hier wie an anderen Orten erzählten sie uns von Reibereien mit Kameraden und Vorgesetzten, von Konflikten mit dem Partner zu Hause, von der Monotonie im Camp, ihrem Zweifel an der Sinnhaftigkeit und am Erfolg ihres Auftrags und vom fehlenden Rückhalt in der deutschen Bevölkerung. Fast alltägliche Sorgen, könnte man meinen.

Doch aus einigen kamen im offenen Gespräch Erlebnisse hervor, mit denen sie nicht fertigwurden, obwohl sie teilweise schon länger zurücklagen. Eine Soldatin konnte die Todesangst nicht vergessen, die sie durchlitten hatte, als sie unter feindlichen Beschuss geraten war. Ein Sanitäter wurde von den Bildern eines Einsatzes verfolgt: Man hatte ihn zu einem Militärfahrzeug gerufen, die Kameraden im Wagen waren alle verwundet, und er hatte entscheiden müssen, wer von den schwer verletzten Menschen zuerst behandelt wurde, bei wem sich die Hilfe sozusagen am meisten lohnte. »Triage« sagen die Mediziner dazu. Man kennt diese Situation auch von Katastrophenfällen in Deutschland, Zugunglücken etwa oder Amokläufen. Den Sanitäter plagten Schuldgefühle.

Genauso wie den Soldaten, der einen Taliban erschossen hatte und nicht darüber hinwegkam. »Moral injury« nennen die Bundeswehrpsychologen diese Art seelischer Verwundung, »moralische Verletzung«.

Das war Krieg in all seiner Brutalität. Da wurde gegen elementare christliche Regeln verstoßen. »Du sollst nicht töten!« Das fünfte Gebot und die Grundlage jeden menschlichen Zusammenlebens – es war hier außer Kraft gesetzt. Die Soldatinnen und Soldaten hatten das Handwerk des Tötens gelernt, um es im schlimmsten Fall auch auszuüben. Ich selbst wüsste nicht, wie ich mit solchen Erlebnissen fertigwerden sollte, wie sie uns die Soldaten schilderten, die in den vergangenen Jahren in Afghanistan ihren Dienst taten; mit dieser Last, ja Schuld, die sie im Auftrag der Bundesrepublik Deutschland auf sich zu nehmen bereit waren. Was macht ein solcher Einsatz mit Menschen?

»Christlicher Glaube zielt auf Tod und Leben.«
Der Militärpfarrer, der am Ostermontag 2013 das Ehrenmal im Camp Warehouse entwidmete – die Bundeswehr gab damals dieses Lager auf, um in eine andere Liegenschaft am Rande Kabuls umzuziehen; die Gedenktafeln der Gefallenen hängen heute in Schwielowsee bei Potsdam in der Gedenkstätte »Wald der Erinnerung« der Bundeswehr –, sagte in seiner Ansprache:

»Christlicher Glaube zielt auf Tod und Leben. Wenn er überhaupt etwas taugt, dann hat sich das hier zu zeigen. Die Botschaft von der Auferstehung Jesu macht den Schmerz dieser

Tode nicht einfach ungeschehen. Es ist und bleibt nicht egal, ob ein Mensch alt und lebenssatt sterben darf oder ob mit gerade mal zwanzig Jahren hier, in diesem verzweiflungsvollen Land, ein hoffnungsvolles Leben abgebrochen wird. Die Osterbotschaft ist nicht die billige Patentantwort auf das Leid aller Zeiten. Hoffnung, wenn sie tragen will, muss den Schmerz aushalten.

Ich habe als Christ keine Antwort auf das Warum dieser Tode. Und ich werde mir verkneifen, mit frommen Floskeln den Schmerz zu übertünchen. Die gefallenen Kameraden haben Ehrlichkeit verdient. Sie haben auch verdient, dass ich, dass wir die offene Wunde dieser Tode aushalten. Wir schulden ihren Eltern, ihren Ehefrauen und Partnerinnen, ihren Kindern, dass wir den Schmerz des Verlustes teilen.«

Er fuhr fort, indem er versuchte, das Menschsein jedes einzelnen Soldaten in seiner einmaligen Vergänglichkeit und Würde zu betonen:

»Es bleibt dabei, diese Menschen haben ihr eigenes Leben gelebt, so kurz es war und so brutal ihr Tod gewesen ist. Diese Menschen hatten ihren je eigenen Namen, ihr Gesicht, ihre Stimme, ihre Art zu gehen, zu reden, zu schweigen. In je ihrer Art haben sie das Leben anderer Menschen geteilt, haben mitgefühlt, mitgefeiert, vielleicht gestritten, sich gefreut und wohl manchmal geärgert. Sie erlebten Gemeinschaft und Kameradschaft, manchmal mag es schwierig gewesen sein – wie es zum Menschenleben gehört. Sie haben Spuren hinterlassen, waren da, unverwechselbar. Nie wieder wird es genau solche Menschen geben wie diese gefallenen Kameraden. Sie waren Einzelstücke, wie jeder von uns ein unverwechselbares Einzelstück ist. Sie waren Kinder, Freunde, Lebenspartner, Kameraden, mancher von ihnen hat selbst Kindern das Leben geschenkt. Das alles wird nie nichts sein. Nie wird diese Welt eine Welt sein, in der nicht diese Menschen einmal gelebt haben. Das bleibt. Und wir schulden es unseren Gefallenen, dass wir uns bewusst bleiben: Sie waren einmal hier.«

Richtige Worte, zweifellos. Ich hoffe, sie haben in der Realität dieses Einsatzes die Seelen der Soldaten erreicht.

Selbstverantwortung im Graubereich der Wirklichkeit
Ich konnte und wollte die Soldaten nicht vom Sinn und Erfolg ihres Auftrags überzeugen. Das war nicht meine Aufgabe. Ich war im Dienst der Kirche gekommen, nicht im Dienst des Staates. Meine Funktion und die der Militärseelsorger vor Ort ist es nicht, politische Entscheidungen über militärische Interventionen und deren Umsetzung kirchlich zu legitimieren. Im Gegenteil, die Militärseelsorge hat den Auftrag, das Gewissen der Soldaten zu schärfen, sie aufzufordern, sich nicht als willenlose Befehlsempfänger, sondern als selbstbestimmte, eigenverantwortliche Individuen wahrzunehmen, die ihr Tun hinterfragen und Rechenschaft darüber ablegen.

Sein Menschsein so zu begreifen und zu leben ist Aufgabe jedes einzelnen Menschen, das ist meine feste Überzeugung. Für Soldatinnen und Soldaten aber hat diese Aufgabe noch einmal eine sehr viel existenziellere Dimension. Sie müssen in Erwägung ziehen, zu töten und getötet zu werden. Bei ihnen geht es um Leben und Tod. Zugleich aber ist es innerhalb der hierarchischen Struktur des Militärs ein Leichtes, die Verantwortung für das eigene Handeln abzuweisen und sich auf die Gehorsamspflicht gegenüber den Vorgesetzten zurückzuziehen.

Von den Kreuzzügen bis zum Nationalsozialismus – allzu oft hat die Kirche in der Vergangenheit eine unheilvolle Rolle gespielt, war Kriegstreiber und Kriegsrechtfertiger, hat sich der Politik angedient und die größten Verbrechen unterstützt. Ich bin mir bewusst, dass die Militärseelsorge und das

Militärbischofamt bei manchen diese Erinnerungen wachrufen. Es gab eine Zeit, da habe auch ich jenen absoluten Standpunkt vertreten, Kirche und Militär hätten sich zueinander wie Feuer und Wasser zu verhalten.

Inzwischen habe ich diese Haltung zwar nicht aufgegeben, doch zwangen mich das Weltgeschehen und mein Nachdenken darüber zu einer Relativierung. Ich habe mich in die riskante und verantwortungsethisch anspruchsvolle Grauzone der Wirklichkeit begeben, in der es nicht nur Gut und Böse, Wahr und Falsch gibt und eindeutige, endgültige Antworten nicht zu haben sind. Die Frage, ob Kriege gerechtfertigt sein können, die sich die Kirche seit ihrem Bestehen stellt und deren eilfertige Bejahung sie immer wieder zum Mittäter bei Menschheitsverbrechen machte, diese Frage würde ich inzwischen sehr differenziert beantworten.

Ja, ich denke heute, dass rechtserhaltende Gewalt unter äußersten Umständen, als Ultima Ratio, gerechtfertigt sein kann – niemals als Frieden bringende Lösung, sondern lediglich, um die Bedingung der Möglichkeit von Frieden zu schaffen. Ich weiß, dass ich mich mit dieser Haltung ebenso wie mit meinem Amt angreifbar mache, gerade auch in Kirchenkreisen. Das will ich auch. Ich will mich der komplexen, unübersichtlichen, unfriedlichen Wirklichkeit stellen und mit dem Kompass meines Glaubens nach Antworten suchen. Und diese Antworten können, wenn sie überhaupt zu finden sind, immer nur vorläufig sein.

Als Militärbischof bewege ich mich viel in Bundeswehrkreisen. Dennoch bin ich der militärischen Handlungsoption nicht unbedingt nähergerückt. Im Gegenteil, ich würde sogar behaupten, nun aus eigener Anschauung von ihren Konsequenzen und Verheerungen zu wissen, ihren menschlichen Kosten in erster Linie. Die Ultima Ratio, die äußerste Möglichkeit eines Einsatzes rechtserhaltender Gewalt, ist für mich keine hohle Phrase, die man relativieren kann. Sie ist angesichts dessen, was militärische Interventionen bewirken – nicht zuletzt auch im Leben von Soldatinnen und Soldaten –, mit äußerster Sorgfalt zu prüfen. Daher stehe auch ich nicht vorbehaltlos zur westlichen Außen- und Verteidigungspolitik. Meine Fragen und Zweifel haben sich seit meinem Amtsantritt eher noch vermehrt.

Als ich im März 2018 mit fünfundzwanzig Soldatinnen und Soldaten auf Pilgerreise ins Heilige Land fuhr, sagte unser deutschstämmiger, mit einer Israelin verheirateter Führer zu uns: »Wenn Sie aus Israel nach Hause zurückkehren, werden Sie mehr Fragen und Zweifel an der Lage hier haben als jemals zuvor.« Als ich im Februar 2019 diese Reise wiederholte, erschloss sich mir erneut die Wahrheit dieses Satzes – der gleichermaßen auch für andere Krisenherde der Welt gilt.

Ich kann und will in diesem Buch keine Antworten geben. Stattdessen möchte ich mich meinen Zweifeln aussetzen, möchte meine Position hinterfragen, mein Gewissen schärfen – im Grunde das, was die Militärseelsorge bei den Soldatinnen und Soldaten zu erreichen versucht.

KAPITEL 1

Vom Fundamentalpazifisten zum Militärbischof

Zunahme der globalen Krisenherde

Folgenschwerer Anruf

»Es gibt kein richtiges Leben im falschen.« Mit diesem Zitat des Philosophen Theodor W. Adorno kommentierte eine Verwandte 2014 meinen Amtsantritt als Militärbischof. Adorno hatte vermutlich recht. Vermutlich gibt es tatsächlich kein richtiges Leben im falschen. Ich bin mir nicht sicher. Was ich aber weiß, ist, dass die Welt nicht ist, wie sie sein sollte. Sie ist voll von Ungerechtigkeit, Krieg und Leid, und im Moment scheint sie besonders aus den Fugen geraten zu sein. Die Welt ist unerlöst, wie Christinnen und Christen sagen. Gott verheißt zwar Erlösung, Frieden und Glückseligkeit, aber das ist oft ein jenseits des irdischen Lebens liegender Zielhorizont. Er ist, wie sich die Philosophen ausdrücken würden, eine regulative Idee, die den Menschen Orientierung gibt, um den richtigen Weg zu finden und sich und die Welt zum Besseren zu gestalten.

Meine Entscheidung, mich zum Militärbischof berufen zu lassen, stößt bei manchen Familienangehörigen, im Freundes- und Bekanntenkreis und gerade auch bei Kirchenleuten nach wie vor auf großes Befremden und heftige Kritik. Ausgerechnet Sigurd Rink, den man bislang für einen überzeugten Pazifisten gehalten, der sich in der Evangelischen

Kirche und ihren Akademien immer für Friedensarbeit stark gemacht hatte, suchte nun die Nähe zum Bösen, begab sich auf das Feld des Militärischen. »Ich kenne kaum einen Menschen, der so zivil ist wie du«, sagte mir ein befreundeter Redakteur einer großen Frankfurter Tageszeitung, »wie soll das zusammengehen?« Ich kann diese erschrockenen Reaktionen verstehen. Hätte man mir vorhergesagt, dass ich einmal Militärbischof sein würde, ich hätte es als groben Unfug für unmöglich erklärt.

Als mich vor nunmehr fünf Jahren der damalige EKD-Ratsvorsitzende Nikolaus Schneider in meinem nachweihnachtlichen Winterurlaub in der Steiermark anrief und fragte, ob ich mich für das neu zu besetzende und neu zu strukturierende Amt des Militärbischofs zur Verfügung stellen würde, fiel ich aus allen Wolken. Natürlich wusste ich, dass es innerhalb der Kirche die Militärseelsorge und einen Militärbischof gibt, aber diese Welt war mir bis dahin fremd gewesen; als junger Mann hatte ich, da ich angehender Theologe war, nicht einmal Wehrdienst leisten beziehungsweise verweigern müssen. Es schien mir für die Glaubwürdigkeit der Kirche schon immer ratsam, dass sie auf Abstand zum Staat ging, und mit dem Militär sollte sie am besten möglichst wenig zu tun haben.

Schneider erklärte mir, dass das bisherige Nebenamt des Militärbischofs in ein Hauptamt umgewandelt werden solle. Seit Abschluss des Militärseelsorgevertrags zwischen der Evangelischen Kirche und der Bundesrepublik Deutschland im Jahr 1957 war die Nebenamtlichkeit des Militärbischofs als zentral angesehen worden. Er sollte immer in einer Landeskirche, also im Zivilen, verankert bleiben, um seine für das Amt entscheidende Unabhängigkeit gegenüber den Streitkräften wahren zu können.

Doch die Weltlage hatte sich inzwischen maßgeblich geändert. Die globalen Krisenherde hatten zugenommen, die

Bundeswehr war zu einer Berufsarmee geworden und in vielen Ländern der Welt im Einsatz. Damit waren auch die Anforderungen an die Militärpfarrerinnen und Militärpfarrer und an den Militärbischof substanziell gestiegen, und das Nebenamt schien nicht mehr ausreichend. So hatte sich der Rat der EKD schließlich zu dem riskanten und anhaltend umstrittenen Schritt durchgerungen, das Militärbischofsamt – im Unterschied zur römisch-katholischen Kirche in Deutschland – zum Hauptamt zu erklären. Und ich sollte der erste hauptamtliche evangelische Militärbischof werden.

In vielen vorbereitenden Gesprächen fragte ich immer wieder nach, ob denn bekannt sei, dass ich nicht gedient und keine große Affinität zur Bundeswehr habe. Ob bekannt sei, dass ich seit zwölf Jahren Propst im liberalen Südhessen bin, wo die Bundeswehr in den Neunzigerjahren auf Drängen der Städte und Gemeinden fast alle Standorte aufgegeben hatte und so gut wie nicht mehr präsent ist. Ob bekannt sei, dass ich aus der hessen-nassauischen Kirche komme, der Kirche von Martin Niemöller. Martin Niemöller, der die Bekennende Kirche mitbegründet und Jahre in Konzentrationslagern verbracht hatte, der sich nach dem Zweiten Weltkrieg als Friedensaktivist gegen eine Wiederbewaffnung der Bundesrepublik ausgesprochen hatte. Diese hessen-nassauische Kirche Martin Niemöllers ist meine Heimatkirche, sie hat mich sozialisiert und geprägt. Sie ist traditionell sehr partizipativ und basisdemokratisch, also immer auf Aushandeln und Konsensfindung ausgerichtet. Noch nicht einmal ein Bischofsamt gibt es in Hessen-Nassau, wie sonst in vielen Landeskirchen.

Ich sei daher vielleicht nicht der Richtige, sagte ich zu meinen Beratern. Ich sei jedenfalls nicht geeignet, eine Art Staatskirche zu repräsentieren und in einem hierarchischen Milieu einen besseren General darzustellen. Doch sie entgegneten, vielleicht suche man gerade jemanden wie mich, jemanden, der mit Distanz von außen komme, der innerhalb des geschlossenen Systems des Militärs der eine Andere sei.

Achtundvierzig Stunden hatte mir der Ratsvorsitzende Schneider als Frist gesetzt, um zu entscheiden, ob ich mich bewerben wolle. Diese zwei Tage wurden eine innere Achterbahnfahrt. Ich wendete die Argumente hin und her und wieder zurück, befragte mein bisheriges Leben, meinen Glauben und meine Überzeugungen. Ich war mir bewusst, dass mich neue Herausforderungen reizten. Doch war mir ebenso klar, dass sie nicht beliebig sein durften, sondern mit meinen inneren Werten übereinstimmen und sich sinnvoll in mein Leben einfügen mussten. Es waren intensive Stunden der rückblickenden Selbstbefragung.

Protestantische Muttermilch

Ich komme aus einer tief protestantischen Familie. Die Vorfahren meiner Mutter, die deutsche Familie Burckhardt und die norwegische Familie Michelet, waren über Generationen Theologen. Bei uns zu Hause wurde der Glaube mit Ernst und Überzeugung gelebt. Nicht verbiestert und streng, sondern lebensfroh, zugewandt und verständnisvoll. Natürlich wurde bei Tisch und vor dem Zubettgehen gebetet, und die ganze Familie war in der Kirchengemeinde aktiv. Als Kind war es für mich eine selbstverständliche Pflicht, regelmäßig eine alte, einsame Frau in einem Seniorenheim in der Nähe zu besuchen. Nichts geschah aber aus Zwang. Ich erinnere mich an eine Zeit, die von Liebe, Wärme und Vertrauen geprägt war.

Mein Vater, der, anders als meine Mutter, einen hugenottisch geprägten Protestantismus mit der Muttermilch aufgesogen hatte, war ein richtiger Kulturprotestant. Er besaß eine große Bibliothek und liebte die Bibel vor allem als literarisches Dokument. Er hatte Geisteswissenschaften studiert und wäre gern Verlagslektor geworden, doch die Nachkriegswirren hatten ihn gezwungen, eine kaufmännische Laufbahn einzuschlagen. Sein Leben war nicht ohne Tragik. Er war als Bauernsohn im armen Marburger Land aufgewachsen. Seine Mutter ging zeitlebens in Tracht. Als Jugendlicher hatte er sich zunächst von den Nazis begeistern lassen und war in der Hitlerjugend aktiv gewesen. Der Krieg aber öffnete ihm schnell die Augen. Er kämpfte an der Ostfront und kehrte, wie so viele, traumatisiert zurück.

Nur selten erzählte er davon, aber zwei Szenen, die ihn albtraumartig verfolgten und manchmal, mehr zwischen den Zeilen, zur Sprache kamen, sind mir unvergessen. Er hatte mitansehen müssen, wie ein voll besetzter deutscher Gefechtspanzer von den Russen getroffen wurde, und konnte die entsetzlichen Schreie der eingeschlossenen, mit dem Tod kämpfenden Soldaten nicht vergessen, die aus dem Wrack drangen. Schlimmer noch war ihm die Erinnerung an den Tag, als ein Maschinengewehrschütze neben ihm zunächst in aller Ruhe seine Pfeife stopfte und anschließend seine Salven auf die immer wieder wie Kanonenfutter nachrückenden russischen Soldaten abfeuerte. Er habe, erzählte mein Vater, das Weiße in den Augen der Russen sehen können, die tödlich getroffen massenweise vor ihm zusammenbrachen.

Noch bevor ich richtig begreifen konnte, was mein Vater erlebt hatte, vermittelte sich mir durch seine wortkarge Schwermut bei diesem Thema eine Ahnung vom absoluten, unvorstellbaren Schrecken des Krieges, der sich niemals wiederholen dürfe. Und immer wenn ich seine merkwürdig aussehenden Zehen erblickte, die im Krieg erfroren waren und sich nicht mehr erholt hatten, schauderte es mich.

Zwischen meinen Eltern gab es lebhafte Diskussionen über die Konsequenzen, die aus der NS-Zeit zu ziehen seien. Die Einstellung meines Vaters würde ich heute als konservativ und deutsch-national bezeichnen. Er betrachtete den Nationalsozialismus als singuläre Entgleisung der deutschen

Geschichte. Auf die deutsche Kulturnation und insbesondere Preußen ließ er nichts kommen und glaubte, man könne an diese ruhmreiche Vergangenheit anschließen. Goethe, Schiller und Hölderlin waren seine Bezugsgrößen. Und natürlich Immanuel Kant, nach dem ich meinen zweiten Vornamen bekam.

Meine vom Protestantismus und der Bekennenden Kirche geprägte Mutter dagegen sah eine Kontinuität vom militaristischen 19. Jahrhundert zu den Nazis. Sie verabscheute jeden Nationalismus und war überzeugte Europäerin. Auf ihrem VW-Käfer klebte schon in den Sechzigern eine Europa-Plakette. Anlässlich der Kriegsdienstverweigerung eines meiner Brüder schrieb sie 1970 an das Kreiswehrersatzamt in Frankfurt am Main:

»Man kann in der Erziehung ja nur das weitervermitteln, was einen selbst geprägt hat. So bin ich von der Seite meiner Mutter her von klein auf daran gewöhnt worden, nicht in nationalen Kategorien zu denken. Meine Großeltern waren Norweger und hatten vielerlei familiäre und freundschaftliche Beziehungen in die ganze Welt. Christliche Glaubensinhalte, vor allem der Dienst am Nächsten, vor allem an Unterprivilegierten, bestimmten das Leben und Tun dieser Menschen und genauso das meiner Mutter. (…) Die Problematik all der Menschen, die einerseits sich ihrem Staat gegenüber loyal verhalten wollen, andererseits aber als oberste Maxime ihres Handelns die Glaubensinhalte des Christentums ansehen, wurde während der Zeit des ›Dritten Reiches‹ in unserem Elternhaus für unsere Familie deutlich spürbar. (…) Mit dem Beginn des Krieges vertieften sich noch die Konflikte, mit denen wir leben mußten. Meine ältesten beiden Brüder wurden eingezogen und fielen später in Rußland. Meine Mutter litt unermeßlich unter dem Bewußtsein, daß ihre Heimat Norwegen von Deutschen besetzt wurde, ihre Verwandten und

Freunde bittersten Hunger leiden mußten, daß ihre eigene Familie dort ihre Söhne als Feinde ansehen mußte. (…)

Aus all diesen und hinzukommenden politischen Gründen war für uns das Ende des Krieges und des Hitlerregimes trotz der furchtbaren Zerstörung unseres Landes eher das Signal, mit all unseren Kräften an den Aufbau einer besseren und friedlicheren Welt zu gehen, als nur der Zusammenbruch des deutschen Volkes. In diesem Punkt unterscheiden sich auch heute noch die Ansichten zwischen meinem Mann und mir. Er sieht alles unter der Gesamtgeschichte Deutschlands; ich erhoffe im Blick auf die Zukunft alles vom Frieden und nicht von kriegerischen Auseinandersetzungen, die heute, bei der Entwicklung der technischen und biologischen Waffen, nur zu furchtbarstem Unheil für die Menschheit führen können.«

Frühes Trauma und großväterliche Rettung
Meine behütete Kindheit hatte ein jähes Ende, als im Jahr 1973 zuerst meine geliebte Großmutter väterlicherseits starb, dann mein Vater schwer und chronisch erkrankte und schließlich meine Mutter einem Hirnschlag erlag. Es war ein wirklich traumatisches Jahr. Meine beiden Brüder waren schon erwachsen, und ich kam dreizehnjährig auf ein katholisches Internat auf der Amöneburg im Bistum Fulda.

In dieser schwierigen Zeit wurde das Verhältnis zu meinem Großvater mütterlicherseits, dem Theologen Theodor Burckhardt, lebensrettend für mich. Ohne ihn hätte ich diese gravierenden familiären Verluste sicher nicht verkraftet. So oft ich konnte, fuhr ich zu ihm nach Soest in Westfalen. Obwohl damals schon hochbetagt und fast taub, war er immer für mich da. Er konnte trotz seiner Schwerhörigkeit wunderbar zuhören – eine der wertvollsten Fähigkeiten überhaupt, wie ich damals erfuhr. Bei meinem Großvater fühlte ich mich vollkommen verstanden und aufgehoben. Wenn er sich nach dem Mittagsschläfchen in seinem Studierzimmer seine Rinn

& Cloos für 80 Pfennig das Stück anzündete und uns so einnebelte, dass die Hand vor Augen kaum noch zu sehen war, dann wusste ich: Jetzt ist er ganz für mich da.

Er war tatsächlich ein eindrucksvoller Mann. Er hatte sein Leben lang als Pfarrer gearbeitet. Als Sohn von Johannes Burckhardt, einem charismatischen, von der Erweckungsbewegung geprägten Gründervater der sogenannten Inneren Mission, hatte er seine Berufung früh eingehaucht bekommen. Während der NS-Zeit gehörten er und seine Frau Bolette der Bekennenden Kirche an, widersetzten sich den Nazis und kümmerten sich in Berlin um Hilfe und Unterschlupf für verfolgte Juden und Christen jüdischer Herkunft. Er musste mehrfach mit Inhaftierungen dafür büßen. Seine Frau war am Ende des Krieges derart entkräftet, dass sie noch 1945 verstarb. Beide gehörten zu den »Stillen Helden«, denen in Berlin eine Gedenkstätte gewidmet ist.

Bis heute ist mein Großvater in seiner weisen Güte, mit seinem unbeirrbaren Glaubens- und Lebenskompass und seiner außerordentlichen Gabe zuzuhören ein großes Vorbild für mich. Er verkörperte für mich immer das Ideal eines Pfarrers und hat meine Entscheidung, dieser Berufung zu folgen, sehr beflügelt.

Prägende Internatsjahre

Man fragt sich ja immer, wer und was uns zu der Person gemacht hat, die wir geworden sind. Ist man nur durch Zufälle und Schicksalsschläge auf einen bestimmten Lebensweg geraten, oder gibt es eine Folgerichtigkeit, die man entscheidend mitgestaltet? Das Jahr 1973 jedenfalls war für mich eine gewaltige Zäsur und hat mir früh die Existenzialität und Abgründigkeit des Daseins aufgezeigt. Dass ich dann auf ein katholisches Internat mit angeschlossenem Gymnasium geschickt wurde, lag nicht daran, dass ich unbedingt eine kirchliche und schon gar katholische Einrichtung besuchen sollte, sondern erschien wegen der Nähe zu Frankfurt am Main, wo ich herkam, dem Bildungsangebot und dem Ruf der Schule als die beste Alternative. Wie schwer nach den glücklichen Jahren im Familienkreis das Internatsleben für mich war, kann man sich leicht vorstellen. Sehr viele Waisen und Scheidungskinder lebten in dem bischöflichen Schülerheim. Es gab die typischen Dynamiken, für die geschlossene Systeme besonders anfällig sind: Hackordnungen, Machtspiele und Grausamkeiten sowohl unter den Schülern als auch vonseiten der Erzieher. Das Gymnasium, die Stiftsschule St. Johann, war sehr renommiert und galt als Kaderschmiede für den katholischen Priesternachwuchs. Aber es waren die Siebziger, die Zeit nach dem Zweiten Vatikanischen Konzil, und die katholische Kirche hatte sich gesellschaftlich und ökumenisch geöffnet. Der Zeitgeist machte auch vor dem Bistum Fulda nicht halt.

Was mir von diesen Schuljahren bis zum Abitur am nachhaltigsten in Erinnerung ist, sind die intensiven Bibelstudien, die wir dort betrieben. Wort für Wort und Satz für Satz lasen wir gemeinsam die heiligen Texte und besonders das Neue Testament. Wir kauten die Schriften richtiggehend durch, von vorne bis hinten und wieder zurück. Wir diskutierten über die möglichen Auslegungen, prüften sie anhand unseres Wissens und unserer Erfahrungen und leiteten daraus Erkenntnisse für unser Leben ab. Das war ungeheuer begeisternd und inspirierend.

In dieser Zeit entstanden auch ein paar meiner bis heute engsten und vertrautesten Freundschaften.

Wir hatten einen Mentor, einen promovierten Theologen, der außerordentlich prägend für mich war. Er war überzeugter Fundamentalpazifist und engagierte sich bei Pax Christi, der katholischen Friedensbewegung. Sein Credo war der berühmte Satz des Schweizer Philosophen und Kulturhistorikers Jacob Burckhardt: »Macht an sich ist böse«. »Haltet euch fern von jedweder Macht!«, warnte uns der junge Lehrer. Sie führe notwendig ab vom rechten Pfad des Glaubens, korrumpiere und sei nicht zu vereinbaren mit einem Leben im Zeichen Gottes. Mit Machtverhältnissen, selbst wenn sie in der Wirklichkeit vielleicht unumgänglich seien, dürfe die Kirche nichts zu tun haben. Wir seien dazu da, das reine Leben zu leben, also den Geboten, der Bergpredigt, den Seligpreisungen zu folgen, unsere Feinde zu lieben, den irdischen Gütern zu entsagen, Gerechtigkeit zu üben und ein bescheidenes, gottgefälliges Leben fern der verderbten Welt zu führen.

In den nachkonziliaren, von der Studentenbewegung durchgerüttelten Siebzigerjahren besann man sich wieder der frühchristlichen Epoche vor der Konstantinischen Wende im dritten, vierten Jahrhundert, als die Kirche noch nicht zur Staatsreligion mit Prunk und Privilegien geworden war. Ich habe damals an vielen Exerzitien mit Benediktinern besonders im Kloster Nütschau nahe Lübeck teilgenommen. Durch kontemplative Versenkung, Tagzeitgebete, Schweigen und Fasten suchte ich mit Gott in Verbindung zu treten.

Meine Schulfreunde und ich dachten darüber nach, wie das richtige, wahre Leben in Frieden und Gerechtigkeit zu führen sei. Mir erschien die asketische, gleichsam mönchische Existenz ein erstrebenswertes Modell zu sein. Ich verkaufte meine Plattensammlung und richtete mein Zimmer wie eine karge Mönchszelle ein, auf dem Bücherbord neben dem Bett nur die Heilige Schrift. Ich wollte mich von allem Luxus und Tand trennen. Nichts Materielles sollte meine Verbindung zu Gott verstellen.

Rückblickend kommen mir diese Vorstellungen sehr katholisch vor. Denn die katholische Kirche hatte ja quasi eine Zwei-Stufen-Ethik: auf der einen Ebene die Menschen, die Gott nah sind und das perfekte Leben, die *vita perfecta*, führen. Dazu gehören Mönche, Nonnen, Priester, all jene, die dem sündhaften irdischen Leben entsagen und ein geistliches Dasein in Gott verbringen. Auf der anderen, niedrigeren Stufe leben die gewöhnlichen Menschen in der unvollkommenen, weltlichen Sphäre. Sie gehen Beschäftigungen nach, die zwar gebraucht werden, aber lästig, schmutzig und fern der letzten, eigentlichen Dinge sind.

Die Frage nach dem richtigen Leben
Die Frage nach dem richtigen Leben außerhalb des Schuldzusammenhangs trieb damals natürlich nicht nur die christliche Jugend, sondern eine ganze Generation um. Sie sah es als ihre oberste moralische Pflicht an, die geleugneten und verdrängten Verbrechen ihrer Väter aufzuarbeiten und die Voraussetzungen dafür zu schaffen, dass so etwas wie der Nationalsozialismus mitsamt Krieg und Holocaust niemals wieder passiert. Es ist kein Wunder, dass Theologie in dieser Zeit neben Politik und Soziologie das angesagte Studienfach war.

Ich stand damals wie heute einer kleinen evangelischen Kommunität im hessischen Imshausen bei Bebra im ehemaligen »Zonenrandgebiet« sehr nahe. Der Kontakt meiner Familie zu der Gemeinschaft bestand noch aus Kriegstagen, als meine Mutter und ihre acht Geschwister aus Berlin dorthin reisten und später evakuiert wurden. Manches Mal habe ich als Kind an biblischen Zeltlagern und als junger Mann an Schweigeexerzitien in Imshausen teilgenommen; über Wochen wurde nicht gesprochen. Die Gemeinschaft existiert noch heute. Mittlerweile hat sie sich der Gesellschaft gegenüber weiter geöffnet. Auf einer Homepage bietet sie ein spirituelles Programm mit Gebeten und Meditationen für die Öffentlichkeit an, sie betreibt einen Biolandhof und auch ein kleines Geschäft mit ihren eigenen Produkten. Als ich die Gemeinschaft kennenlernte, hatten die Mitglieder aber noch nicht einmal eine Krankenversicherung. Wieso auch? Das Leben hatte ihnen Gott geschenkt, und sie legten ihr Schicksal vollkommen in seine Hände. Damals lebten sie einen radikalen Rückzug von der Welt.

Ich bin der Kommunität noch immer eng verbunden und besuche sie regelmäßig. Dass ich jetzt Militärbischof bin, löst dort nach wie vor einigen Unmut aus, teilweise empfinden mich meine alten Freunde richtiggehend als Verräter. Wir streiten über die bekannte Frage: Soll man sich von der Welt mit ihren Macht- und Unrechtsverhältnissen fernhalten, um nicht schuldig zu werden? Oder muss man sich nicht gerade hineinbegeben in die Wirklichkeit mit all ihren Defiziten und Verantwortung in ihr übernehmen, um so zu versuchen, sie zum Besseren zu verändern? Um den Preis freilich, sich die Hände schmutzig zu machen, und mit der Gefahr, seine Werte zu verlieren und sich von der Macht moralisch korrumpieren zu lassen. Es ist der gleiche Kampf, der bei den Grünen seit Jahrzehnten zwischen Fundis und Realos ausgefochten wird.

Ich habe mich mittlerweile auf die Seite der Realos begeben, mit allen Zweifeln und Risiken, die das bedeutet. Aber auch in dem Wissen, dass ich nur so etwas bewegen kann. Der Bildungsroman spricht von den abgestoßenen Hörnern oder der Prosa der Verhältnisse, die die Poesie des Herzens verdränge. Oft heißt es einfach, man sei eben erwachsen geworden und habe die Flausen im Kopf aufgegeben, die Ideale und Utopien der Jugend, die sich ohnehin niemals verwirklichen lassen.

So will ich die Entwicklung, die ich durchlaufen habe, jedoch nicht verstanden wissen. Mir sind die Vorstellungen und Ideale, die ich als junger Mensch vertreten habe, immer noch präsent und wichtig. Die Motivation, aus der heraus ich mich nach dem Abitur für Theologie und gegen Literaturwissenschaften oder Biologie entschied – was mich beides ebenfalls sehr interessiert hätte –, leitet mich noch heute. Mein Berufsziel, Pfarrer zu werden, verstand ich auch gesellschaftspolitisch. Nach dem Vorbild meines Großvaters wollte und will ich aus einem gläubigen, dennoch aber kritischen und keinesfalls naiv-beschönigenden Verständnis der Welt heraus zu den Menschen sprechen und ihnen zuhören. Ich wollte und will sie dazu anregen und dabei begleiten, die Möglichkeiten und Herausforderungen ihres Menschseins zu entdecken, und ihnen den Trost wie die Verantwortung des Glaubens vermitteln. Aber die Welt ist heute eine grundlegend andere als in meiner Jugend.

Schwerter zu Pflugscharen

Die Atmosphäre an der Universität in Marburg, wo ich Anfang der Achtzigerjahre mein Theologiestudium begann, war ungeheuer politisiert. Die Abschreckungspolitik des Kalten Krieges hatte einen Rüstungswettlauf zwischen der NATO und dem Warschauer Pakt in Gang gesetzt, der sich immer weiter hochschraubte und auch vor Atomwaffen nicht haltmachte. Der atomare Krieg erschien als reale Gefahr, und auch die Atomenergie, auf deren zivile Nutzung die Politik setzte, schürte Ängste vor einer nuklearen Katastrophe.

In dieser Zeit nahmen die Friedensbewegung und dann auch die Umweltbewegung stark an Fahrt auf. Hunderttausende Menschen beteiligten sich an den Ostermärschen und anderen Friedensdemonstrationen, die Kirchentage mit ihren friedens- und umweltpolitischen Schwerpunkten wurden zu Massenveranstaltungen, und die Partei der Grünen entstand und vertrat eine radikal ökologische, pazifistische und kapitalismuskritische Politik. Zwischen der evangelischen Kirche und den Grünen gab es eine große Affinität.

In den Theologievorlesungen und -seminaren, die aus allen Nähten platzten, wurden die biblischen und theologischen Schriften immer auch politisch und gegenwartsbezogen gelesen. Sie unterfütterten und schärften die bedingungslos und umfassend pazifistische Haltung der allermeisten Theologiestudenten. Im Mittelpunkt meines Studiums standen die systematische Theologie und die jesuanische Friedensethik. Von großer Bedeutung waren für mich damals die Schriften des Kulturanthropologen und Religionsphilosophen René Girard über den Zusammenhang von Religion und Gewalt und die Rolle des Sündenbocks.

Natürlich demonstrierte ich 1981 im Bonner Hofgarten gegen den NATO-Doppelbeschluss und die Stationierung von atomaren Mittelstreckenraketen in der Bundesrepublik und anderen westeuropäischen Ländern. Mit der Friedensbewegung hielt ich den Doppelbeschluss für einen weiteren aggressiven Schritt des von den USA angeführten Westens im atomaren Wettrüsten mit der Sowjetunion. Wo doch das vorhandene nukleare Waffenpotenzial ohnehin schon für die mehrfache Vernichtung der ganzen Erde ausreichte. Die gesamte Abschreckungsdoktrin der NATO, die auch die Option eines atomaren Erstschlags beinhaltete, war weltpolitischer Wahnsinn. Zwar fand ich es richtig, dass die Bundesrepublik nach dem verhängnisvollen deutschen Alleingang in der NS-Zeit in politische Bündnisse integriert war, doch war mir die von der amerikanischen Interessenpolitik dominierte militärische Allianz der NATO hochgradig suspekt.

Ich war wirklich Fundamentalpazifist. Mit dem Bibelwort »Schwerter zu Pflugscharen« forderte ich vollständige und absolute Abrüstung. Kein Schwert sollte mehr erhoben werden, nirgendwo und erst recht nicht auf deutschem Boden. Frieden durch Abschreckung war für mich kein Frieden, sondern potenzieller Krieg. Und Krieg und Gewalt konnten nie eine Option sein, niemals und unter keinen Umständen waren sie gerechtfertigt. Schon die innerstaatliche Sicherheit schützende Polizeigewalt betrachtete ich als fragwürdig, erst recht aber militärische Gewalt zwischen Staaten. Krieg war für mich ohne Ausnahme ein barbarisches Verbrechen, ein Zivilisationsbruch, er verletzte die Schöpfung Gottes – ebenso wie der Raubtierkapitalismus, der Umwelt, Solidarität und Menschenseelen zerstörte – und diente immer nur der Durchsetzung von Machtinteressen. Nie durfte er Mittel zum Zweck sein. Die seit der Antike unternommenen Versuche, Kriege zu rechtfertigen, auf die ich im nächsten Kapitel noch ausführlich zu sprechen komme, erschienen mir allesamt zynisch und haltlos.

Der Sündenstolz der Deutschen

Von heute aus betrachtet, erscheinen die Achtzigerjahre in der Bundesrepublik als fast stabile, quasi stillstehende Zeit. Natürlich, man hatte Angst vor einer atomaren Katastrophe, die das Weltende bedeuten würde, aber das »Gleichgewicht des Schreckens« zwischen den beiden Blöcken NATO und Warschauer Pakt sorgte vor dem Hintergrund des kaum vorstellbaren Worst-Case-Szenarios für festgezurrte Fronten und relative Sicherheit. Es war eine Welt mit geschlossenen Grenzen und klaren Unterscheidungen zwischen Innen und Außen, Hier und Dort, Gut und Böse. Jene Weltregionen, in denen Krieg und Armut herrschten, schienen weit weg. Die USA und westeuropäische Länder wie Großbritannien und Frankreich waren zwar in lateinamerikanischen und afrikanischen Ländern an machtpolitischen und nachkolonialen militärischen Auseinandersetzungen beteiligt, doch für die Bundeswehr war das ausgeschlossen. Nach der Hitler-Diktatur und den Verbrechen der Wehrmacht sollte von Deutschland nie wieder Krieg ausgehen, und der Einsatzbereich der Bundeswehr war verfassungsrechtlich strikt auf die Verteidigung der Bundesrepublik sowie ihrer NATO-Verbündeten beschränkt. Sogenannte Out-of-Area-Einsätze außerhalb des NATO-Gebietes waren verboten.

Die Radikalität der deutschen Friedensbewegung hatte viel mit der Sonderrolle Deutschlands zu tun. Die Monstrosität der NS-Verbrechen war einzigartig und hatte den Deutschen auf ewig den Kainsstempel aufgedrückt. Ihre Schuld war nicht wiedergutzumachen. Von ihnen ging eine immerwährende Gefahr aus, und sie hatten sich zum Schutz der Menschheit von allem Militärischen fernzuhalten. Und die Deutschen nahmen diesen Status auch bereitwillig und schuldbewusst an. Sie wollten Sühne tun und zu einer demokratischen Nation werden, eingefasst in ein Netz von Verbündeten und nie wieder in der Lage, Böses zu tun. Deutschland kultivierte zuweilen eine Art »Sündenstolz«, so sehe ich es heute.

Natürlich war es richtig und wichtig, sich mit den von der Vätergeneration begangenen Verbrechen auseinanderzusetzen und daraus Lehren zu ziehen. Doch gab es auch die Tendenz, sich mit der deutschen Schuld zu identifizieren und daraus dann in einem zweiten Schritt eine moralische Überlegenheit abzuleiten. Man pflegte die Außenseiterposition, in der man sich aus allem heraushalten konnte, keine Verantwortung übernehmen und sich nicht die Hände schmutzig machen musste, und verurteilte gleichzeitig das Treiben der anderen mit dem moralisch reinen Blick der Unbeteiligten.

Das soll, wie gesagt, keinesfalls heißen, dass Kritik und moralische Urteile nicht nötig wären. Aber überzeugend können sie nur sein, wenn sie nicht im Abstrakten gewonnen werden, sondern aus der realen Auseinandersetzung mit der Welt hervorgehen. Ich denke, dass der fundamentalpazifistische Rigorismus der Achtzigerjahre sozusagen im Windschatten der Geschichte gedeihen konnte. Der gesinnungsethische Standpunkt musste sich gegen keine Handlungsanforderungen behaupten, die sich aus einem verantwortlichen Involviertsein in die Wirklichkeit ergeben.

Friedensarbeit im Bürgerkriegsland
Als vom Pazifismus erfüllter Theologiestudent war ich zwischen 1979 und 1983 vier Sommer lang an einem Friedensprojekt in Nordirland beteiligt, den »Summer Playschemes«, Sommerspielen für Jugendliche in Portadown. Der Bürger-

krieg zwischen den englisch- und schottischstämmigen unionistischen Anglikanern beziehungsweise Protestanten und den nach Unabhängigkeit strebenden irisch-nationalistischen Katholiken war in vollem Gange. Die Friedensorganisationen der beiden Kirchen, von evangelischer Seite der Internationale Versöhnungsbund, von katholischer Seite Pax Christi, versuchten, im Land zu helfen und zwischen den beiden verfeindeten Bevölkerungsteilen zu vermitteln.

In diesen Sommern fuhr ich zunächst zu Ernest Dawe, einem Pfarrer in Ludwigshafen, der seit Jahrzehnten für den Versöhnungsbund arbeitete. Dawe war ein Mann wie Michelangelos Moses, kräftig, hager, in seinem Gesicht ein imposanter Vollbart. Wir kauerten uns in seinen betagten VW 1600 Variant und ratterten bis nach Cherbourg, von wo aus wir die Fähre nach Irland nahmen. Wenige Stunden später erreichten wir die Grenze zu Nordirland.

Das war meine erste Bürgerkriegserfahrung. Soldaten hockten in schwer befestigten Gebäuden. Die Grenzkontrollen waren martialisch. Und überall sah man Panzer, gepanzerte Fahrzeuge und vergitterte Landrover. In Nordirland traf eine atemberaubend schöne Landschaft wie die Mourne Mountains auf erschütternd arme Gegenden und Siedlungen. Während Ernest Dawe zu seinem Sommercamp in Lurgan fuhr, blieb ich im benachbarten Portadown, um dort mit vierzig bis fünfzig jungen Freiwilligen aus aller Welt unser Lager in einer großen Schule zu beziehen, die während der Ferien leer stand. Sie lag genau an der Grenze zwischen einem katholischen und einem protestantischen Wohngebiet. Zwischen beiden gab es keinen Austausch, auch die Schulen waren nach Konfessionen getrennt.

Die Lage war bedrohlich. Es waren erst ein paar Jahre vergangen, seit am »Bloody Sunday« 1972 in Londonderry während einer Demonstration britische Soldaten dreizehn katholische Bürgerrechtler erschossen hatten und unzählige

Menschen verletzt worden waren. Der Blutsonntag hatte sich tief ins Gedächtnis der Bevölkerung eingegraben. Der Konflikt schwelte und flammte schnell wieder auf. In die Zeit unseres Sommercamps fiel stets der 12. Juli, an dem in Portadown die Drumcree Parade stattfand, bei der der militante protestantische Orange-Orden mitten durch die katholischen Wohngebiete zog. Jedes Jahr kam es zu schweren, gewalttätigen Ausschreitungen.

Und wir selbst, junge Menschen zwischen zwanzig und dreißig Jahren, befanden uns mitten in diesem Bürgerkrieg. In einer Mischung aus Idealismus und Leichtsinn. Wie der Rattenfänger von Hameln liefen wir durch die Straßen, um Kinder und Jugendliche für unsere Ferienspiele zu begeistern. Die Szenerie hatte etwas Groteskes. Denn während wir unsere Handzettel verteilten und die Kinder ansprachen, duckten sich schwer bewaffnete Soldaten in die Schatten der Häuser und huschten von Block zu Block. Und dazwischen patrouillierten überall die geschützten Landrover, Hubschrauber kreisten zuweilen am Himmel.

Dennoch fand unsere Arbeit immer mehr Anklang. Zunächst kamen nur die katholischen Kinder, dann aber auch die protestantischen, sodass unser Konzept bald aufging: Wir wollten die zukünftige Generation aus den separierten Wohngebieten zusammenführen, damit sie durch »New Games«, Spiele, die keine Gewinner und Verlierer kannten, einander kennen- und schätzen lernen würden. Weil die Gegend so arm war, dass die Kinder von Urlaub nur träumen konnten, stießen wie mit unserem Angebot bei ihnen auf großes Interesse.

In jenen Sommern habe ich das erste Mal diese eigenwillige Melange eines Bürgerkrieges erlebt: Armut, Rechtlosigkeit, aufgestauter Hass, auch die mitunter gewalttätige Rolle von Konfession und Religion, die hier spürbar wurde. All das empfand ich als äußerst bedrohlich und verstörend. Es war ein Schock, ein Wirklichkeitsschock gewissermaßen, meine erste reale Begegnung mit einem Krieg. Mit eigenen Augen zu sehen, dass sich am Ende des 20. Jahrhunderts in Europa Protestanten und Katholiken gegenseitig bis aufs Blut bekämpften, dämpfte meinen Idealismus gewaltig. Nicht jedoch meinen entschiedenen Pazifismus. Ich war durchdrungen von meiner Aufgabe, Menschen der beiden verfeindeten Seiten einander näher zu bringen, die Barrieren abzubauen. Abgrenzung, gar Feindschaft zwischen den Konfessionen war mir vollkommen fremd, aber in Nordirland konnte ich erleben, dass es sie gab, noch immer gab, und zu welchen Auswüchsen sie führen konnte. Meine Erfahrungen in dem gespaltenen Land waren mir eine Warnung vor ideologischer Verbissenheit, Dogmatismus und Kompromisslosigkeit. Gleichzeitig bekräftigten sie aber auch meinen Glauben an die Kraft der menschlichen Begegnung, des Gesprächs und der Vermittlung.

Junger Pfarrer begegnet Verantwortungsethiker

1987 trat ich meine erste Pfarrstelle in Usingen im Taunus an. Wie auch meine Frau und ich waren viele Gemeindeglieder junge Ehepaare, die gerade mit der Familiengründung begonnen hatten. Es herrschte eine optimistische Aufbruchsstimmung. Häuser wurden gebaut, Kindergärten entstanden. Die Gemeinde war sehr homogen, man steckte in derselben Situation, teilte den Lebensentwurf, die Anliegen und Sorgen.

In dieser Zeit lernte ich nicht nur das Handwerk des Pfarrers, sondern begann auch mit der Arbeit an meiner Dissertation. Ich hatte mich im Studium schwerpunktmäßig mit systematischer Theologie und Dogmatik beschäftigt, der reinen Lehre gewissermaßen; praktische Theologie hatte mich kaum interessiert. Nun aber wählte ich auf Anregung meines Doktorvaters Martin Greschat, der mich davor bewahren wollte, mich in einer theoretischen Fragestellung zu verlieren, ein zeit- und kirchenhistorisches Thema. Heute erscheint mir Greschats Vorschlag ein bisschen wie die Art geheimer Lenkung, die die Turmgesellschaft in Goethes Roman *Wilhelm Meisters Lehrjahre* vornimmt, um die Anlagen des jungen Protagonisten zur Entfaltung zu bringen und ihn auf den ihm gemäßen Weg zu führen.

Ich erforschte das Leben und Wirken des evangelischen Theologen und Pfarrers Heinrich Grüber (1891–1975), der, um Menschen helfen und etwas bewirken zu können, sowohl im Nationalsozialismus als auch im Kalten Krieg nicht vor einem Spagat zwischen Anpassung und Widerstand zurückschreckte. Grüber prägte die Formulierung »Zwischen allen Stühlen sitze ich richtig«, die auch ich inzwischen häufig für mein Militärbischofsamt verwende. In der NS-Zeit gehörte Grüber der Bekennenden Kirche an. Er setzte sich für Christen jüdischer Herkunft ein und verhalf ihnen zur Ausreise aus Deutschland. Als sogenannte Nichtarier hatten sie keine institutionellen Helfer. Sie fielen unter die Nürnberger Rassengesetze, denen die verfassten Kirchen bekannter- und beschämenderweise nicht entschieden widersprachen. An die jüdischen Hilfswerke, denen es in den ersten Jahren vielfach noch glückte, Juden die Flucht zu ermöglichen, konnten sie sich als getaufte Christen nicht wenden. So agierte Grüber auf eigene Faust, fern aller Institutionen. Um an Ausreisepapiere für seine Schützlinge zu gelangen, verhandelte er sogar mit dem SS-Mann Adolf Eichmann, der die Vertreibung, Deportation und Ermordung der europäischen Juden maßgeblich organisierte. Zwischen der Reichspogromnacht 1938 und der 1942 beschlossenen »Endlösung der Judenfrage« konnte er an die zweitausend Menschen retten. Seit 1964 wird er dafür in der israelischen Gedenkstätte Yad Vashem als »Gerechter unter den Völkern« geehrt.

Grüber wusste ganz genau, an Adolf Eichmann führte für ihn kein Weg vorbei; wenn er Menschenleben retten wollte, musste er sich mit diesem Teufel an einen Tisch setzen. Das mochte vielen, gerade auch Kirchenleuten, unmoralisch und inakzeptabel erscheinen. Doch Grüber war absoluter Pragmatiker, tätige Nächstenliebe betrachtete er als oberste Menschenpflicht, selbst wenn er sich dafür gefährlich weit ins Feld des Gegners begeben musste. Diese Haltung behielt er auch nach dem Krieg bei. Von 1949 bis 1958 war Grüber »Bevollmächtigter des Rates der Evangelischen Kirche in Deutschland bei der Regierung der DDR« und verhandelte mit dem SED-Regime, um die protestantischen Bürger vor den Repressalien des totalitären und atheistischen Staates zu schützen oder diese zumindest abzumildern.

Grüber sagte einst den wunderbar treffenden Satz: »Wenn der Kanal zwischen Kirche und Staat verstopft ist, rufen sie mir zu, ›Grüber, spring rein!‹. Wenn ich wieder draußen bin, rufen sie mir zu, ›Grüber, du stinkst!‹.« Die Amerikaner haben dafür den Spruch: »It's a dirty job, but someone has to do it.« Heinrich Grüber machte einen schmutzigen Job, um Menschen zu helfen. Er ließ sich nicht von moralischen Prinzipien daran hindern. Die Risiken dieses unmittelbar verantwortungsethischen Standpunkts sind jedoch unabweisbar. Im Schlusskapitel meiner Doktorarbeit *Der Bevollmächtigte* schrieb ich:

»Ich bin versucht zu sagen: die schmale Grundlage seiner [Grübers] Theologie war schon fast zu sehr anschlußfähig, soll heißen: die eigenen Konturen von Glaubensgewißheiten, fundamentalen Einsichten und handlungsleitenden Interessen drohten manchmal zu verschwimmen. Grüber konnte nur schwer ein eigenes Profil gewinnen, das ihn auch gegen Versuchungen mancher Art hätte immun machen können. Er war ein ›Pragmatiker im besten Sinne des Wortes‹ – aber er war es bis an die Grenze der Selbstverleugnung.«

Grübers Haltung war eine riskante Gratwanderung. Wenn ich meine Sätze von damals, als das Militärbischofsamt noch in weiter, unvorstellbarer Ferne lag, heute lese, muss ich mir unweigerlich an die eigene Nase fassen. Ist mein eigenes Fundament an Glaubensgewissheiten und Prinzipien stark genug, um eventuellen Versuchungen zu widerstehen? Würde ich als Pragmatiker und Verantwortungsethiker, als der ich mich inzwischen verstehe, klare Grenzen erkennen und benennen, die ich auch dann nicht überschreiten würde, wenn wertvolle Ziele damit zu erreichen wären? Drohen auch meine Konturen zu verschwimmen? Ich glaube nicht. Ich hoffe nicht. Aber ich muss auf der Hut sein und mich streng befragen, denn zum Selbstverlust, zur schleichenden Aufgabe der mich ausmachenden Einsichten und Werte darf mein Wunsch nach Tätigsein in der Welt nicht führen. Die schon fast zur Plattitüde geratene Warnung aus dem Alten Testament »Wer sich gern in Gefahr begibt, kommt darin um«, dürfen nicht nur Extremsportler auf sich beziehen. Dass umgekehrt aber auch nur derjenige etwas gewinnt, der etwas wagt, ist ebenso wenig von der Hand zu weisen.

Vor dem Mauerfall

Ende 1988 ließ ich mich für ein halbes Jahr von meiner Pfarrstelle beurlauben und zog mit meiner Frau und unserem gerade acht Monate alten Sohn nach Berlin, um in den Archiven auf beiden Seiten der Mauer für meine Doktorarbeit Dokumente zu sichten. Es war ein klirrend kalter Winter in diesem Jahr, und er nahm kein Ende. In meiner Erinnerung waren diese Monate in Berlin ein einziges Fest der sibirischen Festlandkälte. Ein eisiger Wind pfiff uns um die Ohren bis weit in das Frühjahr hinein.

Es war die aufregende Zeit vor dem Mauerfall in der noch geteilten Stadt. Im Frühjahr 1989 begann der Eiserne Vorhang an der ungarisch-österreichischen Grenze Stück um

Stück aufzubrechen. Bald reisten immer mehr DDR-Bürger nach Ungarn, um erst nach Österreich und dann in die Bundesrepublik zu fliehen. Die DDR-Führung war höchst alarmiert. Es musste ständig mit dem Einschreiten der Staatsgewalt gerechnet werden. In Leipzig formierten sich die Oppositionellen zu Friedensgebeten, aus denen dann die Montagsdemonstrationen hervorgingen. Die evangelische Kirche der DDR beschränkte sich bewusst nicht auf im engeren Sinn religiöse Aufgaben, sondern gab unterdrückten Strömungen der Gesellschaft Raum und ermöglichte dadurch politische Freiheiten und eine Entwicklung in Richtung Demokratie. Wo heute die »Politisierung der Kirche« beklagt wird, sollte diese Erfahrung nicht ignoriert werden.

Ich recherchierte auf Anraten meines Doktorvaters zunächst im Archiv des Diakonischen Werkes in der Altensteinstraße in Berlin-Dahlem. Der Direktor des Archivs war einer der profundesten Kenner der Evangelischen Kirche und ihrer Diakonie, der schon damals alte, bärbeißige und etwas verschrobene Helmut Talazko. Nicht für Geld und gute Worte war er hinter den meterhohen Stapeln seiner staubigen Akten hervorzuholen. Vermutlich hatte er jedes Stück Papier schon selbst in den Fingern gehabt. Er verfügte über ein enzyklopädisches Gedächtnis. Der Handel war: Zur Hälfte durfte ich meinen eigenen Recherchen nachgehen, zur anderen Hälfte sollte ich für das Archiv arbeiten.

Nachdem ich alle West-Quellen sorgfältig sondiert hatte, musste ich auch an die Dokumente im Osten der Stadt herankommen. Allerdings waren die wichtigsten Überlieferungen staatlicherseits hermetisch verriegelt. Zum Parteiarchiv der SED oder zum Staatsarchiv der DDR in Potsdam war kein Zugang zu erlangen – sogar für DDR-Forscher nicht. Also musste ich mich auf die kirchlichen Archive beschränken.

Jeden Morgen fand ich mich am Bahnhof Friedrichstraße ein, um dort die Grenze zur Hauptstadt der DDR zu passieren. Fast immer bildeten sich lange Schlangen vor der Passkontrolle. Oft wurde das Warten zu einer Stunden andauernden Strapaze. Die Grenzer brachte nichts aus der Ruhe. Hier bestimmten sie das Tempo. Den Blick in ihre Kabinen verdeckten graue Rollos. Direkt vor dem Schalter hingen oben Spiegel, sodass die Kontrolleure zwar die Reisenden und ihr Gepäck sehen konnten, diese aber nicht, was mit ihren Reisedokumenten geschah. Natürlich wurde alles registriert: die Häufigkeit der Besuche, die Anlässe. Es hatte in meinem Fall auch keinen Zweck, den Anlass der Einreise »touristisch« zu nennen. Denn schon bald wussten die Grenzer Bescheid.

Da es Winter war, waren meine ersten Eindrücke von Ostberlin geprägt von der entsetzlichen Luftqualität. Die üblichen Kohleöfen in Verbindung mit den Zweitaktmotoren der Autos verursachten einen Smog, der es in sich hatte. Alles war grau in grau, der Nebel löste die Konturen auf. Eine Szenerie wie in frühen Agentenfilmen. Sobald ich meine Archivalien gesammelt und kopiert hatte, begann die schwierigste Übung. Denn wie sollten diese prekären Schriftstücke über das Verhältnis von Staat und Kirche in der DDR in den Westen gelangen? Zwei Wege probierte ich aus. Der eine waren die nach wie vor leidlich möglichen diplomatischen Grenzgänge prominenter Kirchenvertreter. Da bestimmte Fahrzeuge und Personen innerhalb Berlins kaum kontrolliert wurden, konnte man ihnen eine überschaubare Anzahl von Dokumenten in einer Aktentasche mitgeben. Doch diese Vorgehensweise war aufwendig und riskant. Gegebenenfalls gefährdete ich damit sogar andere Menschen und deren Ämter.

Also ging ich immer mehr dazu über, die Unterlagen selbst über die Grenze zu schaffen. Morgens reiste ich mit leeren Taschen über den Bahnhof Friedrichstraße nach Ostberlin ein, nachmittags reiste ich wieder aus, die Taschen nun gefüllt mit frisch gefertigten Kopien der für mich wichtigen Schriftstücke. Erstaunlicherweise ging das geraume Zeit gut. Irgendwie schien der junge Theologe den Grenzern nicht besonders verdächtig zu sein. Nur gegen Ende dieses halben Jahres flog ich zweimal auf. Das erste Mal hatte ich ein altes Buch ausführen wollen, das im Westen nicht aufzutreiben war. Man warf mir vor, wertvolles Kulturgut der DDR außer Landes schmuggeln zu wollen. Ich stellte mich dumm, musste allerdings eine äußerst unangenehme Leibesvisitation über mich ergehen lassen. Dann ließ man mich – ohne Buch – laufen. Das zweite Mal war kritischer. Bei der gründlichen Kontrolle fand man stapelweise Kopien von Archivmaterialien. Ich weiß nicht, wie viele Stunden ich an jenem Tag am Bahnhof zugebracht habe. Alle Schriftstücke wurden inspiziert und natürlich sämtlich beschlagnahmt. Ein peinliches Verhör schloss sich an. Seit diesem Tag war mir klar, dass es vorbei war mit der »Ausfuhr« der Kopien. Mein Name und meine Akte mussten nun einen Vermerk tragen, und wäre ich erneut aufgefallen, hätte das erhebliche Folgen gehabt.

Kein Ende der Geschichte

Als dann im November 1989 die Berliner Mauer fiel, war ich mit meiner Familie bereits in den Taunus zurückgekehrt und hatte mein Amt als Gemeindepfarrer in Usingen wieder aufgenommen. Vor dem Hintergrund der noch frischen Erfahrungen im geteilten Berlin freute ich mich sehr über die Wiedervereinigung Deutschlands. Sie war der Beginn eines neuen Zeitalters, von dem ich mir zunächst nur Positives versprach. Das Ende des Kalten Krieges mit der starren Ost-West-Konfrontation ließ mich, wie so viele, hoffen, dass nun eine friedliche Zukunft in einer sich zunehmend demokratisierenden Welt anbreche. Schließlich war der Sieg des westlichen demokratischen Modells bereits ausgerufen worden und mit ihm das Ende der Geschichte.

Die Desillusionierung folgte indes schon im Januar 1991 mit dem sogenannten Zweiten Golfkrieg. Die nunmehr einzige verbliebene Weltmacht USA erhob die Waffen gegen den Irak, der im August 1990 gewaltsam in Kuwait einmarschiert war und den Ölstaat annektiert hatte. Die UNO legitimierte die amerikanische Militäraktion, der sich in der Folge 34 Länder anschlossen. Deutschland beteiligte sich mit Geld und militärischem Material. Dieser Konflikt war in Bezug auf das militärische Aufgebot und den Mobilisierungsgrad der beteiligten Parteien der schwerste Krieg seit Ende des Zweiten Weltkrieges. Er führte in Deutschland zu Massenprotesten wie zu Hochzeiten der Friedensbewegung. Hunderttausende gingen auf die Straße und skandierten: »Kein Blut für Öl!«

Ich war damals sehr von meinem Alltag als junger Vater und Pfarrer absorbiert, der nebenbei noch seine Doktorarbeit schrieb, und beteiligte mich nicht aktiv an den Demonstrationen. Doch hielt ich das Vorgehen der USA und ihrer allzu fügsamen Verbündeten für aggressive und skandalöse Interessenpolitik. Obwohl ich die irakische Annexion Kuwaits verurteilte, erschien es mir ungerechtfertigt, dass die verbliebene Weltmacht sich von außen militärisch in eine kriegerische Auseinandersetzung einmischte.

Ich erinnere mich noch an den Artikel des Intellektuellen Hans Magnus Enzensberger im *Spiegel*, der damals große Empörung in der Öffentlichkeit auslöste. Enzensberger verteidigte den Krieg gegen den Irak mit der stets wirkungsvollen Referenz auf den Nationalsozialismus und den gerechtfertigten Tyrannenmord: Er verglich Saddam Hussein mit Hitler und brandmarkte ihn als »Feind des Menschengeschlechts«, den mit Bomben zu bekämpfen nicht nur legitim, sondern geboten sei. Doch dieser Standpunkt war seinerzeit noch eine absolute Minderheitenposition und bedeutete einen echten Tabubruch, mit dem das Ansehen Enzensbergers bei der deutschen Linken arg zu bröckeln begann.

Die deutsche Öffentlichkeit war noch nicht bereit für Auslandseinsätze der Bundeswehr. »Psychologisch«, sagte der damalige CDU-Bundesverteidigungsminister Volker Rühe, sei die seit 1945 vom Krieg entwöhnte Bevölkerung darauf »nicht vorbereitet«. Nach den Jahrzehnten des Kalten Krieges wollte sie endlich Abrüstung und keine heißen Kriege, erst recht nicht unter deutscher Beteiligung.

Neupositionierung Deutschlands
Dabei tobte in der deutschen Politik schon längst die Debatte über die Rolle Deutschlands in einer geopolitisch grundlegend veränderten Welt. Die schwarz-gelbe Regierung unter Helmut Kohl forderte – auch unter dem Druck der NATO-Verbündeten – eine Neudefinition der Bundeswehr. Als gleichwertiger und gleichberechtigter Bündnispartner sollte Deutschland sich militärisch mehr engagieren. 1992 sagte der Bundeskanzler: »Deutschland kann und darf sich nicht auf Dauer der Pflicht entziehen, auch an Operationen zur Wahrung und Wiederherstellung des Weltfriedens und der internationalen Sicherheit teilzunehmen.«

Da war es allerdings schon geschehen, Deutschland mischte bereits mit. Die Bundesregierung hatte im Rahmen eines Blauhelmeinsatzes der Vereinten Nationen zur Überwachung und Festigung des Waffenstillstands in Kambodscha ein Bundeswehr-Kommando von hundertfünfzig Ärzten und Sanitätern in das von jahrzehntelangem Bürgerkrieg versehrte Land entsandt. Das war die offizielle Premiere: Zum ersten Mal waren deutsche Soldaten außerhalb des NATO-Gebietes im Einsatz.

Mit einem Sanitätskommando zu beginnen war ein geschickter Zug. Obwohl Verfassungsrechtler an der Rechtmäßigkeit der Aktion zweifelten, da das Grundgesetz militärisches Eingreifen nur im Verteidigungsfall und nur in NATO-Staaten erlaubte, stimmte auch die SPD zu. Die Öffentlichkeit tat sich ebenfalls schwer damit, diesen klar humanitären Einsatz entschieden abzulehnen. »Wer kann sich unverdächtiger das blaue Barett aufsetzen als die Sanitätssoldaten?«, fragte *Die Zeit* im August 1992. »Die Mediziner bilden die unangreifbare Vorhut für die deutsche Teilnahme an regulären Blauhelmeinsätzen.« Und auch das geschichtliche Problembewusstsein hatte nichts einzuwenden: »Bis nach Indochina reicht die Blutspur deutscher Eroberungsfeldzüge nicht«, daher könne es auch »keine historischen Bedenken gegen einen Einsatz dort« geben.

Verteidigungsminister Rühe hatte davon gesprochen, dass der Tod deutscher Soldaten zukünftig wieder zur »Normalität« gehören werde, an die sich die Deutschen zu gewöhnen hätten. 1993 kam in Kambodscha ein Sanitäter als erster Bundeswehrsoldat im Auslandseinsatz ums Leben. Er starb zwar nicht bei einem Kampfeinsatz, sondern durch einen Unfall, doch er war der vorab viel beschworene erste Soldat, der »im Zinksarg« nach Deutschland zurückkehrte und die Bevölkerung aufrütteln und gegen die Beteiligung der Deutschen an militärischen Konflikten aufbegehren lassen würde.

Doch so klar war die Reaktion nicht. Die großen Proteste blieben aus. Die Deutschen waren eher ratlos und rangen um eine Haltung. Es war offensichtlich, dass nach dem Ende der Ost-West-Konfrontation die Welt komplexer und unüberschaubarer geworden und eine Vielzahl von zwischen- und innerstaatlichen Konflikten ausgebrochen war. Ich weiß noch, dass ich kaum den Überblick behielt über die vielen Krisenherde in der Welt, die zwar zum Teil schon länger bestanden, aber außerhalb des beschränkten deutschen Wahrnehmungsfokus gelegen hatten. Außerdem begann die UNO nun, nach dem Ende der Sowjetunion, überhaupt erst als richtiger Akteur in Erscheinung zu treten, weil die Blockade im Sicherheitsrat – vorerst – aufgelöst war.

Ich war, wie wohl alle Pazifisten, von der Idee der Vereinten Nationen als sich besonnen und vernünftig für Frieden, Recht und Gerechtigkeit einsetzender Völkergemeinschaft sehr überzeugt. Die UNO, die sich 1945 als Konsequenz aus zwei Weltkriegen aus dem Zusammenschluss von fünfzig Staaten gegründet hatte, um, wie es in der Präambel ihrer Charta heißt, »künftige Geschlechter vor der Geißel des Krieges zu bewahren«, besaß für mich höchste moralische Integrität. Dass zu ihrem Engagement aber zuweilen auch militärische Gewalt gehörte, hatte ich mir in letzter Konsequenz nie bewusst gemacht. Ebenso wenig wie die Komplexität einer solchen Organisation und die Schwierigkeit, klare Einsatzkriterien zu bestimmen und zu durchsetzungsfähigen Entscheidungen zu finden. Ich war verwirrt von den vielfältigen, sehr speziellen Missionen der Vereinten Nationen und den Diskussionen darüber, ob und in welcher Weise die Bundeswehr sich daran beteiligen sollte. Humanitär zu helfen hielt ich selbstverständlich für Menschenpflicht. Kampfeinsätze deutscher Soldaten lehnte ich nach wie vor strikt ab. Über den ganzen uneindeutigen Zwischenbereich aber, die fließenden Grenzen zwischen humanitär und militärisch, blieb ich im Unklaren und scheute die Positionierung.

In Europa ist Krieg, und Deutschland macht mit
Im Herbst 1992 übernahm ich die Gemeindeleitung in Königstein-Falkenstein im Taunus, die mich zur Schärfung meiner Position und meiner Argumente zwang. Die Gemeinde war sehr wohlhabend, sehr gebildet und sehr engagiert. Die meisten Mitglieder waren älter als ich und hatten schon viel erlebt und von der Welt gesehen. Sie arbeiteten in Frankfurt als Banker, Wissenschaftler und Unternehmer oder auch im politischen Bereich, in der Entwicklungshilfe beziehungsweise Entwicklungszusammenarbeit, wie man heute sagt.

Ich hatte immer den Anspruch, das Evangelium auch gesellschaftsbildend und politisch zu lesen und zu verkünden. Doch für meine Predigten in Falkenstein musste ich mich gut wappnen. Ich musste jedes Wort auf die Goldwaage legen, jeden Gedanken von allen Seiten hinterfragen und begründen. Denn ich wusste, dass mir sehr aufmerksam zugehört wurde. Nach dem Gottesdienst sprachen mich Gemeindemitglieder auf meine Predigt an und verwickelten mich in hochkarätige Diskussionen. Das war anfangs sehr anstrengend, aber ungeheuer lehrreich. So erinnere ich mich etwa an Gespräche mit Hans Tietmeyer, dem damaligen Präsidenten der Deutschen Bundesbank, oder mit Jürgen Dormann, dem Chef der Hoechst AG, zu wirtschaftsethischen Fragen. Besonders fordernd war eine Predigt zum damals revolutionären Klon-Schaf Dolly, der fünf promovierte Biologen zuhörten.

Ich lernte viele mir bislang völlig fremde Perspektiven kennen, musste mir meine eigene argumentativ bewusst machen, sie verteidigen, relativieren und manchmal auch aufgeben. Diese Erfahrung war eine weitere wichtige Etappe in meiner Entwicklung vom Idealisten zum realistischen Pragmatiker.

Inzwischen war der Krieg nach Europa zurückgekehrt. Die Deutschen mussten erleben, dass ihr beliebtes Urlaubsland Jugoslawien in seine Teilstaaten zerfiel, in denen sich ein überwunden geglaubter blutiger Nationalismus ausbreitete. Die ethnischen Konflikte, die schon unter der Decke des Vielvölkerstaates geschwelt hatten, brachen mit aller Macht hervor. Erst versuchte die Jugoslawische Volksarmee die Unabhängigkeitsbestrebungen der Teilrepubliken militärisch niederzuschlagen, dann kämpften ab 1992 bosnische Serben, Kroaten und muslimische Bosniaken im Bosnienkrieg gegeneinander. Aus ehemaligen Nachbarn waren unerbittliche Feinde geworden. Sogenannte ethnische Säuberungen, Gemetzel, Vertreibungen, Vergewaltigungen: Der Rückfall in die Barbarei ereignete sich mitten in Europa.

Die Eskalation der Gewalt und die große Fluchtbewegung, die sie auslöste, bewogen die UNO 1992, Schutztruppen ins ehemalige Jugoslawien zu entsenden, um Waffenruhe herzustellen und die Zivilbevölkerung zu schützen und zu versorgen. Wieder und noch dringlicher wurde darüber gestritten, ob und wie sich Deutschland zu beteiligen habe.

Die Bundesregierung aus CDU, CSU und FDP hatte sich grundsätzlich für die Möglichkeit ausgesprochen, dass sich die Bundeswehr an solchen Einsätzen beteilige, sofern ein UN-Mandat vorliege. Gegen den Protest der Opposition entschied sie, Soldaten und Flugzeuge zur Überwachung des gegen Jugoslawien verhängten Waffen- und Handelsembargos in der Adria und zur Versorgung des eingeschlossenen Sarajevo über eine Luftbrücke zu entsenden. Ab Oktober 1992 beteiligten sich deutsche Soldaten an den NATO-Flügen zur Überwachung und ab März 1993 dann auch an der Durchsetzung des über Bosnien-Herzegowina geltenden Flugverbots. Das hieß, dass Bundeswehrsoldaten auch in Kampfhandlungen involviert werden konnten.

Kritiker sprachen von einer »Salamitaktik«, mit der die deutsche Bevölkerung wieder an die Militarisierung der deutschen Außenpolitik gewöhnt werde. Die FDP, die zwar politisch für den Einsatz war, hatte verfassungsrechtliche Bedenken, ob die NATO-Flüge der Bundeswehr auch vom Grundgesetz abgedeckt seien, und reichte, wie auch die SPD, Klage beim Bundesverfassungsgericht ein. Dieses stellte eine spätere Entscheidung in Aussicht, die im Juli 1994 auch erfolgte und Bundeswehreinsätze »zur Wahrung des Friedens« außerhalb des NATO-Gebietes für verfassungskonform erklärte, sofern ein UN-Mandat vorliege, die Mission im Rahmen eines »Systems gegenseitiger kollektiver Sicherheit« wie der NATO stattfinde und der Bundestag dem Einsatz zugestimmt habe. Bis zum Urteil aber, das heißt also auch für den gegenwärtigen Fall der Überwachungsflüge der Bundeswehr im ehemaligen Jugoslawien im Jahr 1992, verweigerte das Gericht eine einstweilige Verfügung und damit den Stopp der deutschen Einsatzbeteiligung. Es befand, dass ein Rückzug der deutschen Soldaten aus dem Einsatz einen Vertrauensverlust bei den Bündnispartnern bedeuten würde.

Knall auf Fall wurde Deutschland mit immer neuen Forderungen der Bündnispartner konfrontiert.

Fiasko in Somalia

Die Grundfesten Nachkriegsdeutschlands standen zur Disposition. Es gab viele Bedenkenträger, doch für weitreichende Überlegungen blieb keine Zeit. Schon stand die nächste Entscheidung an, folgte die nächste Premiere: Somalia 1993. Die UNO trommelte für einen friedenserzwingenden Einsatz in dem von Hunger und Bürgerkrieg geplagten afrikanischen Land. Es ging um den offiziell ersten bewaffneten Einsatz der Bundeswehr außerhalb des NATO-Gebietes. Wieder wurde im Bundestag erbittert gestritten.

Die Regierung Kohl wollte unbedingt dabei sein. Damals wurden im Parlament die noch heute gültigen Kriterien für einen Einsatz angeführt, die nach Einschätzung der Koalition im Falle Somalias erfüllt waren: 1.) Es müssen schwerwiegende Menschenrechtsverletzungen vorliegen. 2.) Nicht-militärische Mittel müssen erschöpft oder aussichtslos sein. 3.) Eine weitere militärische Eskalation muss verhindert werden. 4.) Die Militäraktion muss die Voraussetzung für eine politische Lösung schaffen, für die die Interventionsmächte im Anschluss Verantwortung zu übernehmen hätten.

Die Opposition verwies – auch das ist heute nicht anders – auf die bisherigen Erfahrungen mit UN-Einsätzen und stellte die Frage, welche militärischen Interventionen denn überhaupt jemals die Lage in den betreffenden Ländern verbessert hätten.

Obwohl die Einsatzbefürworter darauf keine klare Antwort wussten, wurde im Juli 1993 mit der Mehrheit der schwarz-gelben Koalition die Entsendung von 1700 Bundeswehrsoldaten nach Somalia beschlossen. Das deutsche Kontingent sollte im Wesentlichen für die Versorgung anderer Blauhelm-einheiten zuständig sein, deren Aufgabe die »Befriedung« des Landes war. Der Einsatz war ein gewaltiges Fiasko. Die UN-Truppen brachten keinen Frieden. Anstatt der notleidenden Bevölke-rung zu helfen, wurden sie zur Kriegspartei. Sie lieferten sich Kämpfe mit Rebellengruppen, bei denen Hunderte Somalis und Dutzende UN-Soldaten getötet wurden. Im September 1993 schrieb der *Spiegel*: »Die UNO-Streitmacht ist zur Be-satzungsmacht geworden, die auch vor Massakern nicht zu-rückschreckt – und so die Rebellion erst recht schürt.« Nach verheerenden Verlusten in der Schlacht von Mogadischu zo-gen im März 1994 die USA und dann auch die anderen west-lichen Länder ihre Truppen aus Somalia ab. Zurück ließen sie ein Land, das noch zerrütteter war als vor dem Einsatz, und eine Bevölkerung, die jedes Vertrauen in die internationale Gemeinschaft verloren hatte.

Somalia war eine Lektion, die zeigte, was eine schlecht vorbereitete, weniger von fundierten Kenntnissen des Landes als von Bündnisverpflichtungen geleitete militärische Inter-vention anrichten kann. Die Somalia-Mission beschädigte das Ansehen der Vereinten Nationen und versetzte ihrem Aktionismus einen deutlichen Dämpfer. Die Pazifisten ein-schließlich meiner Person fühlten sich bitter bestätigt. Auch ich hatte bei dem Somalia-Einsatz reflexhaft an die unselige Kolonialvergangenheit des Westens, speziell der Deutschen, denken müssen und fand es beschämend, dass deutsche Sol-daten wieder für den Tod zahlloser Afrikaner mitverantwort-lich waren.

Mir war zwar schon zuvor bewusst geworden, dass die UNO nicht die Institution der realisierten Moral, des nach Rousseau unfehlbaren Gemeinwillens war, für die ich sie gern gehalten hätte. Aber nach Somalia machte ich mir keinerlei Illusionen mehr: Die Vereinten Nationen waren nicht die über jeden Zweifel erhabene Verkörperung des Völkerrechts. Sie waren genauso anfällig für Kurzschlüsse, Fehlurteile und Machtinteressen wie jede andere Organisation auch.

Ruanda und die Abkehr vom Fundamentalpazifismus

Dann kam der Völkermord in Ruanda. In knapp hundert Tagen ermordeten zwischen April und Juni 1994 Angehörige der Volksgruppe der Hutu, die die Mehrheit der ruandischen Bevölkerung ausmachte, zwischen achthunderttausend und einer Million Menschen, die zum großen Teil der Minderheit der Tutsi angehörten: Drei Viertel der Tutsi-Bevölkerung wurden ausgelöscht. Das Massaker, zu dem die Hutu nicht zuletzt von den ruandischen Medien angestachelt worden waren, fand vor den Augen der Weltöffentlichkeit statt. Die Vereinten Nationen aber, die nach dem Scheitern in Somalia zurückhaltender geworden waren, griffen nicht ein und ließen den Genozid geschehen. Anstatt das Kontingent an Blauhelmsoldaten, das bereits in Ruanda stationiert war, zu vergrößern und mit einem Mandat zur Intervention auszustatten, zog die UNO sogar noch Militär ab.

Ähnliches ereignete sich im kleineren Maßstab noch einmal, als im Juli 1995 in der UN-Schutzzone um den bosnischen Ort Srebrenica in Anwesenheit von niederländischen Blauhelmen serbisches Militär und Paramilitär achttausend Bosniaken töteten. Die UN-Truppen waren zur Neutralität verpflichtet und besaßen keinen Kampfauftrag; daher versuchten sie – unfassbarerweise – nicht, die Massenerschießung aufzuhalten.

Es war der grauenhafte Völkermord in Ruanda, der mich endgültig und prinzipiell von meinem bedingungslosen Fundamentalpazifismus, von meiner Überzeugung, militärische Gewalt sei niemals und unter keinen Umständen gerechtfertigt, abrücken ließ. Die Bilder und Berichte der von der Regierung aufgehetzten Hutu, die mit unvorstellbarer Brutalität auf Tutsi losgingen, ihnen mit Macheten Hände und Füße abhackten, sie massakrierten und durch niemanden daran gehindert wurden, lösten in mir den instinktiven, unmittelbar menschlichen Aufschrei aus: »Nein, das darf nicht sein! Das muss verhindert werden!«

Eine naive Empörung natürlich, aber sie brachte mir mit Macht zu Bewusstsein, dass meine bisherige Haltung, die ich für ein christliches Gebot gehalten hatte, nicht richtig, ja, dass sie unverantwortlich war.

Man muss einschreiten, wenn anderen Menschen Gewalt angetan wird, und im äußersten Fall, sollten alle anderen Möglichkeiten ausgeschöpft sein, auch mit rechtserzwingender Gewalt. Im kleinen, alltäglichen Maßstab wäre ein entschiedenes Handeln zur Beendigung von Gewalt, wenn nötig auch unter Einsatz der eigenen Fäuste, eine klare Sache der Zivilcourage, zu der sich jeder Einzelne moralisch aufgefordert fühlen sollte. Es gibt nicht nur das christliche Gewaltverbot, sondern auch eine Pflicht zu helfen und eine Schutzverantwortung gegenüber dem Nächsten. Das klingt selbstverständlich, erforderte auf der Ebene der »hohen Politik« aber einen persönlichen wie gesellschaftlichen Lern- und Entwicklungsprozess. Die Geschehnisse in Ruanda führten mir vor Augen, dass mein rigoroser Pazifismus eine Lizenz zum Nichtstun und Geschehenlassen noch des größten Unrechts darstellte, einen Freischein für archaische Gewalt letztlich. Im Zweifelsfall leistete er dem Recht der Stärkeren Vorschub und nicht der Stärke des Rechts.

In Teufels Küche

Es war eine Erkenntnis, die mich schwindeln ließ. Denn mit ihr tat sich ein Abgrund aus Fragen und Zweifeln auf, den ich als bedingungsloser Pazifist niemals hätte fürchten müssen. War mein nun relativierter Pazifismus, das Eingeständnis, dass die militärische Option manchmal die Ultima Ratio sein kann, nicht im Umkehrschluss auch ein Freischein für Gewalt? Es war ja offensichtlich, dass man mit diesem Argument beinahe jede militärische Intervention irgendwie legitimieren konnte. Und ebenso offensichtlich war, dass eine militärische Reaktion allzu oft erst recht zur Eskalation der Gewalt führte. Was unterschied mich noch von den Bellizisten, die in Kreuzfahrer- beziehungsweise Sheriff-Manier meinten, im Besitz der Wahrheit zu sein und in der Welt für Recht und Ordnung sorgen zu müssen? Was war richtig und was war falsch? Wer sollte das beurteilen und mit welchem Geltungsanspruch? Wie konnte man in dieser hochkomplexen Welt überhaupt alle Aspekte bedenken und zu einer begründeten Entscheidung kommen?

Auch wenn ich die UNO für eine großartige zivilisatorische Errungenschaft hielt, hatte ich, was ihre Unfehlbarkeit anging, meine Illusionen, wie gesagt, bereits verloren. Die Vereinten Nationen kamen immer wieder zu falschen Urteilen, zuweilen mit fatalen Folgen. Sie waren nicht das reine Weltgewissen, das den richtigen Weg kannte. Das Völkerrecht kam durch sie nur sehr unvollkommen zur Anwendung. Und sie besaßen offensichtlich auch nicht eine solche Autorität, dass alle Staaten ihren Beschlüssen folgten beziehungsweise militärische Einsätze von einer UN-Mandatierung abhängig machten.

Als 1999 der grüne Koalitionspartner unter Joschka Fischer der deutschen Beteiligung am Kosovokrieg zustimmte, nahm ich es als Beleg für die Gefahren, die eine Abkehr von der fundamentalpazifistischen Haltung bedeutete. Es war desillusionierend: Der Einsatz geschah zunächst ohne UN-Mandat, auch das eine Premiere für die Bundeswehr.

Ich fühlte mich ein wenig wie in der sprichwörtlichen Küche des Teufels oder zumindest auf der Schwelle zu ihr. Militärische Interventionen generell abzulehnen war auf jeden Fall eine einfachere Position als der relativierte Pazifismus.

Die Frage, ob dieser nicht womöglich die verantwortungsvollere Haltung sein könnte, bedrängte mich mehr und mehr. Im Grunde war ich nach wie vor überzeugter Pazifist, der sich für Frieden und Gerechtigkeit einsetzen wollte und Krieg für einen gottlosen Zustand hielt. Doch mein Weltbild war erschüttert worden.

Kirche und Krieg

Das Christentum hatte sich seit seinen Anfängen mit der Frage beschäftigt, ob Krieg manchmal gerecht, das heißt gerechtfertigt sein kann. Dabei hatte die Kirche durch die Jahrhunderte hindurch immer wieder ihren friedensethischen Zielhorizont verloren, hatte mit der Real- und Machtpolitik paktiert und verbrecherische Kriege unterstützt. Die philosophisch-theologische Begründung des »gerechten Krieges«, die ich im nächsten Kapitel nachzeichnen möchte, wurde immer wieder missbraucht. Sie enthält jedoch bereits in ihrer frühen Ausformung bei Augustinus eine anspruchsvolle Verantwortungsethik, auf die sich die Kirche, aber auch die Friedensethik allgemein und ebenso das Völkerrecht bis heute beziehen.

Angesichts des Völkermords in Ruanda hatte ich zu der Haltung gefunden, mit der ich zwanzig Jahre später das mir angetragene Amt des Militärbischofs annehmen und gemäß meiner religiösen und moralischen Prinzipien mit Sinn füllen konnte und kann. Es ist klar, dass diese Haltung nichts Fixes ist, sondern dass ich unablässig und in jedem Einzelfall um eine konkrete Positionierung ringen muss. Ich bin froh und dankbar, dass ich dabei in meiner Kirche, der EKD, eine friedensethisch hoch reflektierte und verantwortungsbewusste Unterstützung habe.

Vor dem Hintergrund der schweren Kriegsverbrechen nach dem Fall des Eisernen Vorhangs Anfang der Neunzigerjahre kam die EKD ebenfalls zu der Einsicht, dass gewaltfreie Mittel in manchen Fällen nicht ausreichen. In der Schrift *Schritte auf dem Weg des Friedens* von 1994, dem Jahr des Völkermords in Ruanda, formulierte sie den Grundsatz: »Die Völkergemeinschaft hat die Pflicht, zur Geltung und Durchsetzung der Menschenrechte beizutragen und darum den Opfern von Unterdrückung und Gewalt Schutz und Hilfe zuteilwerden zu lassen.« Neben Zwangsmaßnahmen wie wirtschaftlichen Sanktionen könnten dazu als äußerste Möglichkeit – auf den Hilferuf der Opfer hin – auch die Androhung und Ausübung militärischer Gewalt infrage kommen.

Welt in Unordnung

Unterdessen ist die Welt nicht friedlicher geworden, ganz im Gegenteil. Es kamen der 11. September 2001 und der »Krieg gegen den Terror« in Afghanistan. Es folgten der Irakkrieg und der Sturz Saddam Husseins, der Libyenkrieg und der Sturz Gaddafis. Die Entmachtung der menschenverachtenden Tyrannen führte nicht zur Befriedung und Demokratisierung dieser Länder, sondern zum staatlichen Zusammenbruch, zum Erstarken des fundamentalistischen Islam und zu großen Fluchtbewegungen Richtung Europa.

Ich sehe, dass die militärischen Interventionen des Westens hier manchmal größeres Unheil für die Menschen brachten, als sie verhinderten. Sie haben, so muss man es wohl sagen, zur Destabilisierung einer ganzen Region und letztlich der gesamten Welt mit beigetragen. Die Zurückhaltung der Völkergemeinschaft im Syrien-Konflikt wiederum führte dazu, dass ein skrupelloser Diktator sich seit 2011 in einem blutigen Krieg gegen seine breit gefächerte Opposition befindet, der Hunderttausende Menschen das Leben kostete, mehr als sechs Millionen in die Flucht trieb und vom Land nur Schutt und Asche übrig ließ. Vielleicht hätte ein frühzeitiges militärisches Eingreifen notgetan, vielleicht aber wäre dann alles noch schlimmer gekommen. Wer weiß das schon.

Die Welt ist in größter Unordnung, und es ist zu befürchten, dass irgendwo ein überspringender Funke einen Flächenbrand auslösen könnte. Der Westen ist nicht mehr nur Helfer oder Beobachter von außen, er ist mittendrin. Es gibt nicht nur eine Globalisierung der Wirtschaft, sondern auch eine der Konflikte, wie es die Migrationsströme in anschaulicher Weise zeigen.

»Frieden auf Erden und den Menschen ein Wohlgefallen«, davon sind wir heute denkbar weit entfernt. Doch ich glaube, dass Gott uns aufgetragen hat, mit unserem Tun dieses Ziel anzustreben. Denn es ist nicht Gottes Wille, dass Krieg ist. Ich bin aus der Überzeugung Militärbischof, dass ich in diesem Amt Gottes Willen folge, dass ich in diesem Amt wertvolle Friedensarbeit leisten kann. Sicher, ich stehe in einem ethisch heiklen Bereich, in dem die Grenzen von Recht und Unrecht leicht verschwimmen. Ich kann heute Militärbischof sein, weil ich Gewaltanwendung unter bestimmten Umständen für legitim halte. Dies jedoch ist an die notwendige Bedingung gebunden, dass das Gewaltmonopol beim Staat liegt und dieser auf Recht und Gesetz gründet.

Für mich gibt es inzwischen keinen Zweifel mehr, dass das staatliche Gewaltmonopol eine zentrale zivilisatorische Errungenschaft ist und dass es in Polizei und Armee legitime und unerlässliche Hüter hat. Ich könnte kein Militärbischof sein, wenn ich – bei aller Kritik im Einzelnen – nicht grundsätzlich mit dem demokratischen Rechtsstaat und mit der Existenz einer Armee einverstanden wäre, die auf Geheiß eines parlamentarischen Beschlusses militärisch aktiv wird. Ich bin heute kein Fundamentalpazifist mehr, aber ich bin immer noch überzeugter Pazifist. Wenn ich meine, dass es manchmal rechtserhaltende Gewalt geben muss, dann deshalb, weil ich an die Idee vom »gerechten Frieden« glaube.

KAPITEL 2

Vom gerechten Krieg zum gerechten Frieden

»Friede den Hütten«

Kriege bekämpfen, aber wie?
»Wenn du den Frieden willst, bekämpfe den Krieg!« Diesen Satz sprach der Pfarrer Walther Nithack-Stahn in der Berliner Kaiser-Wilhelm-Gedächtniskirche, deren im Zweiten Weltkrieg zerstörter Glockenturm heute ein Mahnmal gegen den Krieg ist. Sie steht am Breitscheidplatz, in Fußentfernung von meinem Amtssitz, dort, wo im Dezember 2016 der Dschihadist Anis Amri im fanatischen Glauben, damit Gott wohlgefällig zu sein, mit einem Lastwagen über den Weihnachtsmarkt fuhr und zwölf Menschen tötete und Dutzende verletzte.

Der zitierte Satz stammt aus der Predigt, die Nithack-Stahn am »Sedanstag«, am 2. September 1911, hielt. Es war der Tag, an dem die Deutschen des Sieges über den sogenannten Erzfeind Frankreich gedachten und zugleich das vierzigjährige Bestehen des Deutschen Reiches feierten.

Der Satz ist die Umkehrung der alten lateinischen Staats- und Kriegslehre: »Wenn du den Frieden willst, bereite den Krieg vor« *(Si vis pacem para bellum).* 1911 glaubten viele, Krieg liege in der Luft, und fieberten regelrecht einem neuen »Völkerringen« entgegen. Für Nithack-Stahn aber war Krieg nicht gesetzte Weltordnung, sondern menschliche Unordnung. Krieg sei durch Gesetz- und Lieblosigkeit gekennzeichnet, ein Zustand der Gottferne. Denn, so der Pfarrer, »Gott ist nicht ein Gott der Unordnung, sondern des Friedens«. Friede sei der innere Herzton, der die ganze Bibel durchdringe. Daher rief Nithack-Stahn seine Gemeinde zum entschiedenen Protest gegen jegliche Kriegsgelüste auf. Die Menschen und Völker hätten die Pflicht, sich um das Recht zu versammeln und dem Unrecht entgegenzutreten. Und so forderte er jeden Einzelnen auf: »Wenn du den Frieden willst, bekämpfe den Krieg!«

Nithack-Stahns berühmter Aufruf zum Frieden ist in seiner pazifistischen Botschaft unmittelbar einleuchtend. Im zweiten Schritt aber stellt sich die Frage, mit welchen Mitteln der Krieg bekämpft werden soll. Schon das Verb »bekämpfen« ist ja nicht unbedingt ein Ausdruck des Friedens und der Gewaltlosigkeit. In der Situation des Jahres 1911, als sich der Erste Weltkrieg zwar atmosphärisch ankündigte, aber noch nicht ausgebrochen war, mag es selbsterklärend gewesen sein, dass einzig friedliche Mittel zur Kriegsbekämpfung infrage kamen. Während des Nationalsozialismus aber, als Hitler die Welt mit einem barbarischen Eroberungskrieg überzog, musste der Satz »Wenn du den Frieden willst, bekämpfe den Krieg!« gänzlich anders verstanden werden.

Erst als ich von meinem lange für selbstverständlich gehaltenen radikalen Pazifismus abrückte, wurde mir bewusst, dass ich so konsequent in meiner Haltung eigentlich gar nicht gewesen war. Ich hatte die Attentäter vom 20. Juli 1944, die Hitler umbringen wollten, selbstverständlich nicht wegen ihrer Tötungsabsicht verurteilt, sondern sie, wie fast die ganze Welt es tut, als mutige Helden bewundert.

Für vorbildlich hielt ich auch die Theologen der Bekennenden Kirche, die sich wie Dietrich Bonhoeffer angesichts der Naziverbrechen dazu durchgerungen hatten, gewaltsamen Widerstand in äußerster Not zu rechtfertigen. »Dem

Rad auch selbst in die Speichen fallen«, hatte Bonhoeffer gefordert, auch wenn man damit Schuld auf sich lud.

Hitler und der Nationalsozialismus als Inbegriff des Bösen waren im Nachhinein leicht als einzige Ausnahme vom absoluten Gewaltverbot zu akzeptieren. Den Befreiungskrieg, den die Alliierten gegen Hitlerdeutschland geführt hatten, betrachtete ich, obwohl Pazifist, immer als gerechtfertigten Krieg. Der gewaltsame Widerstand gegen Hitler war sakrosankt, an seiner Rechtmäßigkeit konnte kein Zweifel bestehen.

Aber wie sah es mit den gegenwärtigen Menschheitsverbrechen aus? Waren sie allesamt unbedeutend im Vergleich zum absoluten Bösen, das im »Dritten Reich« geschehen war? Rechtfertigten sie kein zur Not auch gewaltsames, friedenserzwingendes Eingreifen?

Es liegt auf der Hand, dass die NATO-Verbündeten USA, Großbritannien und Frankreich eine völlig andere Einstellung zu militärischen Einsätzen haben als das schuldbeladene Deutschland. Sie standen im Zweiten Weltkrieg auf der richtigen Seite. In einem fraglos gerechtfertigten Krieg rangen sie das Unrechtsregime nieder und befreiten Deutschland und die Welt von einem üblen Tyrannen. Dieses (Selbst-)Bewusstsein prägt ihre Außenpolitik bis heute. Während Deutschland, das Schuld an zwei Weltkriegen trägt, nach wie vor äußerst zögerlich agiert, wenn es darum geht, Militäreinsätzen zuzustimmen und sich daran zu beteiligen – ich finde, auch zu Recht –, tun sich die ehemaligen Siegermächte mit der Legitimierung von gewaltsamen Interventionen gemeinhin leichter.

Dies geht – wie die Politikwissenschaftlerin Ines-Jacqueline Werkner jüngst noch einmal empirisch untersucht hat – bis weit in den kirchlichen Bereich hinein. Während die tendenziell linksliberale United Church of Christ (UCC) in den USA sich für das Prinzip des »just peace«, des gerechten

Friedens, bereits seit 1985 stark macht und damit geradezu als Vorläufer der deutschsprachigen Reflexionen gelten darf, haben große sogenannte Mainline-Kirchen, wie etwa die Baptisten und unter ihnen besonders die Southern Baptist Convention (SBC) mit fünfzehn Millionen Mitgliedern, nach wie vor ein positives Verhältnis zur Tradition des gerechten Krieges. Werkner schreibt:

»Hintergrund dieser Interpretation ist der Amerikanische Exzeptionalismus – eine Idee, der zufolge die USA eine Sonderstellung in der Welt einnehmen und an die ein Großteil der Southern Baptists glaubt. Danach hätten die USA eine ›transzendente Bestimmung‹. Mit dieser einher gehe die Verpflichtung und Verantwortung, sich weltweit für Frieden einzusetzen. Indem sie ihr politisches und wirtschaftliches System auf andere Nationen übertragen, würden sie – so die Überzeugung – Gottes Werk verrichten.«

Diese Unterschiede im internationalen Diskurs wahrzunehmen ist wichtig, denn es erklärt, weshalb einige Kirchen etwa das US-amerikanische Engagement im Irak, in Afghanistan, Niger und Syrien gutheißen, während andere es äußerst kritisch sehen. Als ich selbst im Sommer 2018 an einer großen militärethischen Konferenz in Washington, D.C. teilnahm, wurden wie selbstverständlich Referate über die »Just War Theory«, die Theorie des gerechten Krieges, gehalten, unter anderem von einem diesbezüglichen Lehrstuhlinhaber der altehrwürdigen Universität in Oxford.

Auch wenn man die Auffassung vertritt, dass militärisches rechtserzwingendes Eingreifen manchmal gerechtfertigt sein kann, ist damit noch nicht gesagt, wann diese Umstände eingetreten sind. Darauf gibt es keine eindeutige, widerspruchsfreie Antwort. Erst im Nachhinein weiß man, und selbst das ist oft nicht unstrittig, ob die gefundene Antwort richtig war. Man kann nur versuchen, die gegebene Situation unter möglichst vielen verschiedenen Aspekten zu verstehen, und nach guten, möglichst allgemeingültigen Gründen suchen, die in eine vernünftige Entscheidung münden. Dazu gehört allerdings eine gewisse Bescheidenheit, die aus dem Wissen resultiert, dass es eine absolute Wahrheit nicht gibt, jedenfalls nicht auf dieser Welt.

Gewalt im Namen des Herrn
Seit der islamistische Terror Einzug in die westliche Welt gehalten hat, gewann die Debatte um einen gerechtfertigten Krieg noch einmal deutlich an Komplexität und Dringlichkeit hinzu. Einerseits führen Angst und Verunsicherung in den westlichen Gesellschaften dazu, dass für unverbrüchlich gehaltene Prinzipien wie etwa universale Menschenrechte ihre Verbindlichkeit zu verlieren drohen. Freiheitliche, demokratische Rechtsstaaten stehen in Gefahr, sich zu illiberalen Nationen zurückzuentwickeln, die sich von allem Fremden und Anderen bedroht fühlen und sich gewaltsam nach außen abschotten. Andererseits führt der Islamismus vor Augen, welche Gewalt Religionen hervorbringen und – in der Wahrnehmung der Gläubigen – auch rechtfertigen können.

Der nicht nur »gerechte«, sondern »heilige« Krieg, den militante Islamisten zu führen meinen, darf nicht vergessen machen, dass auch das Christentum immer wieder Menschheitsverbrechen im Namen Gottes legitimierte. Zu den mittelalterlichen Kreuzzügen der Christen gegen Muslime, gegen Juden, ja auch gegen Christen anderer Bekenntnisse hatten kirchliche Würdenträger aufgerufen; Papst Urban II. behauptete Ende des 11. Jahrhunderts, den Auftrag zum »heiligen Krieg« gegen die Ungläubigen direkt von Gott erhalten zu haben. Die Gewissheit, dass Gott bei ihnen und damit gegen die Feinde sei, ließ damals Massen von Christen begeistert in die martialischen Schlachten nach Osten ziehen.

Man muss aber gar nicht bis ins Mittelalter zurückgehen. Das Christentum spielte bekanntermaßen auch im Ersten und im Zweiten Weltkrieg eine unselige Rolle. Höchste Repräsentanten beider Kirchen Deutschlands erklärten den Krieg zum Gottesurteil – nicht zum Bankrott der Politik, der er war –, versicherten, Gott sei auf der Seite des deutschen Volkes, und segneten die Waffen im Namen des Herrn. Damalige Feldprediger oder Feldkaplane predigten von der Gottgewolltheit des Krieges, hetzten zum Feindeshass auf und befeuerten den Kampfgeist der Soldaten. Einen gegenwärtigen Rekurs auf diese Form der Militärseelsorge bietet die dänische Fernsehserie *Die Wege des Herrn*, in deren Verlauf ein junger Pfarrer Militärseelsorger im Mittleren Osten wird und – sicherlich cineastisch überhöht – schließlich die Waffen seiner dänischen Kameraden segnet, mit auf Patrouille fährt, selbst Waffen trägt, in einen Schusswechsel verwickelt wird und eine unbeteiligte Muslima tötet.

Der evangelische Theologe und ehemalige Ratsvorsitzende der EKD Wolfgang Huber schrieb in dem Debattenbeitrag »Du sollst nicht töten – und nicht töten lassen« in der *Frankfurter Allgemeinen Zeitung* über das Christentum:

»Der Dualismus von Gut und Böse, Innen und Außen, Gerechtem und Sünder wurde immer wieder herangezogen, um eine Logik des Ausschlusses und der Abgrenzung zu etablieren. Das gilt nicht nur für die oft herangezogenen Beispiele des Umgangs mit Heiden und Häretikern. Es setzte sich im Streit der Konfessionen fort und prägte schließlich sogar die gewaltsamen Konflikte zwischen Nationen, die jeweils für sich die Zugehörigkeit zum ›christlichen‹ Abendland in Anspruch nahmen.«

Huber erwähnt die viel diskutierte Studie *Monotheismus und die Sprache der Gewalt* von Jan Assmann. Darin attestiert der

Ägyptologe den monotheistischen Religionen – Judentum, Christentum und Islam – ein spezifisches Gewaltpotenzial. Es gründe in der von ihnen vorgenommenen »mosaischen Unterscheidung«, durch die der Glaube an den einen Gott mit der Zurückweisung anderer Götter verbunden ist.

»Ich bin der Herr, dein Gott; du sollst keine anderen Götter haben neben mir«, heißt das erste der von Mose empfangenen Gebote. Mit ihm sei, so Assmann, die Unterscheidung von Wahr und Falsch in der Religion entstanden und damit eine bestimmte Form der Gewalt, die in der Ausgrenzung und Vernichtung des vermeintlich Falschen bestehe. Von dieser Gewalt erzählt bereits die Geschichte Mose selbst, in der dieser den Stamm der Leviten auffordert, all jene zu töten, die sich weigern, sich zu dem einen Gott zu bekennen. Die Leviten gehorchen und töten dreitausend Menschen.

Frieden durch Recht: Krieg und Frieden im Alten Testament
Die Gewalt, die aus dem Alten Testament spricht, kann wirklich erschrecken. Trotzdem – oder gerade deswegen – ist es erforderlich, die kriegerischen und gewaltaffinen Passagen der hebräischen Bibel im gesamten Zusammenhang und auch (selbst-)kritisch wahrzunehmen, um nicht in fatale Klischees abzugleiten. Studierte Theologen haben da auf mehreren Ebenen eine Aufklärungspflicht.

Ja, es stimmt schon: Jahwe, der Gott Israels, tritt im Alten Testament als »Kriegsmann« (2. Mose 15,3) auf, der die Israeliten zum Sieg über die polytheistischen Nachbarn führt. Wie Islamisten heute wieder oder immer noch aus dem Koran den göttlichen Auftrag zur Gewalt gegen »Andere« herauslesen, so lassen sich die alttestamentarischen Erzählungen leicht als religiöse Rechtfertigung des Krieges missverstehen: Gott gebietet, so die populäre Fehlinterpretation, zur Ausbreitung seiner Herrschaft Krieg zu führen; dieser Krieg sei gottgewollt, »heilig«.

Dieses Missverständnis resultiert nicht allein aus einem wortwörtlichen Verständnis der Heiligen Schrift, sondern aus Unkenntnis der historischen und theologischen Hintergründe. Tatsächlich inthronisiert das Alte Testament mit dem strengen und auch gewalttätigen Jahwe keinen Herrscher nach weltlichem Maßstab, sondern die höchste, transzendente Macht, die Gewalt schlechthin, die die irdische Macht der Menschen nicht nur übersteigt, sondern nichtig erscheinen lässt.

Indem es der eine Gott ist, der über Gewalt gebietet, wird die Gewalt menschlicher Willkür entzogen. »Die Rache ist mein, ich will vergelten«, spricht Jahwe (5. Mose 32,35). Die Israeliten sollen sich darauf verlassen, dass ihr Gott die Dinge zum Besten regelt, und auf eigenmächtige Gewaltaktionen verzichten. Das unterscheidet die Botschaft des Alten Testaments wesentlich von heutigen religiös motivierten Gewaltaktionen.

Betroffen ist die Ebene der hohen Politik wie das Private. Wenn ein einzelner Mensch, der in seinen persönlichen Rechten verletzt und seelisch verwundet ist, dafür auf Rache sinnt – und das ist durchaus menschlich, psychologisch erklärbar und weitverbreitet –, so legt ihm das Alte Testament nahe, die Rache aus der Hand zu geben und sie vertrauensvoll Gott zu überlassen.

Man mag sich von hoher moralischer Warte darüber empören, einen gekränkten Menschen im Angesicht seines Beleidigers beten zu hören: »Seiner Tage sollen wenige werden, und sein Amt soll ein anderer empfangen; seine Kinder sollen Waisen werden und seine Frau eine Witwe« (Psalm 109,8 f.). Dies würde jedoch verkennen, dass hier gerade nicht blutig Selbstjustiz geübt, sondern negative Gefühle an Gott gerichtet werden, um irdisches Blutvergießen zu vermeiden.

Das Alte Testament konfrontiert uns Menschen schonungslos mit unseren dunklen Seiten, auch mit den Hassgefühlen des Gekränkten und vermeintlich Zurückgesetzten.

Das ist nicht schön, es kratzt am Bild der gerechten, ausgeglichenen und souveränen Persönlichkeit, das wohl jeder gern auf sich beziehen möchte. Aber das Alte Testament ist nach meiner Überzeugung – und nach meiner seelsorgerischen Erfahrung – ein grundehrliches Buch, aus dem sich viel über die Realität des Menschen lernen lässt. Vielleicht wird es deshalb so oft angefeindet.

Der Gott des Alten Testaments mahnt zu Demut und Bescheidenheit, zur Einsicht, dass es eine höhere Macht gibt als den Menschen und dass alles menschliche Wollen und Streben Grenzen hat. Alles andere wäre Hybris.

Gott wird im Alten Testament auch keineswegs nur als »Kriegsmann« vorgestellt. Die auf dem Fundament schonungsloser Ehrlichkeit aufbauende Geschichte vom Volk der Israeliten soll in den großen Frieden aller Nationen einmünden. Nicht zufällig entstammt das Motto der gesamtdeutschen Friedensbewegung der Achtzigerjahre der berühmten Prophezeiung in Jesaja 2,4:

»Und er wird richten unter den Heiden und strafen viele Völker. Da werden sie ihre Schwerter zu Pflugscharen und ihre Spieße zu Sicheln machen. Denn es wird kein Volk gegen das andere ein Schwert aufheben, und werden hinfort nicht mehr kriegen lernen.«

Dass aber nur das Anerkennen der wahren, zerbrechlichen und immer mit negativen Elementen verbundenen Seelennatur des Menschen zum Frieden leiten kann, ist für mich die zentrale Lehre aus dem Alten Testament.

Sigmund Freud hat den Menschen bekanntlich ein »unmögliches Wesen« genannt, »von Natur aus dazu verdammt, mit Konflikten zu leben«. Diese Einsicht zeigt sich bereits in den Erzählungen des Alten Testaments, am Erzvater Jakob, an den Königen Saul und David oder den schrägen Helden des Richterbuchs. Ich finde, es tut uns gut, in den Spiegel dieser Geschichten zu blicken. Wahrheit macht frei, um es mit einem Satz des Juden Jesus zu sagen (Johannes 8,32).

Der Friedensstifter und Pazifist Jesus
In seinem menschgewordenen Sohn Jesus Christus zeigt sich Gott als Verkünder von Liebe und Frieden. All die wichtigen und hoffnungsvollen Worte Jesu sind jedoch Zitate der hebräischen Bibel. »Du sollst deinen Nächsten lieben wie dich selbst«, das steht im 3. Buch Mose (19,18).

Die Friedensbotschaft des Neuen Testaments findet sich am deutlichsten in der Bergpredigt ausgedrückt (Matthäus 5-7): In ihr gebietet Jesus, sogar die eigenen Feinde zu lieben, und spricht die Friedensstifter selig. Von Letzteren, die in der lateinischen Bibelübersetzung *pacifici* heißen, ist der Begriff »Pazifismus« abgeleitet. Die Bergpredigt wurde zu einer der zentralen Schriften des Pazifismus.

Die Christen der ersten Generationen waren Fundamentalpazifisten, die nach der Bergpredigt lebten. Krieg und Gewalt waren Sünde und niemals gerechtfertigt. Für sie war klar, dass Soldaten keine Christen sein konnten und umgekehrt. Wer getauft werden wollte, durfte kein Soldat sein. Er durfte auch kein Lehrer, kein Zöllner, kein Polizist und ebenso wenig ein Kaiser sein. Wer Christ werden wollte, musste seinen Beruf aufgeben. Die Teilhabe am weltlichen Leben war für die frühen Christinnen und Christen ausgeschlossen. Sie lebten in einer radikalen Naherwartung, den Blick auf das unmittelbar bevorstehende Weltende und das Jüngste Gericht gewandt. Erst als sich im Laufe von Jahrhunderten das Christentum zur Mehrheits- und dann zur Monopolreligion in Europa entwickelte, löste sich diese scharfe Trennung auf, und es wurde möglich, Christ und zugleich politisch tätiges Mitglied der Gesellschaft zu sein. Auch der Soldatenberuf war nun mit dem christlichen Glauben vereinbar, obwohl er den Ruf des Schmutzigen, Sündigen und Unzivilisierten niemals ganz verlor.

Die frühen Christen glaubten zwar an den ewigen Frieden und hatten sich zu Gemeinschaften zusammengeschlossen, in denen sie nach Gottes Geboten in Frieden und Gerechtigkeit zu leben suchten. Außerhalb dieser Gemeinden aber waren Kriege und Gewalt der übliche Weg der Konfliktlösung. Ob und wie viele Menschen dabei ums Leben kamen, spielte nicht die geringste Rolle. Das Zusammenleben der Menschen war noch nicht in unserem Sinne rechtsstaatlich organisiert. Erst später würden sich Staaten mit verbindlichen, allgemeingültigen Gesetzen herausbilden, an die die Menschen das Gewaltmonopol abtreten.

Politiker, Rechtsgelehrte und Philosophen begannen sich Gedanken darüber zu machen, wie die herrschende Gewalt einzudämmen sei. Aus dieser Überlegung, dass die Menschen nicht länger wie im Naturzustand als *homo homini lupus* (»der Mensch, der dem Menschen ein Wolf ist«) übereinander herfallen sollten, ging die Tradition vom gerechten Krieg hervor. Sie ist – das wird bis heute allzu oft missverstanden – keine Befürwortung des Krieges, sondern soll, im Gegenteil, kriegerische Auseinandersetzungen eindämmen und Gewalt begrenzen. Sie ist ein Zivilisierungsinstrument. Kriege sollten nicht mehr der Normalzustand, sondern nur unter klar definierten Bedingungen möglich sein.

Augustinus zieht die Lehre des gerechten Krieges aus der Bibel
Schon der römische Politiker und Philosoph Cicero (106–43 v. Chr.) hatte erklärt, nur ein Verteidigungskrieg könne ein gerechter Krieg, ein *bellum iustum*, sein, niemals ein Angriffskrieg.

Die erste Ausformulierung der Lehre vom gerechten Krieg findet sich aber bei dem großen Kirchenlehrer und Philosophen Aurelius Augustinus (354–430) auf der Schwelle von der

Antike zum frühen Mittelalter. Sie bildet quasi das völker- und kriegsrechtliche Fundament, von dem alle späteren Präzisierungen bis heute ausgehen.

Augustinus' Referenz war die Bibel. Aus dem ersten Buch Mose, der Genesis, leitete er die klare Friedensorientierung ab: Zum einen hat Gott die von ihm geschaffene Welt für gut befunden, und sie darf nicht durch Krieg zerstört werden. Zum anderen hat er den Menschen nach seinem Bilde geschaffen, und aus dieser Gottesebenbildlichkeit folgt die Menschenwürde, die zu Nächstenliebe verpflichtet und nicht durch Gewalt verletzt werden darf.

Augustinus argumentierte, Frieden lasse sich sehr wohl ohne Krieg vorstellen, nicht aber Krieg ohne Frieden. Daraus resultiere, dass Kriege nicht notwendig, aber auch nicht ausgeschlossen seien, sofern sie dem Frieden dienten.

Gerecht, das heißt gerechtfertigt kann ein Krieg nach Augustinus allerdings nur dann sein, wenn er von einer legitimen obrigkeitlichen Ordnungsmacht geführt wird; Privatpersonen dürfen sich niemals bekriegen. Diese fundamentale Bestimmung markiert die lateinische Sprache durch eine deutliche Begriffsunterscheidung: *Potestas* bezeichnet die rechtmäßige Gewalt, deren Einsatz durch Verfassung und Recht geregelt ist, *Vis* die ungezügelte, unrechtmäßig eingesetzte Gewalt.

Die zentrale Bestimmung, dass einzig die Obrigkeit zur Ausübung von Gewalt berechtigt sei, entnahm Augustinus dem berühmten Brief des Paulus an die Römer (Röm 13,1–4.):

»Jedermann sei untertan der Obrigkeit, die Gewalt über ihn hat. Denn es ist keine Obrigkeit außer von Gott; wo aber Obrigkeit ist, die ist von Gott angeordnet. Wer sich nun der Obrigkeit widersetzt, der widerstrebt der Anordnung Gottes; (…) vor denen, die Gewalt haben, muss man sich nicht fürchten wegen guter, sondern wegen böser Werke. (…) Denn sie [die Obrigkeit] ist Gottes Dienerin, dir zugut. Tust du (...) Böses, so fürchte dich; denn sie trägt das Schwert nicht umsonst: sie ist Gottes Dienerin und vollzieht das Strafgericht an dem, der Böses tut.«

Das ist die ordnungspolitische Schlüsselstelle des Neuen Testaments, auf die alle späteren christlich fundierten Auslegungen der Tradition vom gerechten Krieg Bezug nehmen.

Aus dem Alten Testament leitete Augustinus die Einschränkung ab, Kriege dürften nur geführt werden, wenn es einen gerechten Grund gebe: Die Kinder Israels führten einen gerechten Krieg, als sie sich gegen die Amoriter verteidigten, die ihnen den friedlichen Durchmarsch durch ihr Land verwehrten (4. Mose 21,21ff.).

Mit seiner aus der Bibelexegese hervorgehenden Lehre vom gerechten Krieg beabsichtigte der Kirchenlehrer Aurelius Augustinus die Pazifizierung des menschlichen Zusammenlebens. Das Christentum sah er als Friedensreligion und seine Ausbreitung als Prozess der Befriedung. Das Paradox: Durch diese Argumentation konnte sich die Kirche auf Augustinus berufen, als sie die gewaltsame Christianisierung und die Kreuzzüge zu legitimieren suchte. Die Tradition des gerechten Krieges brachte sie damit nachhaltig in Verruf.

Thomas von Aquins Kriegsethik
Es war dann der Theologe und Philosoph Thomas von Aquin (1225–1274), der die Augustinische Lehre vom gerechten Krieg zu einer Militärethik systematisierte. In seiner legendären *Summa Theologica* unterschied er drei Kriterien, die erfüllt sein müssten, damit ein Recht zum Krieg, ein *ius ad bellum*, bestehe:

1.) Keine Privatperson darf Kriege führen, sondern nur die Herrscher. Es bedarf zur Kriegsführung also einer legitimen Autorität: *legitima auctoritas*.

2.) Ein Recht zum Krieg gibt es nur, wenn ein gerechter Grund vorliegt: *causa iusta*. Ein solcher Grund wäre erlittenes Unrecht. Sich zu bereichern ist dagegen nicht gerechtfertigt, ein Eroberungskrieg also niemals zu legitimieren. 3.) Krieg darf nur mit einer guten Absicht geführt werden: *recta intentio*. Er soll Gutes befördern und Schlechtes verhindern. Das heißt, Ziel des Krieges muss die (Wieder-)Herstellung von Frieden sein.

Aus dieser klaren Unterordnung der militärischen Gewalt unter die Friedensabsicht resultierte später das Kriterium der Ultima Ratio: Der Krieg muss unvermeidlich sein. Er ist lediglich dann gerechtfertigt, wenn alle friedlichen Mittel ausgeschöpft und gescheitert sind.

Die Lehre von Thomas von Aquin beinhaltet bereits Kriterien für ein Recht im Krieg, ein *ius in bello*. Sie sind ebenfalls bis ins moderne Kriegsrecht hinein erhalten geblieben. So muss der Krieg in angemessener Weise geführt werden: *debitus modus*. Das heißt, zivile und unschuldige Opfer müssen vermieden und Kriegsgefangene menschlich behandelt werden. Zudem hat die Gewaltanwendung in quantitativer Hinsicht verhältnismäßig zu sein: *proportionalitas*. Es darf zum Beispiel nicht ein ganzes Volk vernichtet werden, um einige Menschenleben zu retten.

Luthers Lehre von den zwei Regimenten

Martin Luther (1483–1546) und der Reformation verdanken wir eine weitere wichtige Präzisierung, durch die der Missbrauch der Lehre vom gerechten Krieg sowohl durch die Kirche als auch durch die weltlichen Herrscher eingeschränkt wurde. Der ehemalige Augustinermönch unternimmt in Anlehnung an Augustinus eine klare Unterscheidung zwischen einer geistlichen und einer weltlichen Obrigkeit. Im für den deutschen Protestantismus grundlegenden *Augsburger Bekenntnis* von 1530 ist festgehalten, dass einzig eine von Gott legitimierte staatliche Gewalt, das »weltliche Regiment«, das Recht habe, gerechte Kriege zu führen wie auch polizeiliche und gerichtliche Aufgaben zu übernehmen (Artikel XVI).

Als gläubiger Protestant habe ich mich quasi von Kindesbeinen an mit Luther beschäftigt. Doch gerade in meiner Funktion als Militärbischof sind mir seine Schriften eine wertvolle Referenz und bei aktuellen Fragen von Krieg und Frieden eine stete Orientierungshilfe. Ich bin immer wieder fasziniert davon, mit welcher Weitsicht und Trennschärfe Luther als Kirchenmann im von Gewalt beherrschten Spätmittelalter auf die Kriegsproblematik blickte.

Luther war kein bedingungsloser Pazifist. Er lebte in einer Zeit, als Christen im Namen des Herrn brutale Eroberungskriege führten und in den Bauernkriegen drangsalierte Untertanen gewaltsam gegen ihre despotischen Herren aufbegehrten. Luther ging es darum, diese blutigen Konflikte zu deeskalieren. Und zwar zum einen, indem er religiös motivierte Kriege als Unrecht disqualifizierte, und zum anderen, indem er die aufständischen Bauern in ihre Schranken wies und zugleich die Herrschenden an ihre Verantwortung für Recht und Ordnung erinnerte.

Luther machte sich keine Illusionen über die Natur der Menschen. Er hatte zur Genüge erlebt, zu welcher Brutalität sie in die Lage waren. Ihm zufolge leben die Menschen in der noch nicht von Gott erlösten Welt und sind unweigerlich Sünder. Selbst wenn sie sich bemühen, ein moralisch gutes Leben zu führen, kommen sie gar nicht umhin, schuldig zu werden. Doch um Gottes Gnade zu erlangen, sind, so Luthers Rechtfertigungslehre, auch nicht die guten Werke entscheidend, die ein Mensch in seinem Leben vollbringt, sondern allein sein Glaube. Denn das Reich Gottes liegt außerhalb aller weltlichen und menschlichen Berechenbarkeit.

Der Reformator hielt nichts davon, unerreichbare moralische Vollkommenheit von den Menschen zu verlangen.

Luther steht in der Linie derer, die die menschliche Natur schonungslos ehrlich betrachtet haben. Die für ihn zentrale Lehre von der bedingungslosen Gnade Gottes entfaltet sich gerade an alttestamentlichen Erzählungen von menschlicher Schuld. Im irdischen Leben kann es folglich niemals einen vollkommenen Frieden geben. Weltliche Ordnung leistet vollauf genug, wenn sie einigermaßen stabil eine Herrschaft des Rechts sicherstellt. Hier kommt der Staat mit seinen Machtinstrumenten ins Spiel.

In seiner Schrift *Ob Kriegsleute auch in seligem Stande sein können* von 1526, die von meinem Amt jüngst neu kommentiert ediert wurde, betont Luther die Unverzichtbarkeit eines weltlichen Regiments, das für die Schaffung einer staatlichen Ordnung verantwortlich ist und die Menschen diszipliniert. Die Mittel, mit denen die weltliche Obrigkeit, die Luther in Anlehnung an Römer 13 das »Schwertamt« nennt, für die Durchsetzung von Recht und Ordnung sorgt, sind Gesetz und Gewalt. Nur das weltliche Regiment hat das Recht, Gewalt anzuwenden, nicht die einzelnen Bürger – und auch nicht die Kirche. Im äußersten Fall muss es polizeilich und militärisch nach innen und nach außen für die Einhaltung der Gesetze und die Eindämmung von Gewalt sorgen. Neben dem weltlichen Regiment, das durch Gott eingesetzt und legitimiert ist, regiert der Allmächtige auf der Welt auch durch ein geistliches Regiment. In ihm wendet sich Gott durch die Heilige Schrift und die Verkündigung des Evangeliums an die Menschen – nicht aber mit staatlichen Gesetzen und keinesfalls mit dem Schwert.

Mit seiner Zwei-Regimente-Lehre beschreibt Luther den Spannungsbogen zwischen göttlichem Anspruch und erlebter Wirklichkeit, zwischen der Zielperspektive des Reiches Gottes und den Bedingungen der realen Welt. Der Christ ist nach Luther beiden Regimenten unterworfen. Er darf sich nicht der Verantwortung für die Welt entziehen, nur weil sie unvollkommen und sündig ist. Damit stellt sich Luther der katholischen Zwei-Stufen-Ethik entgegen, nach der nur ein der Welt entsagender Geistlicher ein vollständig gottgefälliges Leben führen könne. Für Luther ist etwa der gläubige Schuster Gott ebenso nah wie der Priester. Und auch der Soldat kann »in seligem Stande sein«. Jeder Christ, egal welcher Profession, ist sowohl dem »Reich Gottes« als auch dem »Reich der Welt« verpflichtet. Jenes liefert den Ziel- wie auch Gewissenshorizont seines Handelns.

Luther zeigt sich mit seiner Lehre von den zwei Regimenten nicht nur als entschiedener Gegner von Religionskriegen, sondern auch als früher Verfechter einer positiven Trennung von Staat und Kirche. Weltliches und geistliches Regiment sind einander nebengeordnet und begrenzen sich gegenseitig in ihrer Macht. Der Staat kann keinen Religionszwang ausüben und muss Religionsfreiheit gewähren.

Gleichzeitig sind beide Regimente – eben auch das weltliche – Gott untergeordnet. Die staatliche Macht ist also kein Selbstzweck und darf sich nicht absolut setzen. Sie kann von ihren Bürgern zwar verlangen, Gesetz und Ordnung zu befolgen, nicht jedoch absoluten, bedingungslosen Gehorsam. Das Gewissen des Einzelnen ist allein Gott verpflichtet.

Reformator mit friedensethischer Weitsicht
Die reformatorische Lehre von den zwei Regimenten war staatsphilosophisch wie theologisch enorm folgenreich. Auf ihr fußt unter anderem das für den deutschen Protestantismus bedeutsame *Barmer Bekenntnis*, mit dem sich die Bekennende Kirche 1934 konstituierte. Mit dieser Erklärung distanzierte sie sich nicht nur vom nationalsozialistischen Staat, sondern auch von der mit ihm paktierenden Kirche. Darin heißt es:

»Die [Heilige] Schrift sagt uns, dass der Staat nach göttlicher Anordnung die Aufgabe hat, in der noch nicht erlösten Welt, in der auch die Kirche steht, nach Maß menschlicher Einsicht und menschlichen Vermögens unter Androhung und Ausübung von Gewalt für Recht und Frieden zu sorgen. Die Kirche (...) erinnert an Gottes Reich, an Gottes Gebot und Gerechtigkeit und damit an die Verantwortung der Regierenden und Regierten.«

Damit sind der obrigkeitlichen Autorität klare Grenzen gesetzt. Unmissverständlich positionierten sich die Unterzeichner des *Barmer Bekenntnisses*:

»Wir verwerfen die falsche Lehre, als solle und könne der Staat über seinen besonderen Auftrag hinaus die einzige und totale Ordnung menschlichen Lebens werden und also auch die Bestimmung der Kirche erfüllen.«

Man muss sich diese scharfe Trennung zwischen dem Reich Gottes und dem Reich der Welt, zwischen Kirche und Staat, deutlich vor Augen führen. Denn sie ermöglichte letztlich die Entwicklung von Rechtsstaaten. Diese verfügen zwar mit Polizei und Militär über Gewaltinstrumente, um für die Einhaltung der Gesetze und die (Wieder-)Herstellung von Frieden zu sorgen, doch müssen sie sich immer wieder infrage stellen lassen und legitimieren. Der Staat besitzt lediglich dienende Funktion für die Menschen und trägt dafür Verantwortung, dass diese in möglichst friedlichen und gerechten Verhältnissen leben können.

Für »ewige« Gerechtigkeit jedoch ist der Staat nicht zuständig, auch nicht für den Seelenfrieden der Menschen. »Heil« ist keine politische Kategorie. Die vom Staat unabhängige Kirche soll das Wort Gottes verkünden und die Menschen, wie es das *Barmer Bekenntnis* ausdrückt, an das Reich Gottes erinnern, wo Liebe, Friede und Gerechtigkeit herrschen, und ihnen damit einen Zielhorizont aufzeigen, an dem sich die Wirklichkeit zu orientieren und zu messen hat. Luthers geistliches Regiment bringt die ethische Norm in die Welt, nach der sich das individuelle wie das staatliche beziehungsweise realpolitische Handeln ausrichten soll.

Diese ethische Norm besagt, dass das weltliche Regiment Gewalt nur im Verteidigungsfall anwenden darf. Angriffskriege sind nach Luther niemals legitim. In *Ob Kriegsleute in seligem Stande sein können* heißt es unmissverständlich:

»Nicht, dass es gerechtfertigt ist, nach eines jeden tollen Herren Laune Krieg anzufangen. (…) Wer Krieg anfängt, der ist im Unrecht, und es ist gerecht, dass er geschlagen oder doch zuletzt bestraft wird, welcher als Erster das Messer zieht. (…) Denn die weltliche Obrigkeit ist von Gott nicht dazu eingesetzt worden, den Frieden zu brechen und Krieg anzufangen, sondern dazu, den Frieden zu schützen und denen, die Krieg suchen, zu wehren, wie Paulus [in] Römer 13,4 sagt, es sei die Aufgabe des Schwertes, zu schützen und zu strafen, die Gerechten im Frieden zu schützen und die Bösen mit Krieg zu bestrafen.«

Einen gerechten Grund für einen Angriffskrieg kann es Martin Luther zufolge niemals geben. Rache ist allein Gott vorbehalten, über erlittenes Unrecht kann nur das Recht entscheiden. Luther rät, Konflikte möglichst mit friedlichen Mitteln zu lösen. Selbst bei Angriffen solle auf Deeskalation gesetzt und nicht automatisch zurückgeschlagen werden. Zur Verantwortung der Herrscher gehöre es, alle Handlungsspielräume zu nutzen, um Krieg abzuwenden.

Schutzverantwortung

Es ist ungeheuerlich, wie aktuell Luthers immerhin fast fünfhundert Jahre alte »Kriegsleuteschrift« heute noch ist. Sogar das Konzept der »Schutzverantwortung« *(Responsibility to Protect)*, das die Vereinten Nationen auf ihrem Weltgipfel 2005 beschlossen, um schwere Menschenrechtsverletzungen zu verhindern, nahm der Reformator vorweg. Luther spricht zwar nicht explizit von Schutzverantwortung, stellt sich aber die Frage, wann ein Verteidigungsfall ethisch legitimiert sei. Für ihn kann Verteidigung nur Schutz des Nächsten bedeuten, nicht Selbstverteidigung im Sinne von Notwehr, die Luther nicht als christliche Verhaltensweise betrachtet. Sie ist natürlich erlaubt, ethisch wertvoll ist sie nicht. Nothilfe dagegen sei ein Akt der Nächstenliebe. Werde eine dritte Person angegriffen, dann sei es geboten, ihr zu helfen, und notfalls dürfe dazu auch Gewalt angewendet werden.

Auch wenn das 16. Jahrhundert von großen Veränderungen des Weltbildes bestimmt war – Kolumbus hatte gerade Amerika entdeckt; Kaiser Karl V. rühmte sich, sein Reich sei so groß, dass die Sonne niemals untergehe – war Luthers Welt doch noch relativ überschaubar. Er wusste noch nichts von Weltkriegen und Massenvernichtungswaffen. Entsprechend detaillierter und differenzierter ist das heutige Konzept der Schutzverantwortung, das die Vereinten Nationen Jahrhunderte später ausarbeiteten.

Luthers Gedanken sind eine weitere friedensethische Präzisierung der Lehre vom gerechten Krieg, die – das kann nicht oft genug wiederholt werden – nie ein bellizistisches Konzept war, das Kriege als Mittel der Machtbehauptung befürwortete. Sie zielte vielmehr von Anfang an darauf, das menschliche Zusammenleben zu befrieden durch Entprivatisierung von Gewalt, durch Staatenbildung und Verrechtlichung. Bereits Augustinus, der Vater der Lehre vom gerechten Krieg, hatte mit der *iusta pax Dei*, dem »gerechten Frieden Gottes«, das eigentliche Ziel der rechtmäßigen Kriegsführung genannt.

Am Ende des revolutionären 18. Jahrhunderts, als die Träume von einer besseren, gerechteren Welt groß waren und umso blutigere Kriege für die gute Sache rechtfertigen sollten, verfasste der Königsberger Philosoph Immanuel Kant die Schrift *Zum ewigen Frieden*. Der Aufklärer, der jeden einzelnen Menschen aufforderte, sich »seines eigenen Verstandes zu bedienen«, verschob die Perspektive von der Kriegsverhinderung hin zur Friedensschaffung, vom gerechten Krieg zum gerechten Frieden. Dahinter stand die Erkenntnis, dass Frieden mehr ist als die Abwesenheit von Krieg: Seinem Wesen nach ist er mit Recht und Gerechtigkeit unlösbar verbunden.

Genauso wie für Luther ist für Kant Frieden zwischen den Menschen kein natürlicher Zustand, vielmehr muss er gestiftet und abgesichert werden. Dafür ist die politische Macht verantwortlich. Diese ist aber nicht wie Luthers weltliches Regiment von Gott legitimiert – in dessen Namen schon so viel Unrecht gerechtfertigt wurde –, sondern durch die Menschen selbst.

Kant verneint nicht die Existenz Gottes, aber für ihn ist sie Glaubenssache und lässt sich niemals beweisen. Der Philosoph behandelt Gott als regulative Idee der Vernunft. Keine weltliche Herrschaft darf sich durch Gott legitimieren. Die Macht liegt allein bei dem dank seiner Vernunft zu Erkenntnis und moralischem Handeln fähigen Subjekt. Dieses erkennt, dass es seinem eigenen Interesse nach Sicherheit und freier Entfaltung entspricht, den kriegerischen Naturzustand zu verlassen, sich in gegenseitiger Anerkennung der Menschenwürde mit anderen zusammenzuschließen, allgemeingültige Gesetze aufzustellen und sich vertraglich an sie zu binden. Auf diese Weise entwickeln sich nach Kant Rechtsstaaten und schließlich Staatenbünde:

»Für Staaten, im Verhältnisse unter einander, kann es nach der Vernunft keine andere Art geben, aus dem gesetzlosen

Zustande, der lauter Krieg enthält, herauszukommen, als daß sie, eben so wie einzelne Menschen, ihre wilde (gesetzlose) Freiheit aufgeben, sich zu öffentlichen Zwangsgesetzen bequemen, und so einen (freilich immer wachsenden) Völkerstaat (civitas gentium), der zuletzt alle Völker befassen würde, bilden.«

Der Endpunkt dieses fortschreitenden Zivilisierungsprozesses wäre die »Weltrepublik«, in der alle Einzelstaaten in dauerhaftem Frieden zu einem einzigen Staat verbunden und durch ein gemeinsames, internationales Völkerrecht verpflichtet wären. Sie ist einstweilen nur eine Idee, eine »Vollkommenheit, die sich in der Erfahrung noch nicht vorfindet«. Und solange dieser »ewige Friede«, auf den zustrebend sich die Geschichte nach Kant entwickelt, nicht erlangt ist, kann »nur das Surrogat eines den Krieg abwehrenden, bestehenden, und sich immer ausbreitenden Bundes den Strom der rechtscheuenden, feindseligen Neigung aufhalten«.

Die Vereinten Nationen als Kant'scher Völkerbund

Den Vereinten Nationen liegt Kants Vorstellung von einem solchen Völkerbund zugrunde: ein Bund, dem sich immer mehr Staaten anschließen, um Kriege zu verhindern und sich für die weltweite Ausbreitung von Frieden einzusetzen. Die UNO, zu der sich 1945 als Konsequenz aus den beiden Weltkriegen fünfzig Staaten zusammenschlossen, wurde ihrem Grundverständnis nach wesentlich von der Schrift des großen Aufklärungs- und Vernunftphilosophen beeinflusst.

Mit der Unterzeichnung der Charta der Vereinten Nationen verabschiedeten sich die Staaten offiziell von ihren nationalen Narrativen, mit denen sie Kriege gerechtfertigt hatten. Die zuvor gepflegte Vorstellung, von Feinden umzingelt zu sein und von anderen aufstrebenden Großmächten in der eigenen Vormachtstellung bedroht und gedemütigt zu werden, war angesichts der übergreifenden Erfahrung der Schrecken des Krieges in den Hintergrund gerückt. Das neue, internationale Narrativ lautete stattdessen: Wir wollen keinen Krieg mehr – nirgendwo.

In der UN-Charta, dem zentralen Dokument des internationalen Völkerrechts, geht es um nichts weniger als darum, eine weltweite Kultur des Friedens zu begründen. Die Charta erklärt die Stärkung der Menschenrechte sowie die Wahrung des Weltfriedens und der internationalen Sicherheit durch die Prinzipien des Rechts und der Gerechtigkeit zum Ziel des Völkerbundes. Die Mitgliedstaaten verpflichten sich, auf Krieg zu verzichten und in den internationalen Beziehungen ihr Gewaltmonopol an die Vereinten Nationen abzutreten.

Sie waren sich damals einig: Krieg ist kein legitimes Mittel der Außenpolitik mehr. Niemand soll in Zukunft noch ungestraft andere Staaten angreifen, Gewalt gegen sie anwenden oder auch nur androhen dürfen. Stattdessen sind Konflikte durch möglichst friedliche Mittel zu lösen. Allein im äußersten Notfall, bei Gefahr für den Weltfrieden und für die internationale Sicherheit, darf auf militärische, rechtserzwingende Gewalt zurückgegriffen werden – und zwar lediglich auf Beschluss der internationalen Staatengemeinschaft hin.

Diese Selbstverpflichtung von fünfzig Staaten, sich einem internationalen Völkerrecht zu unterwerfen, war damals ein unglaublicher Fortschritt. Betrachtet man allerdings die heutige weltpolitische Lage und die tatsächliche Zerrissenheit und Machtlosigkeit der UNO, mutet ihre Charta fast utopisch an.

»Wenn du Frieden willst, bereite den Frieden vor.«
Das Leitbild des gerechten Friedens, das die christliche Friedensethik heute vertritt, entstand ebenfalls aus der historischen Erfahrung der Weltkriege heraus und weist viele Analogien zum Konzept der Vereinten Nationen auf. Mit

dem Verdikt »Krieg soll nach Gottes Willen nicht sein« erteilte 1948 die erste Vollversammlung des Ökumenischen Rates der Kirchen in Amsterdam der Idee vom gerechten Krieg eine Absage – ein Abschied, den Luther mit der Lehre von den zwei Regimenten schon lange zuvor im Sinn gehabt hatte. Und die Kirchen wollten nach dem Zivilisationsbruch des Zweiten Weltkrieges noch mehr verändern: Sie nahmen sich vor, von nun an konsequent vom Frieden her zu denken.

Es mag für manche auf dasselbe hinauslaufen, und auch die Lehre vom gerechten Krieg zielte ja von Anfang an auf Gewaltminimierung und letztlich Frieden. Doch vom Frieden her zu denken stellt einen Paradigmenwechsel dar, wie jüngst die Politikwissenschaftlerin Sabine Jaberg von der Führungsakademie der Bundeswehr noch einmal eindrücklich ausgeführt hat. Denn der Blick wird auch angesichts gefühlten Handlungsdrucks nicht zuerst auf militärische Optionen gerichtet, sondern auf den Prozess der nachhaltigen Friedensschaffung.

Damit ist die Einsicht verbunden, dass militärische Interventionen vielleicht kurzfristig Gewalt beenden mögen, aber nicht dazu taugen, langfristig Frieden herzustellen. Aus der alten Doktrin *si vis pacem, para bellum,* »Wenn du den Frieden willst, bereite den Krieg«, die Walther Nithack-Stahn vor dem Ersten Weltkrieg zum pazifistischen Ausruf »Wenn du den Frieden willst, bekämpfe den Krieg!« umgewandelt hatte, wird nun die Erkenntnis *si vis pacem, para pacem,* »Wenn du den Frieden willst, bereite den Frieden vor!«.

Frieden ist nämlich nicht nur ein Zustand, sondern, wie es die Evangelische Kirche in Deutschland in ihrer Denkschrift *Aus Gottes Frieden leben – für gerechten Frieden sorgen* von 2007 formulierte, »ein gesellschaftlicher Prozess abnehmender Gewalt und zunehmender Gerechtigkeit«. Frieden kann nur in einer gerechten, legitimen Ordnung herrschen. So heißt es in Jesaja 32,17: »Die Frucht der Gerechtigkeit wird Frieden sein und der Ertrag der Gerechtigkeit Ruhe und Sicherheit auf immer.«

Der Gewinn, den diese Friedensdenkschrift darstellte und bis heute darstellt, ist untrennbar mit Wolfgang Huber, dem damaligem Ratsvorsitzenden, Wilfried Härle, dem Vorsitzenden der Kammer für öffentliche Verantwortung, und Eberhard Martin Pausch, ihrem Geschäftsführer, – um nur einige Namen zu nennen – verknüpft. Auf gut hundert Seiten stellt sie die aktuelle Debatte dar und ist auch heute noch – zwölf Jahre später – meines Erachtens ein vorzüglicher Text, der sich mit friedensethischen Fragen allgemeinverständlich und differenziert auseinandersetzt. Sie bildet einen Meilenstein in der großen Tradition evangelischer Denkschriften.

Der wertvollste Gewinn für die inner- wie außerkirchliche Debatte liegt – jenseits des schlüssig vollzogenen Perspektivwechsels auf das Leitbild des gerechten Friedens hin – darin, dass mit dieser Denkschrift ein Rahmen geschaffen wurde, der forthin die Leitplanken der Debatte darstellte. Die formulierte Vorrangstellung der zivilen Konfliktprävention ließ keinen Raum für wie auch immer geartete bellizistische Konzepte. Umgekehrt sah auch die Denkschrift die Notwendigkeit von »rechtserhaltender Gewalt« im Extremfall, womit die Kirche ihre Anschlussfähigkeit an die internationalen Debatten rund um die 2005 ratifizierte *Responsibility to Protect*, die Schutzverantwortung der Vereinten Nationen, wahrte.

Während das Leitbild vom gerechten Frieden in den Achtzigerjahren, vor dem Hintergrund des Kalten Krieges, auf einen prinzipiellen Pazifismus hinauslief, wurden angesichts der in den letzten Jahren verstärkt und überall auf der Welt ausbrechenden Konflikte Stimmen laut, die eine Rückkehr zur Lehre vom gerechten Krieg forderten. Der Fokus müsse wieder pragmatisch auf der Frage liegen, unter welchen Bedingungen und mit welchem Ziel militärische Einsätze geboten seien.

Ich verstehe inzwischen die über lange Zeit – und auch von mir – verpönte Tradition vom gerechten Krieg als Mittel der Gewaltbegrenzung. Dennoch halte ich – mit Blick auf die kriegerische Wirklichkeit und gerade in meinem Amt als Militärbischof – am gerechten Frieden als ethischem Leitbild des politischen Handelns fest. Besonders die Erfahrungen im Irak oder in Libyen haben ja gezeigt, was Militäreinsätze bewirken, wenn sie nicht in ein nachhaltiges Friedenskonzept eingebunden sind, das auf die Etablierung rechtsstaatlicher und zivilgesellschaftlicher Strukturen abzielt. Es ist keine friedensschaffende Maßnahme, Tyrannen wegzubomben, wenn in den »befreiten« Ländern keine Voraussetzungen für einen auch nur halbwegs funktionierenden Staat gegeben sind.

Militärische Gewalt darf niemals zum Realitätsprinzip werden. Immer muss es um menschliche Existenzerhaltung und Existenzentfaltung gehen. »Der Mensch ist Zweck an sich selbst«, sagt Immanuel Kant. »Die Würde des Menschen ist unantastbar«, lautet der erste Satz von Artikel 1 des deutschen Grundgesetzes. Diese Prinzipien sind für mich allgemeingültig und nicht hinterfragbar. Bei allem Kulturrelativismus: An der Universalität der Menschenrechte und damit der Menschenwürde besteht für mich kein Zweifel.

Eine Kultur des Friedens kann nur wachsen, wenn die Würde und die Rechte der Menschen geachtet werden, wenn sozialer Fortschritt und Freiheit gefördert, Toleranz zwischen guten Nachbarn geübt und Rechtssicherheit zwischen den Mitgliedern gewahrt werden. Das maßgebliche Ziel der *Allgemeinen Erklärung der Menschenrechte*, die vor siebzig Jahren beschlossen wurde, ist es, jeden einzelnen Menschen davor zu schützen, dass ihm Leid zugefügt wird. Das ist universal. Auch in diesem Punkt stimmt die christliche Friedensethik mit der Basisidee der Vereinten Nationen überein.

Seit ich anerkenne, dass eine militärische Intervention als Ultima Ratio und Bedingung der Möglichkeit von friedensschaffenden Maßnahmen gerechtfertigt sein kann, hat sich meine Einstellung zum Militär, zu Streitkräften und speziell zur Bundeswehr geändert. Das liegt auf der Hand, sonst könnte ich nicht Militärbischof sein. Sicher, Armeen werden immer wieder von Unrechtsregimen als Herrschaftsinstrumente missbraucht oder inthronisieren sich gar selbst zu illegitimen, gewalttätigen Machtsystemen. Und auch an der Bundeswehr, der Armee des demokratisch verfassten Deutschland, lässt sich zweifellos einiges aussetzen. Heute weiß ich, dass ein Rechtsstaat in seiner Verantwortung als Inhaber des Gewaltmonopols, der für Recht und Ordnung zu sorgen hat, einer polizeilichen wie militärischen Ausstattung bedarf. Das lehrt nicht nur die Rechtsphilosophie, sondern noch eindrücklicher die Geschichte.

Deutschland hat sich in der Vergangenheit durch den Missbrauch der staatlichen Gewaltinstrumente hochgradig kompromittiert. Der antidemokratische Autoritarismus und der Militarismus des 19. Jahrhunderts führten in den Ersten Weltkrieg und dann in den Nationalsozialismus. Nach den Verbrechen von SS und Wehrmacht und der vollständigen Entmilitarisierung des besiegten Deutschland gab es nach dem Zweiten Weltkrieg verständlicherweise sowohl aufseiten der Besatzungsmächte als auch in der deutschen Bevölkerung enorme Widerstände gegen eine Wiederbewaffnung. Eine Nation, deren Militär sich zu solchen Gräueltaten hat verführen lassen, sollte über keine Armee mehr verfügen. Wenn Deutschland keine Streitkräfte hat, kann es auch keinen Krieg führen, lautete damals die Argumentation der außerparlamentarischen »Ohne mich«-Bewegung.

Als dann aber der Kalte Krieg begann, wuchs die Angst, der Ost-West-Konflikt könne im geteilten Deutschland entbrennen. Immer lauter wurden die Forderungen der Westmächte und der Adenauer-Regierung, die Bundesrepublik müsse einen militärischen Beitrag zur Abwehr der Bedrohung aus dem Osten und zur Verteidigung der westlichen Demokratie leisten. So kam es Ende 1955 zur Gründung der Bundeswehr, die von Anfang an als demokratische, in die europäische Staatengemeinschaft und die NATO eingebundene, übernationale Parlamentsarmee konzipiert war und deren Einsatz das Grundgesetz strikt auf den Verteidigungsfall beschränkte.

Bereits Anfang der Fünfzigerjahre hatte sich im Auftrag Adenauers eine Gruppe von Militärexperten zusammengesetzt, um die Grundzüge einer neuen, demokratischen Armee zu entwerfen. Ziel war der Bruch mit der militaristischen Tradition, die die Armee zu einem strikt nach den Prinzipien von Befehl und Gehorsam funktionierenden, hermetisch abgeschlossenen Staat im Staate gemacht hatte. Für die zukünftigen deutschen Streitkräfte erarbeiteten protestantisch geprägte Offiziere wie Wolf Graf von Baudissin, Ulrich de Maizière und Johann Adolf Graf von Kielmansegg das Konzept der »Inneren Führung«, das zum Spezifikum der Bundeswehr wurde. Sein Wesenskern ist die Integration der deutschen Streitkräfte in Staat und Gesellschaft.

Die geradezu zur »Marke« der Bundeswehr avancierte Definition des Soldaten als »Staatsbürger in Uniform« geht auf den sozialdemokratischen Juristen und Offizier Friedrich Beermann zurück. Der Soldat soll nicht mehr zu unbedingtem Gehorsam verpflichteter Befehlsempfänger sein, der noch das größte Unrecht begeht, wenn es ihm von einem Vorgesetzten aufgetragen wird. Vielmehr hat er – wie jede Zivilperson auch – die Staatsbürgerpflicht, sein Handeln selbst zu verantworten und mit seinem Gewissen zu vereinbaren.

Natürlich ist eine Armee ohne Hierarchien und Befehlsstrukturen kaum denkbar. In ernsten Gefechtssituationen müssen die Soldaten einer völlig klaren Ordnung folgen.

Doch Baudissin, dem »Vater der Inneren Führung«, schwebte nichtsdestotrotz ein partizipatives System aus aufgeklärten, selbstbestimmten Individuen vor. Kein Soldat sollte sich mehr auf seine Gehorsamspflicht zurückziehen können. Stattdessen hat er sich zu informieren, zu fragen und zu entscheiden, ob er das von ihm verlangte Tun moralisch vertreten kann. Angesichts der Möglichkeit, in eine Situation zu geraten, in der er andere Menschen verletzen oder sogar töten könnte, muss sich der Soldat bewusst und begründet entschließen, die Verantwortung dafür zu übernehmen und gegebenenfalls Schuld auf sich zu laden. Denn einen Menschen zu töten, das hatte auch Dietrich Bonhoeffer in seiner *Ethik* betont, ist ein Verstoß gegen Gottes Gebot und bleibt auch für einen Soldaten eine Schuld. Widersetzt sich sein Gewissen, hat der Soldat das Recht, einen Befehl zu verweigern.

Ein solcher »Staatsbürger in Uniform« wirkt wiederum als Korrektiv für die Befehlsgeber. Denn diese haben die Pflicht, ihre Untergebenen als eigenverantwortliche, reflektierte Personen ernst zu nehmen, ihnen die Einsätze und Befehle zu erklären und zu begründen, das heißt deren Rechtmäßigkeit darzulegen und sich dabei auch Fragen und Kritik zu stellen. »Handeln aus Einsicht« verlangt die *Zentrale Dienstvorschrift* für Bundeswehrangehörige, der das Konzept der Inneren Führung zugrunde liegt:

»Die Soldatinnen und Soldaten der Bundeswehr erfüllen ihren Auftrag, wenn sie aus innerer Überzeugung für Menschenwürde, Freiheit, Frieden, Gerechtigkeit, Gleichheit, Solidarität und Demokratie als den leitenden Werten unseres Staates aktiv eintreten.«

Soldat mit Moral und Gewissen

Es ist erstaunlich, dass Martin Luther mit der oben erwähnten, ein halbes Jahrtausend alten Schrift *Ob Kriegsleute auch in*

seligem Stande sein können eine Berufsethik für Soldaten vor-
gelegt hat, die das Konzept der Inneren Führung bereits vor-
wegnimmt. Luther humanisiert und zivilisiert den Soldaten.
Er holt ihn aus der Ecke des deklassierten, primitiven Haude-
gens und armen Schluckers, der nichts ist als ein seelen- und
gewissenloses, bloß ausführendes Organ staatlicher und militärischer Autorität.

Der Reformator hebt ihn auf dieselbe Stufe wie alle Menschen. Wie jeder Christ ist er niemand anderem als Gott
und seinem aus der Zwiesprache mit ihm hervorgehenden
Gewissen verpflichtet – und kann somit natürlich »auch in
seligem Stande sein«. Letztlich vor Gott und sich selbst hat
der Soldat sein Tun zu verantworten, und er darf sich nur
an einem Krieg beteiligen, wenn er von dessen Rechtmäßigkeit überzeugt ist. Ist er es nicht, muss er der Obrigkeit den
Dienst verweigern. Luther schreibt:

»Was wäre, wenn mein Herr unberechtigt Krieg führte? Die
Antwort: Wenn du sicher bist, dass er unrecht hat, so sollst du
Gott mehr fürchten und gehorchen als den Menschen (Apos-
telgeschichte 5,29) und sollst nicht mitkämpfen und dienen,
denn du kannst [dabei] ja kein gutes Gewissen vor Gott haben. Ja, sagst du, mein Herr zwingt mich [aber], er nimmt mir
mein Lehen, gibt mir mein Geld, den Lohn und Sold nicht,
außerdem würde ich verachtet und verleumdet als einer, der
fürchtet, ja, der treulos ist vor der Welt, der seinen Herrn in
der Not verlässt usw. Die Antwort: Das musst du riskieren und
um Gottes Willen fahren lassen, was dir genommen wird.«

Hinter Luthers Soldatenethik steckt ein Menschenbild, das
bereits zentrale Züge des modernen Subjektbegriffs auf-
weist, wie er im 18. Jahrhundert in der Epoche der Aufklärung entstand. Der Mensch ist bei Luther freilich noch kein
autonomes Subjekt, das Gott als regulative Idee anerkennt,

nicht aber als reales, erfahrbares und verpflichtendes höchstes Wesen. Erst die Aufklärer »entmachten« Gott und erklären das vernunftbegabte und damit zu moralischem Handeln befähigte Individuum zur gesetzgebenden Instanz. Dennoch: Der Reformator ermächtigt den einzelnen Menschen, in persönlichen Kontakt zu Gott zu treten und daraus moralische Einsichten und Überzeugungen abzuleiten, die ihn im Zweifelsfall berechtigen, sich dem Willen der Herrschenden zu widersetzen.

In diesem Anspruch an den einzelnen Menschen liegt einige revolutionäre Sprengkraft. Luther war zwar kein Revolutionär; er wollte, wie oben ausgeführt, alles andere als gesellschaftlichen Aufruhr und betonte die absolute Notwendigkeit und Legitimität eines weltlichen Regiments, das durch Gesetze und notfalls Gewalt für Recht und Ordnung zwischen den Menschen sorgt. Doch Luther zufolge muss sich dieses Regiment seinerseits durch die Art und Weise seiner Herrschaft legitimieren.

Es führt eine direkte Linie von Luther und der Reformation über den Begriff des souveränen Staatsbürgers, des *Citoyen*, wie ihn die Französische Revolution auf Grundlage der Aufklärung vertrat, zum Konzept der Inneren Führung und dem »Staatsbürger in Uniform«. Das Staatswesen soll auf Strukturen und Gesetzen fußen, die von souveränen Bürgern als vernünftig und gerecht erkannt und verantwortet werden. Die *Citoyens* sind für Ausgestaltung, Funktionieren und Erhalt des Staatswesens selbst verantwortlich, es existiert nur durch sie und für sie. Daraus folgt, dass auch die Verteidigung des Staates ureigenste Angelegenheit jedes Staatsbürgers ist und daher eine allgemeine Wehrpflicht besteht.

Dieses anspruchsvolle, der Aufklärung verpflichtete Verständnis des an seinem Staat interessierten und beteiligten Bürgers liegt auch dem Konzept der Inneren Führung zugrunde. Aus Verantwortung für seinen Staat und dessen freiheitlich-demokratische Grundordnung leistet der Bürger Wehrdienst und verteidigt diesen Staat aus eigener Einsicht und Überzeugung – im äußersten Notfall auch mit Waffengewalt. Stets auf der Grundlage der unhintergehbaren humanitären Maxime, die Wolf Graf Baudissin so formuliert:

»Der Soldat, der keine Achtung vor dem Mitmenschen hat – und auch der Feind ist sein Mitmensch –, ist weder als Vorgesetzter noch als Kamerad oder Mitbürger erträglich.«

Die Wehrpflicht und ihre Aussetzung

Schon bald nach Gründung der Bundeswehr wurde in Deutschland die allgemeine Wehrpflicht eingeführt. Der Staatsbürger sollte nun in Uniform für sein Staatswesen eintreten. Und wenn er den Dienst an der Waffe nicht mit seinem Gewissen vereinbaren konnte, war ihm grundgesetzlich ein Recht auf Kriegsdienstverweigerung zugesichert.

Ich muss gestehen, dass ich den Wehrdienst in seiner demokratischen, staatsbürgerlichen Begründung lange nicht verstanden habe – obwohl die Innere Führung natürlich Thema im Gemeinschaftskundeunterricht in der Schule gewesen war. Typisch für meine Generation, empfand ich die Bundeswehr als autoritäres System. Ich selbst war zwar vom Wehrdienst befreit, doch ich sah, dass viele die Einberufung als Zumutung und Einschnitt erlebten.

Und auch nachdem sich meine Einstellung zu militärischen Interventionen teilweise geändert hatte, blieben mir die Bundeswehr und ihre Soldaten kulturell fremd. Als 2011 die Wehrpflicht in Deutschland ausgesetzt wurde, begrüßte ich diesen Schritt. Die Umwandlung der Bundeswehr in eine Berufsarmee betrachtete ich als individuellen und gesellschaftlichen Freiheitsgewinn. Je mehr ich mich jedoch mit dem Thema auseinandersetze, desto kritischer sehe ich die Aussetzung einer allgemeinen Dienstpflicht. Ich verstehe den Wehr- oder Zivildienst mittlerweile als einen Beitrag, den jedes Mitglied der Gesellschaft in seiner Eigenschaft als verantwortlicher, kritisch-reflektierter Staatsbürger für das Gemeinwesen zu leisten hat – für ein demokratisches Gemeinwesen freilich, das dem Frieden verpflichtet ist und, verfassungsmäßig verbürgt, militärische Gewalt nur als Ultima Ratio anwendet.

Eine Freiwilligenarmee, also eine Armee, die ausschließlich aus Berufs- oder Zeitsoldaten besteht, läuft Gefahr, sich von Staat und Gesellschaft zu entfremden, während die Mehrheit der Bevölkerung die Armee und deren Bedürfnisse schlicht ignoriert. Gegenbeispiele liefern Länder mit allgemeiner Wehrpflicht, die Schweiz etwa, Schweden oder Israel, in denen der Militärdienst selbstverständlich in die Gesellschaft integriert ist und von der Bevölkerung weitgehend als staatsbürgerliche Pflicht verstanden und akzeptiert wird. Das heißt dann zweifellos auch, dass Soldatinnen und Soldaten als partizipative Staatsbürger die Politik ihres Landes kritisch verfolgen und gegebenenfalls, wie zuweilen in Israel, den Dienst verweigern oder Grundsatzentscheidungen der Führung öffentlich infrage stellen.

Der US-amerikanische Moralphilosoph Michael J. Sandel beschreibt in seinem Buch *Gerechtigkeit* den seiner Ansicht nach prinzipiell ungerechten Charakter von Freiwilligenarmeen. Sandel hält es für ethisch nicht vertretbar, dass der Militärdienst durch finanzielle und materiell-soziale, nicht aber staatsbürgerliche Erwägungen motiviert wird. Er nennt Zahlen zur sozialen Zusammensetzung des US-amerikanischen Militärs, das sich ausschließlich aus Berufs- und Zeitsoldaten rekrutiert, und vermutet, dass politische und militärische Entscheidungsträger mit dem Einsatz von militärischer Gewalt und Menschenleben sehr viel verantwortlicher umgingen, wenn die Soldaten auch aus ihrer eigenen sozialen Schicht stammten. Besonders unter Verweis auf die

US-Armee warnen auch Kritiker in Deutschland, die Bundeswehr könnte sich als reine Freiwilligenarmee zunehmend von demokratischen Diskursen entfernen.

Bis heute scheinen klare empirische Belege zu fehlen, die anzeigen, dass sich die Bundeswehr in den Jahren seit Aussetzung der Wehrpflicht tatsächlich zunehmend aus benachteiligten Schichten rekrutiert – mit anderen Worten, dass ihr die »Mitte« verloren geht. Vor dem Hintergrund der jahrzehntelangen Erfahrung in den Vereinigten Staaten, auf die Michael J. Sandel rekurriert, wird man eine solche drohende Gefahr indes nicht ausblenden dürfen.

Mir liegt besonders daran, an die staatsbürgerliche Komponente einer allgemeinen Dienstpflicht zu erinnern: Mit der Französischen Revolution setzte sich die Überzeugung durch, dass der souverän gewordene Bürger sein Land zu verteidigen habe. Dies freilich müsste übersetzt werden in eine moderne, zeitgemäße Form der Dienstpflicht, die wahlweise in der Armee oder den vielen zivilen Einrichtungen national oder international zu leisten wäre. Das wäre ein Vorhaben, welches auch europapolitisch darstellbar wäre.

Diese Herausforderung betrifft alle westlichen Demokratien. In Frankreich, wo die allgemeine Wehrpflicht einst im Zuge der Revolution als emanzipatorische Errungenschaft »erfunden« wurde, existiert seit dem Jahr 2002 eine reine Freiwilligenarmee. Rund ein Jahrzehnt danach beschreibt der Schriftsteller Alexis Jenni in seinem Roman *Die französische Kunst des Krieges*, für den er den bedeutendsten Literaturpreis Frankreichs, den Prix Goncourt, gewann, die gesellschaftliche Isolierung, ja beinahe Ghettoisierung der Soldaten:

»Die französische Armee ist ein Thema, das Verstimmung hervorruft. Man weiß nicht so recht, was man von diesen Typen halten und vor allem nicht, was man mit ihnen anfangen soll. Sie gehen uns mit ihren Baretten, ihren Regimentstraditionen, von denen niemand etwas wissen will, und ihrem teuren Kriegsgerät, das die Steuerlast erhöht, auf den Geist. Die französische Armee ist stumm, sie gehorcht ostentativ dem Verteidigungsminister, einem gewählten, zivilen Volksvertreter, der von Tuten und Blasen keine Ahnung hat, sich um alles kümmert und die Armee das tun lässt, was sie will. In Frankreich weiß man nicht, was man von den Soldaten halten soll, man wagt nicht einmal ein Possessivpronomen auf sie anzuwenden, das den Schluss zuließe, sie seien die Unsrigen. Man ignoriert, fürchtet sie und macht sich über sie lustig. (…) Man zieht es vor, dass die Soldaten ein wenig abseits sind, unter ihresgleichen in abgeriegelten Stützpunkten oder im Einsatz irgendwo auf der Welt (…).«

Der französische Staatspräsident Emmanuel Macron hat anscheinend die Herausforderung erkannt und eine Erneuerung der allgemeinen Dienstpflicht durchgesetzt, die freilich nur vier Wochen dauert. Ausdrücklich dient diese Pflicht primär dem gesellschaftlichen Zusammenhalt. Letztlich geht es um die Verteidigung des *Citoyen*, des mündigen Bürgers, gegen die um sich greifende Entpolitisierung und soziale Gleichgültigkeit. Macron gebraucht für seine Variante einer Dienstpflicht den charmanten Ausdruck »Rendezvous der Nation«. So darf man gespannt sein, wie der jüngst auch von Annegret Kramp-Karrenbauer angestoßene Diskurs um eine allgemeine Dienstpflicht in Deutschland und Europa politisch beantwortet wird.

Die Militärseelsorge als Zwillingsschwester der Inneren Führung
Natürlich sind ebenso die Kirchen und die Militärseelsorge gefordert, wenn es darum geht, Soldaten als diejenigen, die im Auftrag des Gemeinwesens einen gefährlichen und belastenden Beruf ausüben, vor Ausgrenzung zu schützen. Im *Stuttgarter Schuldbekenntnis* von 1945 räumte die EKD

die Mitschuld evangelischer Christen an den Verbrechen des Nationalsozialismus ein und verpflichtete sich, in politischen Entscheidungsprozessen künftig die Stimme zu erheben und Verantwortung für den Aufbau, die Ausgestaltung und den Schutz eines demokratischen Rechtsstaates zu übernehmen. So waren viele engagierte Protestanten an der Entwicklung einer demokratischen Armeekonzeption beteiligt, die radikal mit der militaristischen und obrigkeitsstaatlichen Tradition Deutschlands brechen sollte. Dabei entstand quasi als Zwillingsschwester der Inneren Führung eine gänzlich neu ausgerichtete Militärseelsorge.

Militärseelsorger waren lange Zeit nichts anderes gewesen als »Schmiermittel« des militärischen Betriebs, himmlisch beglaubigte Garanten der irdischen Hierarchie. Im 18. Jahrhundert wurde Offizieren im Reglement für die preußische Infanterie nahegelegt, unfolgsame Soldaten zum Pfarrer zu schicken. Dort sollten sie wieder auf die Spur des Gehorsams gesetzt werden. Während der NS-Zeit wurde die Militärseelsorge vom eigentlich kirchenfeindlichen Regime geduldet und zeitweise sogar gefördert, weil sie den Soldaten Zweifel an Recht und Sinn des Krieges austreiben und die Disziplin stärken sollte.

In der EKD war nach dem Zweiten Weltkrieg erbittert über die Zukunft der Militärseelsorge gestritten worden. Einige Theologen wie mein hessen-nassauischer Kirchenpräsident Martin Niemöller stellten sich entschieden gegen die Wiederbewaffnung der Bundesrepublik und lehnten die Neuinstallierung der Militärseelsorge rigoros ab. Doch setzte sich die Auffassung durch, dass zum zivilen Konzept des »Staatsbürgers in Uniform« auch eine starke, zivil geprägte »Kirche unter Soldaten« gehört und es Soldaten ermöglicht werden sollte, »Christ in Uniform« zu sein. Schließlich ist im Grundgesetz in Artikel 4 das Recht auf ungestörte Religionsausübung festgeschrieben, und dieses Recht auf Gottesdienst und Seelsorge durfte auch Soldaten nicht vorenthalten werden. So wurde nach zähem Ringen am 22. Februar 1957 der Militärseelsorgevertrag zwischen der Bundesrepublik Deutschland und der EKD geschlossen; die katholische Kirche hatte bereits 1956 ihre Militärseelsorge eingerichtet.

Entscheidend ist – und das ist auch die Voraussetzung, unter der ich Militärbischof werden wollte und das Amt mit Sinn füllen kann –, dass die deutsche Militärseelsorge nicht dem Staat und dem Militär unterstellt ist, sondern der Kirche. In den Artikeln 4 und 16 des Militärseelsorgevertrags ist klar geregelt, dass die Militärgeistlichen ebenso wie der Militärbischof kirchliche Amtsträger und damit unabhängig von politischen und militärischen Vorgaben sind. Das ist nicht nur in der deutschen Geschichte ein Novum, sondern auch im internationalen Vergleich einzigartig. In den meisten anderen Armeen sind die Seelsorger mehr oder minder strikt ins militärische System und dessen Befehlsstruktur integriert, tragen Offiziersdienstgrade und Uniform und teilweise sogar Waffen.

Wozu das führen kann, zeigt folgendes Erlebnis: Als ich im August 2018 an einem Truppenbesuch der US-Navy teilnahm, hielt einer der Militärpfarrer dort eine Predigt, die sich kritisch damit auseinandersetzte, dass Präsident Trump an der mexikanischen Grenze Eltern von ihren Kindern trennte. Daraufhin wurde eine militärische »investigation«, eine Untersuchung, angeordnet, um herauszufinden, ob der Pfarrer im Rahmen seiner Dienstpflichten loyal gepredigt habe. So etwas wäre in Deutschland im Rahmen des Militärseelsorgevertrages undenkbar.

»Bleiben Sie Individuum!«
Deutsche Militärgeistliche tragen außerhalb der Einsätze Zivilkleidung. Sie sind auch in Einsätzen nicht an militärische Weisungen gebunden. Man kann die vertraglich verbürgte

Unabhängigkeit nicht hoch genug schätzen. Dank ihrer nämlich ist die Militärseelsorge in der Lage, innerhalb des Lebensbereiches Militär ein »Fenster zur Zivilgesellschaft« zu sein und Räume individueller Freiheit zu gewähren.

Die Militärseelsorge beschreibt ihre Aufgabe in der Bundeswehr mit vier Leitbegriffen: begleiten, ermutigen, verkündigen, orientieren. Konkret halten Militärseelsorger Gottesdienste ab – auch im Zusammenhang mit Gelöbnissen –, führen Gedenkfeiern, Taufen, Trauungen und Beerdigungen durch, bieten Beratung und Seelsorge an, und dies – ganz zentral – unter Wahrung der Schweigepflicht und des Beichtgeheimnisses.

Die Unabhängigkeit der Militärseelsorge ist innerhalb der Armee eine Besonderheit: Die Militärgeistlichen sind die Einzigen, die keinerlei Berichtspflicht unterliegen, im Unterschied etwa zu Bundeswehrpsychologen und -ärzten. Das heißt, sie ermöglichen einen geschützten Raum für offene Gespräche.

Außerdem führen die Militärseelsorger den Lebenskundlichen Unterricht durch, eine zusätzliche Aufgabe, die nicht im Militärseelsorgevertrag verankert ist. Der Lebenskundliche Unterricht, den seit 2008 alle Soldatinnen und Soldaten verbindlich besuchen müssen, ist kein Religionsunterricht und keine Form der Religionsausübung, sondern gewissermaßen eine berufsethische Qualifizierungsmaßnahme, bei der den Soldatinnen und Soldaten ihre Verantwortung als Staatsbürger in Uniform und die ethischen Herausforderungen ihrer Arbeit transparent gemacht werden: Es geht um für den Militärdienst so wesentliche Themen wie Gewalt, Schuld, Gewissen und Empathie.

Der Militärgeistliche hat aufgrund seiner Unabhängigkeit, aufgrund seiner Eigenschaft als Außenstehender, als Fremder im militärischen System, die Freiheit und Verantwortung, die Soldatinnen und Soldaten bedingungslos als Menschen wahrzunehmen und anzusprechen: Seelsorge zu betreiben im umfänglichen Verständnis des Wortes.

Das ist gerade deshalb so wichtig, weil Soldaten in einem ethisch äußerst heiklen Bereich agieren, in dem sie mit Extremerfahrungen wie Gewalt und Tod konfrontiert werden und unter Umständen Schuld auf sich laden – selbst wenn es auf Befehl geschieht.

Das heißt zunächst einmal, dass Militärseelsorgerinnen und Militärseelsorger als verschwiegene Vertrauenspersonen bereitstehen, dass sie ein offenes Ohr für die Probleme und Sorgen der Soldatinnen und Soldaten haben und ihnen Trost und Unterstützung spenden. Das heißt aber auch, diese – trotz oder gerade wegen der Gehorsamspflicht, der sie unterliegen – dazu zu ermutigen, ihr Tun kritisch zu reflektieren und an die moralische Verpflichtung ihres Menschseins zu erinnern, daran nämlich, dass sie nicht nur blind Befehlen gehorchen dürfen, sondern für ihr Tun Verantwortung tragen und aus eigener Einsicht im Einklang mit ihrem Gewissen handeln sollen. Es geht, wie gesagt, nicht darum, die Soldaten von der Sinnhaftigkeit ihrer Einsätze zu überzeugen. Aber die Militärgeistlichen können ihnen dabei behilflich sein, Fragen zu stellen und eigene Antworten zu finden.

Der Theologe Klaus Beckmann, der sechs Jahre als Militärpfarrer sowohl in deutschen Kasernen als auch auf Auslandseinsätzen tätig war und mehrere Texte zum ethischen Auftrag der Militärseelsorge veröffentlicht hat, zitiert in einem Artikel aus einer Predigt, die er anlässlich eines Gelöbnisses hielt:

»Bleiben Sie Individuum, wenn Sie jetzt Uniform tragen. Und tun Sie Ihren Dienst nicht, weil er Ihnen befohlen wurde, sondern weil Sie diesen Dienst für sich selbst vertreten können. Sich auf Befehle herausreden, das mag einfach sein. Aber es ist menschenunwürdig.«

Als »unbequem solidarisch« beschreibt Beckmann die Rolle des Militärseelsorgers. »Solidarisch«, weil er in jeder Soldatin und jedem Soldaten, ohne über militärisches Handeln zu urteilen, erst einmal den Mitmenschen sieht, den Gott ohne Vorbedingung angenommen hat. »Unbequem« aber, weil er nicht nur die Soldaten mit einem Berufsethos konfrontiert, das anspruchsvoller und anstrengender ist als fragloser Gehorsam, sondern dadurch auch die Institution zu Selbstkritik herausfordert.

Es kommt vereinzelt vor, davon berichten Militärpfarrerinnen und -pfarrer immer wieder, dass Soldaten – insbesondere ranghohe – entgegengesetzte Ansprüche äußern oder stillschweigend voraussetzen. Als hätte es den Zweiten Weltkrieg und die Neubegründung des deutschen Militärs nicht gegeben, erwarten sie von den Militärgeistlichen, die Soldaten von ihrem möglicherweise widerständigen Gewissen zu befreien und die seelischen Voraussetzungen für ihr reibungsloses Funktionieren in der Armee zu schaffen. Dass nach der Ordnung der Bundeswehr gerade die Bildung und Schärfung des Gewissens die Aufgaben der Militärseelsorge sind, widerstrebt der militärischen Führung zuweilen. Denn es konfrontiert sie mit potenziell »unbequemen«, kritisch-reflektierten Soldatinnen und Soldaten, die nicht bedingungslos gehorchen. Klaus Beckmann unterscheidet in seiner Schrift *Treue. Bürgermut. Ungehorsam* den blinden soldatischen »Gehorsam« gegenüber Vorgesetzten von der ethisch fundierten »Treue« jenes Soldaten, der aus begründeter Einsicht seinen Dienst tut.

Keine archaischen Kämpfer

Unter Militärexperten war das Konzept der Inneren Führung von Anfang an nicht unumstritten. Einigen schien der »Staatsbürger in Uniform« mit den Abläufen und Erfordernissen einer Armee nicht kompatibel zu sein. Immer wieder wurde der Vorwurf erhoben, Reflexion und Gewissens-befragung erzeuge Handlungshemmung und schwäche die Kampfkraft der Soldaten.

Mit den veränderten verteidigungspolitischen Aufgaben Deutschlands nach dem Kalten Krieg und dem Wandel der Bundeswehr zu einer Einsatzarmee verstärkte sich die Kritik. »Der ›Staatsbürger in Uniform‹, der mit seiner Familie in unserer Nachbarschaft wohnte und um siebzehn Uhr dreißig nach Hause kam, hat ausgedient«, schrieb der ehemalige Fall-schirmjägeroffizier Wolfgang Winkel 2004, zu Hochzeiten des »Krieges gegen den Terror«, in der *Welt am Sonntag*. Er zitierte den damals gerade als Heeresinspekteur eingesetzten Hans-Otto Budde, der einen anderen Soldatentypus gefor-dert hatte: »Wir brauchen den archaischen Kämpfer und den, der den High-Tech-Krieg führen kann.« Winkel präzisierte, diesen Typus müsse man sich als eine Art »Kolonialkrieger« vorstellen, »der fern der Heimat bei dieser Art von Existenz in Gefahr steht, nach eigenen Gesetzen zu handeln«.

Ich halte dieses Soldatenbild nicht nur für gefährlich, sondern auch für unvereinbar mit ethischen Maßstäben. Man sollte meinen, das Wissen um die menschliche Ge-waltgeschichte, gerade die jüngere, würde davor bewahren, einen solchen außerhalb des zivilen und zivilisierten Lebens stehenden Krieger zu fordern. Eine derartige Reduzierung des Menschen auf ein möglichst effizientes, gewissen- und verantwortungsloses Kampfinstrument verstößt gegen die Grund- und Menschenrechte, auf denen die Bundeswehr fußt, sie ist ein Anschlag auf die Würde des Menschen. Ange-sichts der traumatischen Situationen, in die Soldatinnen und Soldaten bei ihren Einsätzen geraten können, ist es dringend geboten, sie in ihrer ganzen verletzlichen Menschlichkeit wahrzunehmen.

Der Anpassung widerstehen

Ein Anpassungsdruck im Militär jedoch ist vorhanden. Auch ich als von der Kirche entsandter Militärbischof, der außerhalb der Bundeswehr steht, aber eng mit ihr zu tun hat, merke das durchaus. Vor allem in den Auslandseinsätzen, wenn die oder der Militärgeistliche vier Monate lang mit den Soldatinnen und Soldaten im geschlossenen, eigengesetzlichen Kosmos des Camps lebt, verlangt es eine ungeheure innere Festigkeit und Widerstandsfähigkeit, um die Rolle als einzig »Anderer« auszuhalten und den Auftrag der Gewissensschärfung wie der vertraulichen Seelsorge zu erfüllen.

Die psychische Herausforderung, die es bedeutet, in der vollständigen Fremde und einem isolierten Sozialverband eine Außenseiterposition zu wahren, lässt sich kaum überschätzen. Von ihr jedoch abzurücken würde den Auftrag der Militärgeistlichen nicht nur gegenüber der Kirche und dem Staat, sondern auch gegenüber den Soldatinnen und Soldaten verletzen. Diese haben ein Recht auf eine vom Militär unabhängige Militärseelsorge. Sehr viele Soldaten – und zwar ganz egal, ob sie gläubig sind oder welcher Konfession sie angehören – schätzen diese Möglichkeit des offenen, vertrauensvollen Gesprächs. Wer mit Soldaten ins Gespräch kommt, hört viel Anerkennendes über den Dienst der Militärgeistlichen.

Ich hatte es bereits angedeutet: Verlässt man einmal den Pfad der reinen fundamentalpazifistischen Lehre, wonach ein Krieg niemals gerechtfertigt ist, betritt man schnell »vermintes« Gelände. Das Zugeständnis, dass militärische, rechtserzwingende Gewaltanwendung im äußersten Fall legitim sein kann, birgt die Gefahr, dass sich ethische Maßstäbe abschleifen und nur noch eine militärische Logik nachvollzogen wird. Armeeangehörige, aber auch Militärseelsorger mitsamt ihrem Militärbischof sind immer wieder von dieser Versuchung bedroht. Für umso wichtiger halte ich es, dass sie stets nach der Legitimität ihres Tuns fragen und sich des moralischen Fundaments ihres Handelns versichern. Nichts anderes versuche ich in diesem Buch.

KAPITEL 3

Ethische Herausforderung – deutsche Militäreinsätze

Das Prinzip der Schutzverantwortung

Der steinige Weg zum Frieden
Über den gegenwärtigen Zustand der Welt kann man besorgt sein. Der Zielhorizont des gerechten Friedens scheint aus dem Blick zu geraten. Dennoch – das darf man nicht aus den Augen verlieren – zeigt die Geschichte der Menschheit einen beachtlichen Zuwachs an Zivilisierung und Verrechtlichung. Sicher, dieser Fortschritt ist immer bedroht, und im Moment ganz besonders. Er ist keine Selbstverständlichkeit.

Die Geschichte der Menschheit ist auch eine Gewaltgeschichte. Frieden ist der aus Macht- und Interessenkonflikten entstehenden Gewalt abgerungen. Er ist nicht in Stein gemeißelt. Er muss gewagt und beschützt, er kann nur durch Recht und Gesetz begründet und flankiert werden. Gerade in einer Zeit, da die zivilisatorischen Errungenschaften vielerorts mit Füßen getreten werden, ist es lehrreich, sich bewusst zu machen, wie viel friedlicher die Welt bereits geworden ist – dank der Verbreitung von Rechtsstaatlichkeit, dank der Verständigung über Völkerrecht und Menschenrechte, dank der Institutionalisierung der Weltgemeinschaft in der UNO.

Die aus der Bibel abgeleitete Lehre vom gerechten, also gerechtfertigten Krieg ist eine Etappe auf dem langen, steinigen Weg der Gewalteinhegung. Ihre fortschreitende Präzisierung im Laufe der Jahrhunderte folgt der zunehmenden Komplexität der zwischen- und innerstaatlichen Beziehungen. Gewiss kann man Interessenfixierung, Machtgefälle und fehlende Verbindlichkeit innerhalb der internationalen Gemeinschaft beklagen – aber es ist eine großartige Leistung und eine Voraussetzung für den Frieden, dass sich Staaten in der Erkenntnis zusammentun, dass ihr Wohlergehen von dem der anderen abhängt, dass sie Verantwortung füreinander und für die Welt übernehmen und sich zu einem gemeinsamen Regelwerk bekennen.

Für mich enthalten die Gebote, die Mose auf dem Berg Sinai von Gott empfängt, die grundlegenden Verhaltensregeln für den Menschen: anzuerkennen nämlich, dass es eine höhere Ordnung gibt, die die menschliche und weltliche Existenz übersteigt, woraus sich für das Individuum die Aufforderung zur Selbstbescheidung und Selbsttranszendierung gleichermaßen ableitet, und außerdem Respekt zu zeigen gegenüber dem Mitmenschen, seinem Leben und seinem Eigentum.

Vergegenwärtigt man sich, wie schwierig es bisweilen ist, sich mit seinen Nächsten zu verständigen, so wird begreiflich, wie ungenügend, prekär und umstritten internationale Konfliktlösungen bleiben müssen. Es wird aber auch begreiflich, dass die internationalen Regelwerke – abgesehen davon, dass sie zur Durchsetzung partikularer Interessen missbraucht werden können – der Wirklichkeit, die noch dazu stets komplexer wird, immer hinterherhinken und ihr entsprechend präzisiert werden müssen.

Das Prinzip der Schutzverantwortung ist eine solche Präzisierung. Wie erwähnt kannte schon Martin Luther eine Art Schutzverantwortung. Er präzisierte seinerseits den Verteidigungsfall, der in der augustinischen Lehre vom gerechten Krieg als legitimer Grund für Gewaltanwendung genannt wird. Der aus dem Gebot der Nächstenliebe abgeleitete

Schutz des Nächsten verlangt gegebenenfalls, so Luther, als Ultima Ratio auch die Anwendung von rechtserhaltender Gewalt.

Deutschland beteiligt sich am Kosovo-Einsatz

Im Fall von Ruanda und Srebrenica hatte die Weltgemeinschaft eklatant versagt, als sie die furchtbaren Gräueltaten einfach geschehen ließ. In der Kosovokrise 1999, als die serbische Polizei und die Armee mit Überfällen, Massenmorden und Vertreibungen gegen die kosovo-albanische Zivilbevölkerung vorgingen, schien die internationale Staatengemeinschaft wieder zum Zuschauen verdammt. Der UN-Sicherheitsrat hatte zwar Ende 1998 in einer Resolution die Menschenrechtsverletzungen der Serben verurteilt, aber die Friedensverhandlungen in Rambouillet waren gescheitert, und die Vetomächte Russland und China verweigerten ihre Zustimmung zu einer Intervention durch die Vereinten Nationen. Sie verwiesen auf die staatliche Souveränität Serbiens, die durch einen UN-Einsatz verletzt würde. Das Kosovo war damals eine Provinz Serbiens, das gemeinsam mit Montenegro die Bundesrepublik Jugoslawien bildete.

So entschloss sich die NATO, ohne UN-Mandat im Kosovo einzugreifen. Sie sprach von moralisch gebotener humanitärer Intervention und ihrer Schutzverantwortung gegenüber der bedrohten Zivilbevölkerung. Der damalige grüne Außenminister Joschka Fischer, der auf einem Sonderparteitag der Grünen mit roten Farbbeuteln beworfen wurde, warb für die deutsche Beteiligung mit dem berühmt gewordenen Satz: »Ich habe nicht nur gelernt: Nie wieder Krieg. Ich habe auch gelernt: Nie wieder Auschwitz.« Die Bundeswehr zog das erste Mal nach dem Zweiten Weltkrieg in einen Kampfeinsatz und flog Luftangriffe: der besagte Sündenfall in den Augen der deutschen Friedensbewegung.

Der NATO-Einsatz war völkerrechtlich problematisch.

Denn er geschah zunächst nicht nur ohne UN-Mandat, er verstieß ja tatsächlich gegen das völkerrechtliche Prinzip der staatlichen Souveränität, das es anderen Ländern verbietet, sich in die »inneren Angelegenheiten« eines Staates einzumischen – auch wenn infolge der Jugoslawienkriege die territorialen Zugehörigkeiten sehr strittig waren.

Die Vereinten Nationen übernehmen Schutzverantwortung für die Welt

Der Kosovokrieg wie auch die Massaker in Ruanda und Srebrenica machten deutlich, dass in der globalisierten Welt gewaltsame Konflikte nicht mehr vornehmlich zwischen Staaten entbrannten, sondern zwischen Bevölkerungsgruppen. Die UNO aber verfügte über kein Konzept, um auf massive innerstaatliche Menschenrechtsverletzungen angemessen zu reagieren.

So setzte der damalige UN-Generalsekretär Kofi Annan eine Kommission ein, die sich mit der Frage von militärischen Interventionen und staatlicher Souveränität beschäftigte und 2001 das Konzept der Schutzverantwortung (*Responsibility to Protect* oder auch kurz: R2P) vorlegte. Es wurde 2005 auf dem UN-Weltgipfel von sämtlichen Mitgliedstaaten beschlossen. In einer abgespeckten Version zwar, die noch keine Lösung für die ständige Blockade durch die Vetomächte enthielt, aber doch eine entscheidende Akzentverschiebung im Selbstverständnis der Vereinten Nationen war.

Mit der Anerkennung des Prinzips der Schutzverantwortung nämlich bekannte sich nun jeder UN-Mitgliedstaat zu der Verantwortung, seine Bevölkerung vor Völkermord, Kriegsverbrechen, ethnischen Säuberungen und Verbrechen gegen die Menschlichkeit zu schützen. Die internationale Gemeinschaft wiederum übernahm die Aufgabe, die einzelnen Staaten in dieser Schutzverantwortung zu unterstützen. Ist ein Staat nicht in der Lage oder willens, seiner Verantwortung nachzukommen, oder begeht gar selbst derartige Verbrechen, ist die Staatengemeinschaft zum Eingreifen verpflichtet.

Dieser letzte Punkt ist das umstrittene Novum im Selbstverständnis der UNO. Denn zum Schutz der Zivilbevölkerung wird die staatliche Souveränität beschnitten, und die internationale Gemeinschaft sieht sich ermächtigt, sich in die »inneren Angelegenheiten« eines Staates einzumischen – und dies bis zur Ultima Ratio der militärischen, rechtserzwingenden Gewaltanwendung. Das Interventionsrecht ist jedoch verantwortungsethisch ausdifferenziert und beinhaltet drei weitreichende Verpflichtungen für die internationale Gemeinschaft: Die Pflicht zur Prävention *(Responsibility to Prevent)* umfasst Maßnahmen, um schwere Menschenrechtsverletzungen im Vorfeld zu verhindern. Das kann den Aufbau von Frühwarnsystemen ebenso bedeuten wie die Verhängung von Wirtschaftssanktionen oder die Entsendung von Beobachtermissionen, aber auch Hilfen beim staatlichen und wirtschaftlichen Aufbau.

Erst wenn sämtliche präventiven Möglichkeiten ausgeschöpft sind, besteht die Pflicht zur Reaktion *(Responsibility to React)*, das heißt, die internationale Gemeinschaft muss die bedrohte Bevölkerung notfalls auch durch einen Militäreinsatz schützen. Und danach sind die Vereinten Nationen noch nicht aus ihrer Verantwortung entlassen. Denn sie dürfen den betroffenen Staat nicht mit den Folgen der militärischen Intervention alleinlassen, sondern haben die Pflicht zum Wiederaufbau *(Responsibility to Rebuild)*. Womit sich in gewisser Weise der Kreis zur Präventionspflicht schließt, da die neu entstehenden staatlichen Strukturen zukünftigen Konflikten vorbeugen sollen.

Mir leuchtet das Konzept der Schutzverantwortung sehr ein. Es formuliert ein unmittelbar und explizit verantwortungsethisches Prinzip: Es gibt eine Verpflichtung, für die

Welt, in der man lebt, Verantwortung zu übernehmen und es nicht einfach geschehen zu lassen, wenn Menschen zum Opfer systematischer Verbrechen werden. Wie auch der einzelne Mensch eine Schutzverantwortung für seinen Nächsten hat, ist die Weltgemeinschaft verpflichtet, die Weltbevölkerung davor zu bewahren, dass ihr schweres Unrecht geschieht.

Natürlich ist das alles andere als unproblematisch. Es gibt, wie bereits ausgeführt, aus gutem Grund ein Gewaltmonopol des Staates: Der Einzelne darf nicht Cowboy spielen und mit geladener Pistole seine Nächsten vor Gewalt schützen. Das heißt, in den USA etwa, dem Geburtsland des Western, mit ihrem permissiven Waffenrecht darf er das in den Grenzen seines eigenen Heims schon – mit fatalen Folgen, wie man weiß. Doch im Allgemeinen sind für die innerstaatliche Sicherheit und Verbrechensbekämpfung Polizei und Justiz zuständig.

Das staatliche Gewaltmonopol ist ein hohes zivilisatorisches Gut, ebenso wie das damit zusammenhängende völkerrechtliche Prinzip der staatlichen Souveränität. Die militärische Intervention von außen, das Entsenden von Truppen in einen Staat, ohne dass dessen Regierung darum gebeten hätte, ist eine Grenzüberschreitung und weist Züge eines völkerrechtswidrigen Angriffs auf. Gegner des Konzepts der Schutzverantwortung sehen deshalb in ihm eine Einladung zum Kolonialismus.

Ich kann die Bedenken durchaus nachvollziehen. Dass die Schutzverantwortung als Lizenz zum Einmarsch in fremde Hoheitsgebiete missbraucht werden kann, zeigte die russische Annexion der Krim, die Wladimir Putin mit der Schutzverantwortung für die russische Minderheit in der Ukraine zu rechtfertigen suchte. Dies war allerdings eine krude, ebenso unzulässige wie durchsichtige Instrumentalisierung des Begriffs. Weder war der russische Bevölkerungsteil von schweren Menschenrechtsverletzungen bedroht, noch gab es irgendeine Art von Prävention, noch hatte Russland sein Vorgehen mit der UNO abgestimmt und es von ihr mandatieren lassen. Im Gegenteil. Die Vereinten Nationen bekräftigten in einer Resolution vom März 2014 die territoriale Integrität der Ukraine innerhalb der international anerkannten Grenzen und erklärten das geplante Referendum über den Beitritt der ukrainischen Halbinsel zu Russland für ungültig.

Schutzverantwortung und Multilateralismus

Die Schutzverantwortung ist ein durch und durch multilaterales Konzept, das auf eine globalisierte Welt mit verflüssigten Grenzen reagiert, gewissermaßen eine Kant'sche Weltrepublik, in der keine einzelstaatliche Politik mehr betrieben werden kann, sondern es einer sogenannten Weltinnenpolitik bedarf. Die einzelnen Staaten sind untereinander stark vernetzt, es bestehen gegenseitige Abhängigkeiten, gemeinsame Interessen und eine allseitige Verantwortung, die nicht an Ländergrenzen endet.

Es kann uns in Deutschland und Europa nicht egal sein, was in Afrika oder im Nahen Osten geschieht. Konflikte dort haben auch Auswirkungen und – ganz wichtig – Ursachen hier. Was vor nicht allzu langer Zeit für die meisten noch eine eher abstrakte Einsicht war, erleben wir heute ganz konkret; man denke nur an den Syrienkrieg und die Flucht- und Wanderungsbewegung nach Europa. Es bleibt den Staaten gar nichts anderes übrig, als sich zusammenzutun und gemeinsam und gegenseitig eine Schutzverantwortung füreinander zu übernehmen – aus moralischen, aber auch aus pragmatischen Gründen.

Das Prinzip der Schutzverantwortung, das sich die Vereinten Nationen zu eigen gemacht haben, folgt der Überzeugung, dass Menschenrechte universell sind und die Weltgemeinschaft über ihre Einhaltung zu wachen hat. Das völkerrechtliche Prinzip der staatlichen Souveränität wird dabei insofern gewahrt, als die Schutzverantwortung der UN zunächst einmal nur darin besteht, einen Staat bei drohender Gefahr für die Bevölkerung an seine Pflicht zu erinnern und Hilfe anzubieten. Erst wenn ein Staat seiner Schutzverantwortung nicht nachkommt, ist die internationale Gemeinschaft berechtigt beziehungsweise verpflichtet einzugreifen, und nur als äußerste Möglichkeit auch mit militärischer, rechtserzwingender Gewalt.

Die Schutzverantwortung ist ein ethisches Prinzip. Es ist normativ und mit der Wirklichkeit nie vollständig zur Deckung zu bringen. Dass die Vereinten Nationen es als anleitenden Grundsatz ausformuliert und in ein Konzept gefasst haben, ist ein großer Schritt: Sie haben Völkerrecht und Menschenrechte zusammengeführt.

Jesus sagt im Matthäus-Evangelium: »Was ihr einem von diesen meinen geringsten Geschwistern getan habt, das habt ihr mir getan.« (Matthäus 25) Das ist die Grundregel der Menschlichkeit – die von Mitmenschlichkeit nicht zu trennen ist. Handle so, wie du selbst in einer solchen Situation behandelt werden willst. Nichts anderes meint der berühmte »kategorische Imperativ« von Immanuel Kant: »Handle so, dass die Maxime deines Willens jederzeit zugleich als Prinzip einer allgemeinen Gesetzgebung gelten könnte.« Diese goldene Regel der Menschlichkeit steckt im Prinzip der Schutzverantwortung und ist damit zugleich die Aufforderung zum Multilateralismus, zur gegenseitigen Verantwortung und Unterstützung. Schutzverantwortung meint eben keinen aufgezwungenen Eingriff, kein kolonialistisches Machtgebaren, sondern Vorsorge, Konfliktbewältigung und Wiederaufbau unter Vermittlung aller beziehungsweise möglichst vieler Perspektiven und Interessen.

Sicher, man kann zu Recht darauf hinweisen – und muss es auch –, dass die Schutzverantwortung der internationalen Gemeinschaft nicht allen in gleicher Weise zuteilwird – man denke etwa an den Jemen – und allzu oft eher geopolitisch als moralisch motiviert ist. Vieles lässt sich an der Organisation und den Mechanismen der Vereinten Nationen kritisieren. Und vieles muss dringend verbessert werden – etwa die unzeitgemäße Konstruktion des Sicherheitsrates, die immer wieder zur Selbstblockade der Weltgemeinschaft durch die Vetomächte führt. Aber was wäre die Alternative zu den Vereinten Nationen? Es ist ein Segen, dass sich inzwischen fast alle Länder der Welt zu einem Völkerbund zusammengeschlossen haben und sich auf ein gemeinsames Völkerrecht geeinigt haben. Und es ist äußerst besorgniserregend und ein ungeheurer zivilisatorischer Rückschritt, dass sich einige Länder gegenwärtig aus der gemeinsamen Verantwortung verabschieden und mit »Me first«-Parolen zu einem nationalistischen, isolationistischen Unilateralismus zurückkehren.

Alle Menschen sind Bündnispartner

Ich bin kein Politiker. Ich bin Theologe und Pfarrer und nun seit bald fünf Jahren Militärbischof. Für mich gibt es keinen Zweifel, dass Frieden auf der Welt Gottes Wille ist, und aus meinem Glauben erwächst die Pflicht, mich für Frieden einzusetzen. Ich ziehe am selben Strang wie der Friedensbeauftragte der EKD, Renke Brahms, wir verfolgen beide dieselbe Mission.

Wenn ich mich heute als an der Wirklichkeit orientierter Verantwortungsethiker bezeichne, der sich eingesteht, dass rechtserhaltende Gewalt unter klar und streng bestimmten Bedingungen als Ultima Ratio nicht nur gerechtfertigt, sondern sogar geboten sein kann, dann heißt das nicht, dass ich mich mit der Realität des Krieges abgefunden habe und den Einsatz militärischer Gewalt als Mittel der Politik gutheiße.

Nein, das tue ich nicht. Krieg soll nach Gottes Willen nicht sein. Wer Gewalt ausübt, wird schuldig. Das gilt auch für Soldatinnen und Soldaten, die im Rahmen eines Militäreinsatzes unter Umständen Gewalt ausüben. Sie nehmen damit Schuld auf sich, selbst wenn sie es nicht leichtfertig tun, sondern aus guten Gründen und aus eigener Einsicht und Verantwortung.

Ich denke nicht in erster Linie politisch. Für mich steht der einzelne Mensch im Mittelpunkt, er ist Ausgangspunkt jeder Ethik und jeder Politik: der einzelne Mensch in seinem Verhältnis zur Welt, zu seinen Mitmenschen, in seinem Verhältnis natürlich auch zu Gott. Wenn ich an militärische Interventionen denke, denke ich zuerst an das, was sie Menschen antun, unschuldigen Zivilisten gar, die zu sogenannten Kollateralschäden werden. Ich denke an das Blutvergießen, das Leid, den Tod und die Zerstörung, an niemals zu heilende Wunden. Erst vor Kurzem, Anfang 2019, habe ich zwei ausgedehnte Reisen nach Syrien, Israel, Jordanien und in den Irak unternommen und mir da noch einmal mit eigenen Augen ein Bild von dem machen können, was Kriege und Konflikte anrichten.

Ich denke aber genauso an das, was militärische Aktionen den ausführenden Soldatinnen und Soldaten antun können. Macht auszuüben, Gewalt anzuwenden gegen Menschen, das bleibt den Handelnden nicht »in den Kleidern« stecken, das kann sie vielmehr seelisch für lange Zeit, vielleicht lebenslang, bedrücken. Wer auf Grundlage eines politischen Mandats in einen Militäreinsatz geschickt wird, hat Anspruch auf die Anteilnahme seiner Mitmenschen – sie verantworten ja letztlich die Einsätze einer Parlamentsarmee –, insbesondere aber haben die betroffenen Soldatinnen und Soldaten den Anspruch auf Seelsorge. Ich bin häufig beeindruckt von der innerhalb der Truppe gelebten Sensibilität für diese Fragen. Ein Militärpfarrer berichtete vom Gespräch mit einem als Schießlehrer eingesetzten Feldwebel, den die Sorge umtrieb, was jene Fähigkeiten, die er seinen Kameraden vermittelte, wohl anrichten würden – nicht zuletzt in der Seele der Kameraden.

Viele Menschen sind abgestumpft von den allabendlichen Kriegsszenarien im Fernsehen, von den Bildern aus Syrien, aus dem Jemen, aus so vielen Ländern der Welt, von den Toten und Verletzten auf dem Bildschirm, von den Flüchtlingen, von Städten, die einst Kulturerbe der Menschheit waren und nun nichts mehr sind als Ruinen und Geröll. Und nur manchmal, wenn die Kamera das angstvolle, schmerzverzerrte Gesicht eines weinenden Kindes zeigt, das blutend und verloren in Trümmern steht, vermittelt sich dem Zuschauer vielleicht für einen kurzen, flüchtigen Moment eine Ahnung vom unermesslichen Leid und Schrecken des Krieges. Nein, Gewalt ist die allerschlechteste Antwort auf einen Konflikt, sie ist immer ein beschämendes Scheitern von Politik, von Gesprächen und der Suche nach Einigung.

Für Christinnen und Christen leitet sich aus der Gottesebenbildlichkeit das Gebot der Nächstenliebe ab, die selbst den Feind miteinbezieht. Aber auch Menschen, die nicht an eine transzendente, göttliche Macht glauben, kommen um den Blick auf den anderen und die Anerkennung seiner Würde nicht herum. Wer sich selbst in seiner Verletzlichkeit als Mensch wahrnimmt, als Geschöpf, das Glück, aber auch Leid empfinden kann, der muss ebenso die Verletzlichkeit des Mitmenschen anerkennen, der verfügt über die Fähigkeit, sich in andere hineinzuversetzen und Mitgefühl zu empfinden.

Man stößt notwendig auf den bereits erwähnten kategorischen Imperativ Kants, der im Grunde nichts anderes besagt als: Was du nicht willst, dass man dir tu, das füg auch keinem andern zu. Das ist das simple Fundament der Moral. Keiner, der nach einem guten Leben in dieser Welt strebt, kommt umhin, dasselbe auch dem Mitmenschen zuzugestehen und sich im Konfliktfall mit ihm zu einigen, mit ihm den Ausgleich zu suchen. Schlimm wird es, wenn Menschen zwar für sich selbst hehre Grundsätze beanspruchen, aber dem Nächsten einen eigenen Weg nicht zugestehen können – wie etwa die islamistischen »Gotteskrieger«. Ich will alle Menschen als Bündnispartner betrachten, die eigene Positionen haben, aber auch zum Perspektivwechsel in der Lage sind, die sich miteinander verständigen und Kompromisse und Einigung suchen. Ich bin aus moralischen Gründen entschiedener Anhänger des Multilateralismus. Moral ist per se multilateral. Keine Position darf ausgegrenzt und unterdrückt werden, Vermittlung und Einbindung müssen das Ziel sein. Es hört sich – gerade im Moment – wenig realistisch an, aber das sollte auch der normative Anspruch von Politik sein, Weltinnenpolitik eben.

Fehlende Umsicht des Westens

Ich zweifelte an dem NATO-Einsatz im Kosovo 1999, und ich zweifelte an der Beteiligung der Bundeswehr. Und zwar deshalb, weil der Einsatz zunächst ohne UN-Mandat geschah, weil sich die Weltgemeinschaft eben nicht auf ein gemeinsames Vorgehen einigen konnte. Sicher, die Serben hatten mit ihren Hegemonialträumen von einem großserbischen Reich bereits furchtbare Menschenrechtsverletzungen begangen und waren im Begriff, die albanische Bevölkerung mit barbarischer Gewalt aus dem Kosovo zu vertreiben. Und sicher, der UN-Sicherheitsrat hatte die Massaker der Serben in einer Resolution streng verurteilt und wurde nur durch das Veto von Russland und China an der Mandatierung einer militärischen Intervention gehindert.

Aber trotzdem: Ich frage mich, ob wirklich genug um Verständigung gerungen wurde, ob der Westen mit seinen Werten von Freiheit und Demokratie sich ausreichend in die Position des Gegners hineinversetzt, ihn einzubinden versucht hat und mit genügend Vorsicht und Sensibilität vorgegangen ist.

Ich weiß nicht, ob man sich im Westen, der aus der Systemkonfrontation mit dem Osten als Sieger hervorging, in allen Aspekten vorgestellt hat, in welcher Situation sich die sozialistischen Länder nach dem Fall des Eisernen Vorhangs befanden. Natürlich, für viele Länder des Ostblocks bedeutete der Umsturz von 1989 vor allem Befreiung und die Möglichkeit zur Selbstbestimmung. Aber in Jugoslawien etwa herrschte keine Einigkeit über die Zukunft des Vielvölkerstaates. Serbien, die größte Teilrepublik, wollte ihn beibehalten, Kroatien und andere Teilstaaten nicht.

Vielleicht war die Politik des Westens nicht ausgewogen und umsichtig genug, als sehr rasch die Unabhängigkeit einzelner Ländern anerkannt wurde. Vielleicht hat der Westen damit Fronten verschärft und zur Radikalisierung beigetragen.

Ich weiß es nicht. Politik ist ein schwieriges, hoch komplexes Unterfangen. Sie ist immer Interessenpolitik, und einen Kräfteausgleich herzustellen ist eine Sisyphusarbeit. Es macht jedoch einen Unterschied im Ganzen, ob man, weil Politik eben immer auch Interessenpolitik ist, möglichst viele der eigenen Interessen durchzusetzen versucht oder aber ob man anerkennt, dass der andere auch berechtigte Interessen hat, die mit den eigenen vermittelt werden müssen.

In diesem Zusammenhang habe ich auch meine Zweifel, ob die westliche Politik gegenüber Russland nach dem Zusammenbruch der Sowjetunion umsichtig genug und wirklich multilateral war. Man muss sich das einmal vorstellen: Die Russische Föderation hat seit 1990 gegenüber der ehemaligen Sowjetunion die Hälfte der Bevölkerung verloren. Immer mehr Teilstaaten wurden selbstständig und strebten die Mitgliedschaft in der NATO und der EU an. Für Russland bedeutete das einen gewaltigen Machtverlust, der, verbunden mit den gravierenden ökonomischen Umwälzungen, eine völlige Neubestimmung des russischen Selbstbildes verlangte. Der Westen aber hielt es als Systemgewinner offenbar nicht für nötig, sich in die Situation Russlands hineinzuversetzen.

Mit großer Sorge verfolge ich die sich derzeit zuspitzende Entwicklung samt beidseitiger Präsenz und Großmanövern an der heutigen »Ostflanke« der NATO, an der Grenze zu Russland. Ich sehe den aggressiven Autokraten Putin, der die für sein Land historisch wie militärisch wichtige Krim annektiert hat, seine politischen Gegner brutal ausschaltet, menschenverachtende Diktaturen unterstützt, in seinem Land einen großrussischen Nationalismus und in den Nachbarstaaten die Angst vor einer Invasion schürt.

Ich habe viele Kontakte in die baltischen Staaten, die Teil der Sowjetunion waren, und höre von der Sorge, dass es ihnen ähnlich wie der Krim ergehen könnte. Die Balten fürchten keinen offiziellen Einmarsch, sondern quasi eine Undercover-Annexion, von Putin ausgegeben als Schutzmaßnahme für die russische Minderheit in den baltischen Staaten.

Ich verurteile Putins aggressive Politik und teile die Meinung derer, die ihr mit Entschlossenheit begegnen wollen. Aber ich erinnere mich auch an jenen Putin zu Beginn seiner Regentschaft, der durchaus noch keinen harten Konfrontationskurs eingeschlagen hatte, der an einer gesamteuropäischen Sicherheitsordnung und der Einbindung Russlands in die internationale Gemeinschaft interessiert war.

Ob der damalige US-Außenminister James Baker und sein deutscher Amtskollege Hans-Dietrich Genscher 1990 tatsächlich versprochen hatten, die NATO werde sich nicht nach Osten erweitern, ist umstritten. Als aber genau das passierte, empfand Putin es als westliche Machtdemonstration und Verrat.

Die Osterweiterung der NATO stieß nicht nur in Russland auf Kritik. So bezeichnete der amerikanische Historiker und Diplomat George F. Kennan – der 1982 mit dem Friedenspreis des Deutschen Buchhandels ausgezeichnet worden war – am 5. Februar 1997 in der *New York Times* die von der Regierung Clinton vorangetriebene Entwicklung als »verhängnisvollsten Fehler der amerikanischen Politik in der Ära nach dem Kalten Krieg«:

»Es ist zu erwarten, dass eine solche Entscheidung die nationalistischen, antiwestlichen und militaristischen Tendenzen in der russischen Öffentlichkeit entfacht; dass sie nachteilige Auswirkungen auf die Entwicklung der Demokratie in Russland hat, dass sie die Atmosphäre des Kalten Krieges in den Beziehungen zwischen Ost und West wiederbelebt und die russische Außenpolitik in eine Richtung drängt, die uns entschieden missfallen wird.«

Diese Erwartung hat sich leider erfüllt. Ohne es verteidigen zu wollen, muss man wohl Russlands aggressives und völkerrechtswidriges Vorgehen in der Ukraine auch als Ergebnis eines Prozesses sehen, in dessen Verlauf sich Putin zum autokratischen Hardliner entwickelte, der den Westen, respektive die NATO und die EU, zunehmend als expansiven Feind empfand.

Viele sprechen mittlerweile von einem neuen Kalten Krieg. Der sich leicht erhitzen könnte. Für die Ukraine zeichnet sich längst noch keine Lösung ab. In der Ostukraine ruhen die Waffen nie für lange Zeit. Vom *Frozen Conflict* ist sicherheitspolitisch die Rede, vom »eingefrorenen« Konflikt. Und Russland hat ein Interesse daran, dass er vorerst nicht beendet wird. Denn so lange sind auch die Beitrittsverhandlungen der Ukraine mit der EU auf Eis gelegt.

Ich rechne es der deutschen Bundeskanzlerin Angela Merkel und dem jetzigen Bundespräsidenten und damaligen Außenminister Frank-Walter Steinmeier hoch an, dass sie trotz der verschärften Konfrontation den Gesprächsfaden nach

Russland nie haben abreißen lassen und sich immer wieder um Verständigung mit Putin bemühten.

Deutschlands besondere Verantwortung gegenüber Russland
Für Deutschland steht die Konfrontation mit Russland unter einer ganz besonderen geschichtlichen Hypothek, an die gar nicht nachdrücklich genug erinnert werden kann. Sie mahnt einmal mehr zu einem umsichtigen und vorausschauenden Verhalten.

Der frühere Bundeskanzler Helmut Kohl war nicht nur ein überzeugter und überzeugender Europäer, sondern insgesamt ein in höchstem Grad geschichtsbewusster Politiker. Sein eigener familiärer Hintergrund – der ältere Bruder fiel im Zweiten Weltkrieg, der stramm katholische Vater machte aus seiner Distanz zur Naziideologie keinen Hehl und sprach offen von der Schuld, die Deutschland durch den Raub- und Mordkrieg auf sich lud – mag sich da segensreich ausgewirkt haben.

Kohl war Realist genug, um nach der Wiedervereinigung und dem Ende des Kalten Krieges Auslandseinsätze der Bundeswehr nicht kategorisch auszuschließen. Was er aber eindeutig ablehnte, waren künftige Einsätze deutscher Soldaten dort, wo einst Wehrmacht und Waffen-SS als Eroberer und Besatzer ihr Unwesen getrieben hatten. Kohl war als historisch gebildeter und sensibler Zeitgenosse der Überzeugung, deutsche Soldaten würden in diesen von schweren Erinnerungen belasteten Gebieten nicht im Positiven wirken können, selbst wenn sie unter UN-Mandat und mit allerbesten Absichten dort wären.

Inzwischen hat sich die Bundeswehr unter Kohls Nachfolger Gerhard Schröder, den ich als deutlich weniger geschichtsbewusst wahrgenommen habe, an Einsätzen im früheren Jugoslawien beteiligt.

Dennoch halte ich Helmut Kohls grundsätzlichen Vorbehalt gegen Einsätze der Bundeswehr auf »wehrmachts-belastetem« Gelände für unverändert bedenkenswert. Das gilt insbesondere für die deutsche Rolle gegenüber Russland.

Kürzlich war ich dabei, als der Volksbund Deutsche Kriegs-gräberfürsorge im Kaukasus einen Gedenkort für Gefallene des Zweiten Weltkrieges ausweitete. Wie ich dort hautnah er-fuhr, sind die Wunden jener Epoche in der russischen Seele noch immer nicht verheilt. Das habe ich als Deutscher zu-nächst einmal zu akzeptieren. Der Krieg gegen die Sowjet-union sprengte bekanntlich alle Regeln einer auch nur ir-gendwie human eingehegten Kriegspraxis.

Die Menschen im Osten wurden von der Nazipropaganda als »minderwertig«, als »Untermenschen« verunglimpft. Das bildete sich auf erschütternde, bis heute beschämende Weise auch im alltäglichen Vorgehen der Wehrmachtsführung und leider auch vieler deutscher Soldaten ab. Den Angehörigen der Roten Armee wurde eine humane Behandlung von vorn-herein verwehrt. Es gibt kaum eine russische Familie, die nicht durch den Überfall Nazideutschlands schweres Leid erfahren hätte.

Als Theologiestudent hat mich die Lektüre der Gefan-genschaftserinnerungen von Helmut Gollwitzer sehr beein-druckt. Sie tragen den sprechenden Titel *Und führen, wohin du nicht willst.* Der Theologe der Bekennenden Kirche kam als Angehöriger der Wehrmacht in russische Gefangen-schaft. Dort erlitt er Hunger und zahlreiche andere Entbeh-rungen. Gollwitzer betonte aber, dass die Situation, die er als Kriegsgefangener erleiden musste, nicht schlimmer war als jene, die die russische Bevölkerung unter den Bedingungen des Krieges und des Nachkrieges zu ertragen hatte. Ins-gesamt seien die gefangenen deutschen Soldaten als Kame-raden und Mitmenschen angesehen und behandelt worden. Mit dieser Haltung war Gollwitzer ein frühes Vorbild der Versöhnung.

In den späten Achtzigern bahnte sich dank des guten Verhältnisses der beinahe gleichaltrigen Politiker Helmut Kohl und Michail Gorbatschow im deutsch-russischen Verhältnis ein »Tauwetter« an. Bei beiden dürfte die persönliche Erfahrung des Krieges und des durch ihn verursachten Leids den Anstoß gegeben haben, eine friedliche und menschlichere Ordnung für Europa anzustreben. Im Prozess der deutschen Wiedervereinigung hat sich die sowjetische Führung insgesamt freundlich verhalten. Wirtschaftliche Zwänge und Interessen mögen dabei mitgewirkt haben. Dennoch, so bin ich überzeugt, war da bei Gorbatschow »mehr« im Spiel.

Ich betone noch einmal: Putin muss mit seiner aggressiven, bewusst mit Regelüberschreitungen operierenden Politik auf klaren Widerstand stoßen. Dabei – und das ist mir nicht weniger wichtig – muss aber auch die besondere deutsch-russische Geschichte, wie sie von Schuld, Leid und eben auch Versöhnungsbereitschaft geprägt ist, im Blick bleiben. Deutsches Militär eignet sich nicht, um eine partiell inakzeptable Politik der heutigen russischen Führung in die Schranken zu weisen. Dafür ist in einer Vergangenheit, die für viele russische Menschen noch längst nicht vergangen ist – und es für uns Deutsche ebenfalls nicht sein sollte! –, zu viel Schreckliches geschehen. So wünschte ich, dass Helmut Kohls kluge Mahnung an diesem Punkt gehört würde.

Keine Feindbilder mehr
Bemerkenswert finde ich in diesem Zusammenhang übrigens, dass die Gründerväter der Bundeswehr mitten im Kalten Krieg großen Wert darauf legten, sich vom antisowjetischen Feindbild aus der jüngsten Wehrmachtsvergangenheit abzugrenzen. Den inneren Zusammenhalt der Bundeswehr sollte überhaupt kein Feindbild stiften, sondern eine gemeinsame positive Grundüberzeugung von Menschenrechten und

Demokratie. Die kirchliche Prägung einflussreicher Akteure wie Wolf Graf Baudissin könnte sich darin spiegeln. Sicherlich gab es in der Geschichte der Bundeswehr immer wieder Abirrungen von diesem Weg. Auch in jüngerer Zeit meint mancher, an die Tradition der »Kämpfer« der Wehrmacht anknüpfen zu müssen, um der Einsatzarmee Bundeswehr eine militantere Haltung einzuimpfen. Das verstößt aber nicht nur gegen alle geschriebenen und politisch gewollten Vorgaben zum Traditionsverständnis der Bundeswehr, sondern geht auch weit an der Mentalität der allermeisten heutigen deutschen Soldatinnen und Soldaten vorbei.

In Afghanistan durfte ich miterleben, wie anteilnehmend und differenziert Mannschaftssoldaten und Unteroffiziere über die einheimischen Menschen sprachen – auch nach mehreren Wochen eines belastenden und gefährlichen Einsatzes. Ich bin überzeugt: Unsere Soldatinnen und Soldaten sind stark genug, um selbst unter harter Belastung nicht zu vergessen, dass sie der Würde eines jeden Menschen dienen.

Deutschland ist heute Bündnispartner: in der EU, in der NATO, in den Vereinten Nationen. Es bringt, wie alle Staaten, seine eigene Geschichte mit, aus der sich eine besondere Perspektive ableitet. Gern wird Deutschland vorgeworfen, eine Sonderrolle spielen zu wollen, als Wächter der Moral aufzutreten und sich in militärischen Fragen noch immer zu zögerlich zu verhalten. Ich meine jedoch, dass es gerade in Deutschlands Verantwortung liegt, in militärischen Fragen die Position eines Bedenkenträgers einzunehmen, zu Vorsicht und Umsicht zu mahnen. Auch das ist Multilateralismus. Auch das ist Prävention im Sinne der Schutzverantwortung.

Alle deutschen Auslandseinsätze sind unterschiedlich
Tatsächlich ist die Bundeswehr heute auch eine Interventionsarmee und beteiligt sich im Rahmen ihrer Bündnisse an Einsätzen in vielen Ländern der Welt. Auf Plakaten wirbt sie mit jungen Soldaten im Kampfeinsatz, in Tarnkleidung und Helm, das Gewehr im Anschlag. »Mach, was wirklich zählt. #Kämpfen. Folge deiner Berufung.« Soldaten wird in der deutschen Bevölkerung die verdiente Anerkennung verweigert – vielleicht trägt dazu auch eine solche Selbstdarstellung der Bundeswehr bei.

Zwar halten die Deutschen mehrheitlich die Bundeswehr als Bündnis- und Verteidigungsarmee für wohl oder übel notwendig. Den Auslandseinsätzen jedoch stehen die meisten kritisch gegenüber, sie gelten als übergriffig und eskalierend. Verallgemeinernd wird stets auf Afghanistan verwiesen, wo nach dem bald zwanzigjährigen »Krieg gegen den Terror« mit seinen Abertausenden Toten die radikalislamischen Taliban wieder weite Gebiete des Landes beherrschen und die Sicherheitslage immer katastrophaler wird.

Man sollte aber nicht verallgemeinern. Denn die Missionen im Ausland, an denen die Bundeswehr als Bündnispartner teilhat, sind in Umfang und Zielsetzung denkbar unterschiedlich. Richtig klar wurde mir das erst, als ich Militärbischof wurde und die Militärgeistlichen in den einzelnen Auslandseinsätzen besuchte. Häufig handelt es sich um ethisch unbedenkliche, sinnvolle friedenserhaltende Maßnahmen oder bloße Beobachtungsaufträge und nur in den wenigsten Fällen – zurzeit gar nicht – um ausdrückliche Kampfeinsätze. Sie alle tragen einen anderen Namen und sind bis ins kleinste Detail differenziert. Sie sind schwer zu durchschauen und auseinanderzuhalten. Um aber der deutschen Außen- und Verteidigungspolitik, der Bundeswehr und insgesamt den multilateralen internationalen Bemühungen um Frieden und Sicherheit gerecht zu werden, ist ein etwas genauerer Blick geboten.

Offiziell ist gegenwärtig von dreizehn plus drei Einsätzen die Rede. Mit den drei separat aufgeführten Missionen sind keine eigentlichen Einsätze gemeint, sondern »einsatzgleiche Verpflichtungen«, die die NATO gegenüber ihren Mitgliedstaaten Litauen, Estland, Lettland und Polen eingegangen ist. Sie werden als präventive Bestandteile der Bündnisverteidigung betrachtet.

Als nach der Annexion der Krim im Baltikum und Polen die Angst wuchs, Russland könnte auch eine Invasion in ihre Staaten planen, verlegte das westliche Verteidigungsbündnis Truppen an seine Ostflanke, um gegenüber Putin Stärke und Wehrhaftigkeit zu demonstrieren.

Zunächst sprach die NATO von Großmanövern, die – man erinnere sich – Frank-Walter Steinmeier, damals noch Bundesaußenminister und wie Merkel im Verhältnis zu Russland stets zu Dialog und Deeskalation mahnend, 2016 als gefährliches »Säbelrasseln und Kriegsgeheul« kritisierte, das die Spannungen noch verschärfe.

Da die NATO ihre Truppen im Baltikum und Polen längerfristig präsent hielt, bezeichnete sie ihre Aktivitäten schließlich als »einsatzgleiche Verpflichtungen«. Mit einer dauerhaften Stationierung im Rahmen eines offiziellen Einsatzes würde sie gegen mit Russland geschlossene Verträge verstoßen, sodass nun die Truppen regelmäßig ausgewechselt werden.

Dennoch betrachtet Russland dieses Vorgehen als Vertragsbruch. So zeigen sich die NATO und Russland gegenseitig die Zähne, demonstrieren wechselseitig bei gelegentlichen Großübungen, zu denen sie Zehntausende Soldaten mit schwerem Gerät aufziehen lassen, ihre Schlagkraft. An einer militärischen Auseinandersetzung haben beide Seiten kein Interesse, aber es ist eine hochgefährliche Situation, die leicht eskalieren kann.

Zu den dreizehn von der Bundeswehr genannten Einsätzen im Ausland gehören ein paar in meinen Augen gänzlich unproblematische kleine Beobachtungs- oder Überwachungsmissionen. So ist das deutsche Militär etwa mit sieben beziehungsweise dreizehn Soldaten an zwei auf 2019 terminierten UN-Missionen im Sudan und im Südsudan beteiligt, um dort den Friedensprozess zu unterstützen, die Zivilbevölkerung zu schützen, die Einhaltung der Menschenrechte zu überwachen und Hilfe bei der medizinischen Versorgung und technischen Ausrüstung zu leisten.

Die Zahl der Auslandseinsätze der Bundeswehr ändert sich ständig, denn es kommt immer mal wieder einer dazu, oder es wird – was man bei der Fokussierung auf Afghanistan leicht vergisst – einer beendet. So etwa im Kongo, in Ruanda oder in Somalia – was allerdings nicht unbedingt heißt, dass die Länder nachhaltig befriedet sind.

Besuch beim KFOR-Einsatz im Kosovo

Eine Auslandsmission, die nun ausläuft und die man als erfolgreich bezeichnen muss – im Rahmen ihrer Möglichkeiten zumindest –, ist die KFOR *(Kosovo Force)*-Mission der NATO im Kosovo, an der die Bundeswehr von Beginn an, seit dem umstrittenen Militärschlag 1999, beteiligt war. Sie ist nicht nur der erste, sondern auch der längste deutsche Auslandseinsatz, wird aber in seiner Dauer schon bald von dem in Afghanistan überholt werden.

Für mich war der Kosovo auch das erste Land, das ich in meiner Funktion als Militärbischof bereiste, gleich nach meiner Amtseinführung 2014. Ich hatte nach den jugoslawischen Kriegen einige Male mit meiner Familie in Kroatien Urlaub gemacht. In dem Land war Frieden eingekehrt, obwohl es noch deutlich vom Krieg und von den im Zwangsvielvölkerstaat Jugoslawien unterschwellig angewachsenen Feindschaften gezeichnet war. Man merkte es am allgegenwärtigen serbenfeindlichen Nationalismus der Kroaten oder an den Dörfern mit den leeren, verfallenen Häusern, die den vertriebenen Serben gehört hatten.

Im Kosovo, den ich dann als Militärbischof besuchte, konnte von umfassendem Frieden noch keine Rede sein, und auch heute ist die Sicherheitslage längst nicht immer stabil. Infolge der kriegerischen Auseinandersetzungen zwischen den serbischen Streitkräften und der Kosovarischen Befreiungsarmee UÇK sind immer noch Teile des Landes vermint. Ein Friedensvertrag mit Serbien steht nach wie vor aus, und der Konflikt zwischen den Kosovo-Albanern und den Kosovo-Serben entlädt sich stets von Neuem in Bombenanschlägen und Attentaten.

Es ging mir hier wie später auch in Afghanistan. Diese sicht- und spürbare Gewalt in einem so schönen Land hatte etwas Unwirkliches und zutiefst Widersinniges. Die Reise in den kleinen, von Mazedonien, Albanien, Montenegro und Serbien umschlossenen Kosovo war für mich wie ein Wiedersehen mit einer vertrauten Landschaft, in der ich zuvor doch nie gewesen war. Hügel, Wälder und Wiesen. Verwöhnt von der Sonne des Südens, ist es eine fruchtbare Gegend, seit jeher landwirtschaftlich geprägt. »Birnenland« nennen die Kosovaren ihre Heimat. Obst- und Olivenhaine, wohin man sieht. Weinberge und Kornfelder. Dazwischen alte Kirchen und Moscheen. Jahrhundertelang lebten hier unterschiedliche Ethnien und Religionen friedlich miteinander. Eine Sehnsuchtslandschaft, und dabei von Gewalt, Armut und Kriminalität furchtbar versehrt.

Auf meiner Kosovo-Reise wollte ich nicht nur das Bundeswehrcamp in Prizren besuchen, wo die deutschen Soldatinnen und Soldaten stationiert waren, sondern auch ein Jugendzentrum der Evangelischen Diakonie in Mitrovica. Die Stadt liegt an der Grenze zum mehrheitlich von Kosovo-Serben bewohnten Norden und ist selbst durch einen Fluss in einen serbischen nördlichen Teil und einen albanischen südlichen Teil gespalten. Bernd Baumgärtner, der zuvor die Diakonie in Trier geleitet hatte, gründete an diesem explosiven Ort die Diakonia Kosova, um die im bitteren Existenzkampf des Landes vergessene und oft arbeitslose Jugend aus den beiden verfeindeten Bevölkerungsteilen zu unterstützen und zu versöhnen.

Wegen der prekären Sicherheitslage wurde ich von Feldjägern in einem Konvoi nach Mitrovica begleitet. Für mich als Zivilist und Neuling in diesem militärischen Milieu war das alles höchst merkwürdig. Wir kamen nur langsam voran, die geschützten Fahrzeuge des Konvois durften wegen der Anschlaggefahr keine Lücke lassen. Auch in der Diakonia Kosova wichen mir die Feldjäger nicht von der Seite. Ich bin in den Kriegsgebieten als »religiöser Führer« ein sogenanntes »Hochwertziel« für Terroristen und werde dementsprechend geschützt.

Bernd Baumgärtner, der mit seinem grauen Haar und seinem Vollbart wie ein gütiger, tatkräftiger Bilderbuchgroßvater wirkt, stellte uns seine Einrichtungen vor. Es war wirklich beeindruckend, was er hier aufgebaut hatte. Jugendliche konnten in der Diakonie eine Berufsausbildung machen; behinderte oder beeinträchtigte junge Leute, die Ärmsten der Armen, gänzlich chancenlos in diesem Land ohne funktionierende Wirtschaft und ohne soziales Auffangnetz, hatten die Möglichkeit, für Kost und Logis auf einem Bauernhof zu arbeiten, und als dritte Säule gab es ein Jugend- und Freizeitzentrum. Ein wahrhaft überzeugendes Beispiel von Entwicklungszusammenarbeit zwischen Deutschland und dem Kosovo, das wir inzwischen auch nachhaltig mit Kirchensteuermitteln der Soldatinnen und Soldaten fördern.

Brüchiger Frieden

Während Baumgärtner erzählte, hörten wir plötzlich in unmittelbarer Nähe lautes Knallen. Was war das? Eine Sprengstoffladung? Kalaschnikows? Ich bekam es mit der Angst zu tun. Die Feldjäger neben mir horchten auf, schienen aber ansonsten nicht sonderlich beunruhigt zu sein. Es war offenbar ihr Alltag.

Beim Verlassen der Diakonie erblickten wir in etwa hundert Metern Entfernung, bei der Brücke, die über den Grenzfluss führt, eine große Menschentraube. Als wir auf dem Rückweg nach Prizren mit unserem Konvoi an der Menge vorbeizukommen versuchten, sahen wir vor dem Rathaus ein Hochzeitsauto stehen, geschmückt mit Blumen und Bändern – und durchsiebt von Gewehrsalven. Überall Glassplitter und geborstenes Blech. Ein Brautpaar war direkt vor oder nach seiner standesamtlichen Trauung Opfer eines Anschlags geworden. Dass dies die Schüsse waren, die wir in der Diakonie gehört hatten, hätten mir die Feldjäger nicht erklären müssen. Nicht einmal der Lokalsender würde darüber berichten, sagten sie, so etwas passiere hier andauernd.

Mir wurde klar, wie brüchig der sogenannte Frieden in diesem Land war. Was taten sich die Menschen hier gegenseitig an! Und das in einem Land, das wir in Deutschland als sicheren Herkunftsstaat bezeichnen. Ich weiß bis heute nicht, wer hinter dem Attentat stand. Vielleicht waren es Banden. Die organisierte Kriminalität ist im Kosovo sehr mächtig: Drogen- und Menschenhandel, Zwangsprostitution. Wo der Staat schwach ist, blüht das Verbrechen, regiert das Recht des Stärkeren und nicht die Stärke des Rechts.

Vielleicht hatte der Anschlag auch einen politischen Hintergrund. Irgendwie spielt der serbisch-albanische Konflikt meistens eine Rolle, direkt oder indirekt. Nicht nur geraten albanische und serbische Kosovaren immer wieder aneinander. Radikale Albaner, die einen Dialog mit den Serben ablehnen, attackieren auch versöhnungsbereite Albaner. Nationalistische Serben, die den Kosovo als Teil Serbiens ansehen, greifen Serben an, die mit den Albanern friedlich zusammenleben möchten. Im Januar 2018 wurde der serbisch-kosovarische Politiker Oliver Ivanović in Mitrovica erschossen. Er hatte die Bürgerinitiative »Freiheit, Demokratie, Gerechtigkeit« gegründet und die Regierung in Belgrad sowie die serbientreuen Parteien im Kosovo mehrfach beschuldigt, die organisierte Kriminalität im hauptsächlich von Serben bewohnten Norden des Landes zu tolerieren. Für den Tag, an dem Ivanović ermordet wurde, waren Gespräche zwischen Vertretern des Kosovo und Serbiens in Brüssel angesetzt. Sie wurden nach dem Attentat abgesagt.

Gottesdienste im Camp

Zurück in den Lagern der Bundeswehr haben mich zwei Erlebnisse besonders bewegt. Zum einen hielt ich gemeinsam mit dem Militärpfarrer vor Ort einen Gottesdienst auf dem Gelände des kleinen, überschaubaren Lagers in Novo Selo. Da – wie manches Mal in Einsätzen – kein wirklicher Gottesdienstraum vorhanden war, zugleich aber die Sonne schien, feierten wir unseren Gottesdienst zwischen den Wohn- und Arbeitscontainern, die das Camp bildeten. Die teilnehmenden Soldatinnen und Soldaten nahmen auf den Bierbänken Platz, die die Bestuhlung ersetzten. Vorne war ein kleiner Altar improvisiert. Interessant war, dass wir aufgrund der Campus-Atmosphäre in unserem Gottesdienst nicht allein waren. Es war später Nachmittag und so gingen viele Soldaten ihren Feierabendbeschäftigungen nach. Ich kam mir vor wie auf einem kleinen Marktplatz. Während einige sich gar nicht um uns scherten – was angesichts des kräftigen Gesangs schwierig war –, beobachteten andere unseren Gottesdienst aus einiger Entfernung. Ich dachte an Paulus auf der Agora, dem Marktplatz von Athen, und fühlte mich ein wenig wie ein Verkündiger aus den ersten Zeiten des Christentums. Und noch ein Gedanke schwirrte mir durch den Kopf: Militärseelsorge ist wirklich so etwas wie ein »Zukunftslabor der Kirche«. Da geht es nicht nur um eine Kerngemeinde, sondern um viele Interessierte, zuweilen auch Distanzierte, die bislang mit der Kirche vielleicht nicht viel zu tun hatten. Spätestens beim anschließenden Beer-Call, einem Stehempfang, und beim Grillabend kamen wir miteinander ins Gespräch.

Ein weiterer Gottesdienst fand im großen Bundeswehrlager in Prizren statt, dort aber unter ganz anderen Bedingungen. Die Soldaten hatten sich dort eine richtige Kapelle, fast muss man sagen eine kleine Kirche, gebaut, mitten im Lager. Es hatten sich ein eindrucksvoller Männerchor und eine Band gebildet, die den Gottesdienst musikalisch gestalteten.

Dieser Gottesdienst hatte eine ungeheure Intensität, weil die Truppe sehr mitgenommen war. Wenige Tage zuvor hatte sich ein junger Soldat während des Dienstes das Leben genommen. Sein Freitod hatte persönliche Gründe und wohl nichts mit dem Einsatz zu tun. Trotzdem kann man sich unschwer vorstellen, was eine solche Tat in einem Bundeswehrlager, in dem es kein Privatleben und keine Distanzierungsmöglichkeit gibt, bedeutet. Derart notvolle Situationen gibt es immer wieder einmal. Wohl nicht häufiger als im nicht-militärischen Leben, aber sie sind für Soldatinnen und Soldaten in einem Auslandseinsatz fern von zu Hause eine erhebliche Belastung. Halt und Orientierung sind für sie besonders wichtig. Da ist es gut, einen erfahrenen Seelsorger an seiner Seite zu haben, der mit offenem Ohr und weitem Herz zuhören kann.

Eine UN-Resolution ersetzt den Friedensvertrag
zwischen Kosovo und Serbien

2008 erklärte sich der Kosovo zum unabhängigen demokratischen Staat. Bislang akzeptiert Serbien die Autonomie des Kosovo nicht und betrachtet ihn nach wie vor als seine Provinz. An die hundertzehn Staaten haben das südosteuropäische Land inzwischen als unabhängig anerkannt, darunter die USA und die meisten europäischen Staaten, auch Deutschland. Sie halten die Abspaltung von Serbien für legitim und berufen sich dabei auf das in der UN-Charta verankerte Selbstbestimmungsrecht der Völker. Die Vereinten Nationen allerdings verweigern dem Kosovo den Platz in der UNO-Vollversammlung, da Russland und China dagegen ihr Veto einlegten. Die beiden Länder betrachten eine Eigenstaatlichkeit des Kosovo als Verstoß gegen das Völkerrecht, weil die Souveränität Serbiens verletzt werde. Auch sie berufen sich auf die UN-Charta, in der die Prinzipien der territorialen Integrität und der Nichteinmischung festgeschrieben sind. Es ist kompliziert: zwei unterschiedliche Narrative, die beide ihre eigene Logik und Berechtigung besitzen.

Übrigens hat auch der EU-Staat Spanien sich gegen die Unabhängigkeit des Kosovo gestellt. Denn Spanien hat ja selbst – in Katalonien und im Baskenland – mit Abspaltungsbestrebungen zu kämpfen. Und es gibt tatsächlich gute Gründe, der Bildung wirtschaftlich kaum überlebensfähiger regionaler Kleinstaaten entgegenzuwirken. Die Situation im Kosovo scheint festgefahren und unlösbar. Doch es täuscht: Es gab und gibt sehr wohl Fortschritte, wenn schon nicht unbedingt in Richtung Versöhnung, so doch zumindest in Richtung Einigung und Stabilisierung. Was auch den vielfältigen internationalen Bemühungen zu verdanken ist.

Die Weltgemeinschaft ließ den Kosovo nach der Militärintervention nicht allein – wie den Irak und Libyen nach dem Sturz ihrer Diktatoren –, sondern beteiligte sich im Sinne der

Schutzverantwortung am Wiederaufbau und tut dies noch immer. Nachdem der umstrittene Militärschlag der NATO die Kampfhandlungen zwischen den Serben und den Kosovo-Albanern gestoppt hatte, erklärten die Vereinten Nationen in der Resolution 1244 den Krieg für beendet und unterstellten den Kosovo der Verwaltungshoheit der UN-Mission im Kosovo (UNMIK). Bis heute ersetzt die Resolution 1244 einen Friedensvertrag.

Der Einsatz der NATO war mit der Militäroperation noch nicht beendet. Truppen blieben im Kosovo, um die Einhaltung des Waffenstillstands zu überwachen, das Land zu entmilitarisieren und in der nach wie vor höchst explosiven Situation für Sicherheit zu sorgen. Außerdem halfen sie dem Kosovo dabei, eine eigene Armee und Polizei aufzubauen, damit das Land selbstständig für seine Sicherheit nach innen und nach außen sorgen kann.

Militär ist Teil des vernetzten Handelns

Neben dem Militär waren und sind etliche zivile – lokale, nationale, internationale, kirchliche – Kräfte am Aufbau rechtsstaatlicher, demokratischer Strukturen beteiligt. Der Kosovo ist ein gutes Beispiel für einen Ansatz, den die internationale Außen- und Sicherheitspolitik *Comprehensive Approach*, »vernetztes Handeln«, nennt. Gemeint ist nicht nur das Zusammenspiel von präventiven, unmittelbar konfliktlösenden Strategien und Maßnahmen des (Wieder-)Aufbaus, sondern auch das Ineinandergreifen von friedens- und entwicklungspolitischen Initiativen auf allen staatlichen, wirtschaftlichen und gesellschaftlichen Ebenen.

Die EU bemüht sich etwa auf politischer Ebene immer wieder, den Kosovo und Serbien ins Gespräch zu bringen und die Möglichkeiten einer friedlichen Koexistenz von Kosovo-Albanern und Kosovo-Serben auszuloten. Das Militär ist im Rahmen des *Comprehensive Approach* ebenfalls ein Instrument der Friedens- und Entwicklungsarbeit – eins unter vielen und im Zusammenwirken mit vielen. Es kann im äußersten Fall, wenn ein Konflikt heiß gelaufen ist, als rechtserhaltende Gewalt zum Einsatz kommen. Und es kann das Land bei der Organisation eigener Sicherheitskräfte unterstützen. Mehr aber auch nicht.

Wenn die Bundeswehr nun ihr Camp in Prizren aufgelöst hat und die KFOR-Mission beendet wird, dann heißt das nicht, dass in dem kleinen südosteuropäischen Land Frieden und Sicherheit eingekehrt sind. Wie gesagt, der zwischenstaatliche Konflikt zwischen Kosovo und Serbien lodert – trotz zahlloser Vermittlungsbemühungen – noch heftig, ebenso wie die innerstaatlichen Auseinandersetzungen zwischen Kosovo-Albanern und Kosovo-Serben. Kriminalität und Korruption führen vor Augen, dass der Kosovo nach wie vor kein stabiler Rechtsstaat ist. Aber nach Einschätzung der Beteiligten sind die rechtsstaatlichen Strukturen mittlerweile immerhin so tragfähig, dass Polizei und Militär des Landes aus eigenen Kräften für Sicherheit sorgen können. Und das ist nicht wenig.

Wie nachhaltig die Erfolge sind, ist ungewiss. So werden auch nicht alle Soldaten und Soldatinnen aus dem Kosovo abgezogen. Einige bleiben in der Hauptstadt Pristina zurück, um Präsenz zu zeigen und die Sicherheitslage zu beobachten. Friedensarbeit ist nichts für Ungeduldige. Gerechter Frieden kann nicht mehr als ein Zielhorizont sein.

UN-Mission in Mali

Schwierige Anreise
Der Anflug auf Bamako, die Hauptstadt Malis, ist atemberaubend. Stundenlang ging der Flug über die nicht enden wollende Wüstenlandschaft der Sahara und der Sahelzone,

und plötzlich öffnet sich der Blick auf eine riesige Flussoase. Unweigerlich kommt mir der Nil in den Sinn, mit seinen scharfen Grenzen zwischen kahler Wüste und fruchtbarstem Schwemmland. So ist es auch hier. Der Niger schlängelt sich durch die Landschaft und gibt Mensch und Tier reichlich Nahrung. Das entlang des Flusses angebaute Gemüse und Getreide kann mehrmals im Jahr geerntet werden. Wegen der ständigen Wärme gedeiht hier alles wie im Treibhaus. Natürlich lebt der größte Teil der Bevölkerung Malis in dieser fruchtbaren Flussoase und nicht in den unbarmherzig heißen und trockenen Wüstengegenden im Norden des Landes. Aus den Ansiedlungen entlang des Nigers ist die prosperierende Millionenstadt Bamako entstanden, eine der am schnellsten wachsenden Metropolen Afrikas.

Wir landen auf dem Flughafen von Bamako, der schon etwas in die Jahre gekommen ist. Er trägt den Namen von Modibo Keïta, dem ehemaligen Staatspräsidenten, der Mali 1960 in die Unabhängigkeit geführt hatte. Es ist November, aber die schwüle Hitze, die mir und meinem mitreisenden Referenten beim Verlassen des Flugzeugs entgegenschlägt, löst augenblicklich jede jahreszeitliche Orientierung auf. Der rote Sand Malis ist überall. Er umfängt uns wie ein feiner Schleier, setzt sich in jede Ritze, brennt in den Augen; sogar auf der Zunge meint man ihn zu schmecken.

Ein freundlicher Polizist empfängt uns in breitestem Hessisch. Er ist hier am Flughafen in einer internationalen Polizeimission tätig. Schon zum zweiten Mal, für lange Zeit, erzählt er uns, als wir in seinem schweren amerikanischen Geländewagen sitzen, der uns zum benachbarten Rollfeld bringt, wo wir in eine Propellermaschine nach Gao, zum Camp der Bundeswehr, steigen sollen. Seine Ehe sei durch sein ständiges Fortsein in die Brüche gegangen, sagt er – ein Schicksal, das er mit so manchem Soldaten im Einsatz teilt. Der Polizist aus Hessen ist ein Meister des interkulturellen

Austauschs und lotst uns an allen Grenzkontrollen gekonnt vorbei.

Im klapprigen Flieger nach Gao sind wir die einzigen Passagiere. Die Wüstenstadt im Nordosten des Landes ist offenbar kein touristischer Hotspot. Der Wind, der uns bereits auf dem Rollfeld in Bamako um die Ohren blies, bringt die Maschine in heftige Turbulenzen. Wir fliegen zwei, drei Stunden gen Osten über die dürren Landschaften der Sahelzone, bis sich schließlich durch den roten Dunst eine besiedelte Gegend erkennen lässt. Das muss Gao sein. Der Pilot setzt zur Landung an, aber die Böen haben sich inzwischen zu einem Sandsturm ausgewachsen, und es gelingt nicht, das Flugzeug auf die Landebahn zu manövrieren. Noch einmal versucht es der Pilot, doch es hat keinen Zweck. Bei diesem Sturm und dieser Sicht ist die Maschine nicht auf den Boden zu bekommen.

Wir fliegen zurück Richtung Bamako. Da in Gao aber nicht aufgetankt werden konnte, wird allmählich der Treibstoff knapp. So sind wir bald gezwungen, mitten in der Sahelzone einen Zwischenhalt einzulegen. Für uns Passagiere, die wir uns etwas verängstigt und flau im Magen an den Sitzen festhalten, ist in dieser Wüsteneinöde zwar kein Flugplatz zu erkennen, aber irgendwo muss sich eine Art Rollfeld befinden, denn schließlich setzt die Maschine auf und kommt kurz darauf zum Stehen. Die Böen haben Gott sei Dank nachgelassen. Ich denke an die Wüstenerfahrungen des französischen Autors und Piloten Antoine de Saint-Exupéry. Und an das berühmte Zitat aus dem *Kleinen Prinz*: »Ich habe die Wüste immer geliebt. Man setzt sich auf eine Sanddüne. Man sieht nichts. Man hört nichts. Und währenddessen strahlt etwas in der Stille.«

Wir werden gebeten, das Flugzeug zu verlassen. Am Horizont zeichnet sich eine einsame Holzbaracke ab. Irgendwo klappert ein verrottetes Eisenschild. Unwillkürlich kommt mir nun der Film *Spiel mir das Lied vom Tod* in den Sinn, unvermeidlich dann auch die berühmte Mundharmonika-Musik. Ich verdränge die medialen Reminiszenzen, die sich hier sofort vor das unmittelbare Erleben schieben. Die Hitze ist unerträglich, es können bis zu 56 Grad werden – im Schatten. Wir haben entsetzlichen Durst, aber wo sollen wir in dieser gottverlassenen Gegend etwas zu trinken herkriegen? Und wo um alles in der Welt will der Pilot hier Flugbenzin auftreiben? Wir sitzen lange in der heruntergekommenen Wartehalle, bis tatsächlich – kaum zu glauben – ein Mann mit einem Esel angetrottet kommt, der einen Tankwagen hinter sich herzieht. Darin muss unser Treibstoff sein!

Auch das Auftanken ist eine schweißtreibende Geduldsprobe, aber wir sind nun guter Dinge, dass wir nicht mehr lange an diesem unwirtlichen Ort ausharren müssen. Sogar zwei Flaschen Coca-Cola lassen sich noch irgendwo beschaffen. Kein Wasser, Coca-Cola. Und dann, tatsächlich, dürfen wir unser Fluggefährt wieder besteigen, der Pilot bringt die Motoren zum Laufen und wir fliegen ohne weitere Störung zurück in die malische Hauptstadt – wo wir fünf Stunden zuvor gestartet waren. Es ist ein schwacher Trost, als uns übermittelt wird, dass der deutsche Botschafter uns in Gao herzlich habe empfangen wollen. Unsere Landeversuche habe er beobachtet, und die Nacht wolle er nun auf einem Feldbett im Bundeswehrcamp verbringen, um uns hoffentlich morgen begrüßen zu können.

Am darauffolgenden Tag gelingt die Anreise. Zwar hält der Sandsturm noch an, doch er ist schwächer als am Vortag, und außerdem fliegen wir nun in einer kleinen Düsenmaschine, die mit dem Sand anscheinend besser zurechtkommt als das Propellerflugzeug.

Wir erreichen Camp Castor in Gao gerade noch zur rechten Zeit. Ich soll zu dieser Stunde gemeinsam mit dem Militärpfarrer einen Brunnen in einem neuen Teil des Lagers einweihen und einen Segen sprechen. Der Brunnen wurde mit *German Engineering* und erheblicher Vorarbeit und Planung von deutschen Soldaten gebaut. Zunächst soll er das Camp, dann aber auch die umliegenden Orte mit frischem Wasser aus dreihundert Metern Tiefe versorgen.

Die Soldatinnen und Soldaten haben feierlich Aufstellung genommen. Sie freuen sich unbändig auf die Indienstnahme des Brunnens, denn bisher war das Wasser streng rationiert und Wassermangel zum Beispiel beim Duschen ein ständiger Begleiter. Ein schönes Ereignis nach dem abenteuerlichen Auftakt meines Besuchs beim gefährlichsten, oder wie es im Militärdeutsch heißt, »robustesten« Auslandseinsatz der Bundeswehr.

Die Spuren des Kolonialismus
Einen militärischen Einsatz in Afrika zu besuchen rief besonders ambivalente Gefühle in mir hervor. Nicht nur das Wissen um die koloniale Vergangenheit Deutschlands und anderer europäischer Länder, auch die Spuren des Kolonialismus, die bis heute den Kontinent unübersehbar prägen, beschämen mich bei jeder Begegnung aufs Neue.

Ich muss vermutlich nicht erwähnen, dass ich in meiner fundamentalpazifistischen Zeit die militärischen Interventionen etwa Frankreichs in seinen ehemaligen Kolonien niemals als Hilfsmaßnahmen verstand, sondern als spätkolonialen Machtanspruch. Ich war der Auffassung, dass Europa Afrika zwar Geld geben sollte – als finanzielle Entschädigung für den Kolonialismus quasi –, aber ihm damit nicht sein System aufzwingen dürfe. Am besten mische der Westen sich überhaupt nicht in afrikanische Belange ein, militärisch schon gar nicht. Ich weiß, dass eine solche Meinung in der deutschen Bevölkerung immer noch weit verbreitet ist. Das Engagement der Bundeswehr in Afrika trifft neben der generellen Verurteilung von Auslandseinsätzen ein ganz besonderer Bann.

Der verantwortungsethische Standpunkt, den ich inzwischen vertrete, hat mit Blick auf Afrika schnell etwas Übergriffiges, Paternalistisches, ja Kolonialistisches. Verantwortung für den sogenannten schwarzen Kontinent – den Inbegriff des ganz Anderen –, den der Westen stets im Negativ sah, nämlich als unterentwickelt, unzivilisiert, ungläubig, wollten auch die Kolonialisten und Missionare übernehmen. Die Folgen sind bekannt.

Die Grenzen in Afrika haben die damaligen Kolonialherren mit dem Lineal gezogen, ohne Rücksicht auf geografische, ethnische oder religiöse Zugehörigkeiten. Ein Teil der heutigen innerstaatlichen Konflikte in den afrikanischen Ländern liegt in diesen willkürlichen Entscheidungen begründet. Mali war Kolonie Frankreichs, Französisch-Sudan hieß es, bevor das Land 1960 als Republik Mali unabhängig wurde.

Die Verbindung zur ehemaligen Kolonialmacht ist immer noch eng. Man könnte auch sagen, dass Mali nach wie vor am Tropf Frankreichs hängt. Amtssprache ist Französisch, die Verwaltung funktioniert nach französischem Vorbild, die Führungsschicht wurde in Frankreich ausgebildet. Frankreich wiederum ist auch wegen der großen Rohstoffvorkommen Malis, unter anderem Gold und die in der heutigen Informationstechnologie essenziellen Seltenen Erden, nachhaltig in seiner ehemaligen Kolonie engagiert. Auch der hohe Stellenwert der Atomkraft in Frankreich macht Mali mit seinen Uranvorkommen enorm wichtig für die ehemalige Kolonialmacht. Die malischen Uran-Lagerstätten befinden sich allesamt im Eigentum französischer Konsortien.

Der westafrikanische Binnenstaat ist fast viermal so groß wie Deutschland. Zwei Drittel der Fläche sind Wüste. Der größte Teil der knapp zwei Millionen Einwohner lebt im Süden, im Umkreis der Hauptstadt Bamako. In den dünn besiedelten Wüstenregionen des Nordens ist der Staat wenig präsent.

Mali galt im Westen immer als Beispiel für die gelungene Demokratisierung Afrikas. Dabei waren die Schwäche der Zentralregierung und die fehlende staatliche Kontrolle in weiten Teilen des Landes schon lange ein Problem. Der Staat und seine Institutionen, sofern es sie überhaupt gab, waren nicht in der Lage, das Land flächendeckend mit Wasser und Strom zu versorgen, geschweige denn mit einem funktionierenden Justiz- und Sicherheitssystem, mit einem Gesundheits- und Bildungswesen oder mit ausreichend Arbeitsmöglichkeiten.

Es ist immer dieselbe Logik: In den Leerstellen, die der Staat lässt, machen sich Korruption und Kriminalität breit. Bewaffnete Gruppierungen exekutieren auch in Mali das Recht des Stärkeren. Umso mehr, als das Land sehr rohstoffreich ist. Mali ist wie auch Niger ein wichtiges Transitland auf dem Weg nach Norden Richtung Europa, sowohl für Menschen als auch für Rohstoffe, Waffen oder Drogen. Denn es gibt nur wenige Routen, die durch die Sahara führen. So florieren in Mali Schmuggelgeschäfte, Drogen-, Waffen- und Menschenhandel.

Machtergreifung der Islamisten

Der aktuelle Konflikt begann Anfang 2012 mit einem Aufstand der im Norden lebenden Tuareg. Das Wüstenvolk, das auch während der Kolonialzeit weitgehend unbehelligt von den Franzosen im Norden lebte, hatte seit der Unabhängigkeit Malis immer wieder gegen die Regierung im Süden revoltiert, weil es sich politisch und wirtschaftlich benachteiligt und in seiner Lebensweise bedroht fühlte. Dürren in der Sahara und der Sahelzone hatten in den letzten Jahren die Versorgungssituation der halbnomadisch als Viehzüchter lebenden Tuareg verschärft.

Islamistische Terroristen aus Algerien und – nach dem Sturz Gaddafis – auch aus Libyen, die die einsame, unkontrollierte Wüstenregion im Norden Malis zu ihrem Rückzugsraum erkoren hatten, halfen den Tuareg mit Geld und Lebensmitteln und schafften es so, Allianzen zu schmieden und sich in der Gegend zu etablieren. Als im Januar 2012 Kämpfer der Tuareg mit Waffen, die sie sich im *Failed State* Libyen beschafft hatten, den Aufstand gegen die Regierung in Bamako begannen, kämpften auch Islamisten an ihrer Seite für die Loslösung des nördlichen Landesteils.

Im März putschte das malische Militär gegen die Regierung von Präsident Amadou Toumani Touré, dem vorgeworfen wurde, gegen die Tuareg-Rebellion im Norden nicht entschieden genug durchgegriffen zu haben. Das durch den Putsch entstandene Machtvakuum nutzten wiederum die Aufständischen, um Anfang April 2012 den unabhängigen Tuareg-Staat Azawad auszurufen und die Wüstenstädte Kidal, Gao und Timbuktu einzunehmen.

In der Folge verlor die eher säkular ausgerichtete Befreiungsbewegung der Tuareg schnell ihren Einfluss an die islamistisch-dschihadistischen Kräfte, die die besetzten Städte unter ihre Kontrolle brachten und der Bevölkerung das Gesetz der fundamentalistisch ausgelegten Scharia aufzwangen. Wer sich dem streng salafistischen Regime widersetzte, wurde drakonisch bestraft. Bei der Errichtung ihres Gottesstaates zerstörten die Dschihadisten kulturelle und religiöse Denkmäler und Schriften des afrikanischen Islam, der sehr viel toleranter ist als die salafistische Strömung. Die Bilder, die vom islamistischen Wüten in der märchenhaften Stadt Timbuktu um die Welt gingen, sind unvergessen. Tausende Menschen flohen in den Süden Malis oder in die Nachbarländer.

Militärische Hilfe für Mali

Die ehemalige Kolonialmacht Frankreich rief die Vereinten Nationen an, um ein militärisches Eingreifen in Mali zu erwirken. Der Sicherheitsrat verabschiedete daraufhin im Dezember 2012 eine Resolution, die eine von der Westafrikanischen Staatengemeinschaft geführte Militäraktion billigte, um den Norden des Landes von den islamistischen Gruppen zu befreien. Der Einsatz wurde jedoch erst für Herbst 2013 in Aussicht gestellt. In der Zwischenzeit sollte sich die Interimsregierung um die Wiederherstellung der verfassungsmäßigen Ordnung kümmern, den Dialog mit den Tuareg suchen und rasch einen ordentlichen Präsidenten wählen.

Derweil rückten die Dschihadisten aber gen Süden vor und bedrohten die Hauptstadt Bamako. Der Interimspräsident Dioncounda Traoré wandte sich nun direkt an Frankreich und bat um sofortige militärische Hilfe. Daraufhin begannen die Franzosen, ohne die Mandatierung durch die UN abzuwarten, im Januar 2013 mit der Militäroperation »Serval«. Sie befreiten die besetzten Städte, töteten viele der islamistischen Kämpfer oder trieben sie in die Flucht. Dauerhaft besiegen konnten sie sie nicht.

Auf Bitten Malis wurde im Juli 2013 die bereits beschlossene Unterstützungsmission zur UN-Friedensmission MINUSMA (Multidimensionale Integrierte Stabilisierungsmission der Vereinten Nationen in Mali) erweitert. Die Mission umfasst sowohl militärische Maßnahmen zur Sicherung des Waffenstillstands, zur Überwachung des Friedensprozesses und zum Schutz der Zivilbevölkerung als auch zivile Aufgaben wie Unterstützung bei der Wiederherstellung der staatlichen Autorität, bei den politischen Prozessen, beim Schutz der Menschenrechte und – gemeinsam mit der UNESCO – des kulturellen Erbes. Die UN-Mission in Mali ist ein Musterbeispiel des *Comprehensive Approach*, des vernetzten Ansatzes. Das Militär agiert nicht unabhängig, sondern der Einsatz der rund 11 000 Blauhelme ist eingebettet in ein Bündel von politischen und zivilen Stabilisierungsmaßnahmen.

Die Bundeswehr ist bei MINUSMA mit bis zu 1100 Soldaten vertreten, die in Gao im unsicheren Nordosten stationiert sind. Außerdem sind um die hundertfünfzig deutsche Soldaten an der Trainingsmission der Europäischen Union EUTM beteiligt, die in der südwestlichen Stadt Koulikoro am Ufer des Niger die malischen Streitkräfte ausbildet und berät.

Im Interesse aller

Anders als in der deutschen Öffentlichkeit vielfach vermutet wird, sind die Auslandseinsätze, an denen die Bundeswehr derzeit beteiligt ist, keine Kampfeinsätze. Der letzte Kampfeinsatz war die ISAF-Mission in Afghanistan, die 2014 beendet wurde. Die Auflösung dieses Missverständnisses nimmt den Auslandseinsätzen der Bundeswehr viel ihres Empörungspotenzials.

Aus friedensethischer Sicht habe ich keine Bedenken, dass sich Deutschland mit Soldatinnen und Soldaten an der UN-Friedens- und der EU-Ausbildungsmission in Mali beteiligt. Ich finde es sogar richtig, dass die Bundeswehr bei diesen multilateralen Einsätzen und Missionen dabei ist. Es gibt ja mittlerweile ausreichend Anschauungsmaterial dafür, welchen Flächenbrand destabilisierte, von extremistischen, terroristischen Kräften bedrohte Staaten auslösen können – mit Konsequenzen für die globale Tektonik.

Kritiker des militärischen Engagements der Vereinten Nationen und Europas monieren, dass es bei den Einsätzen in Mali eigentlich gar nicht um die Belange des Landes gehe, sondern lediglich um die wirtschaftlichen Interessen der großen Industrienationen, um die Rohstoffe und die Handelswege. Natürlich haben sie damit zu einem Teil recht. Die industrialisierte Welt ist auf die Rohstoffe Afrikas angewiesen. Und unbestritten ist selbstverständlich auch, dass die Handelsbeziehungen oft sehr einseitig zu Lasten der afrikanischen Länder gestaltet sind und sich darin – man muss es wohl so sagen – der Kolonialismus bis in die Gegenwart fortsetzt.

Ebenso richtig ist, dass Europa ein großes Interesse an Stabilität in der Region hat, damit die Menschen in ihrer Heimat bleiben und keinen Grund zur Flucht haben. Wie gesagt, durch Mali geht eine der Hauptrouten durch die Sahara nach Libyen, das nach wie vor Ausgangspunkt für die gefährliche Fahrt übers Mittelmeer nach Europa ist. Mali ist neben Niger, Nigeria, Äthiopien und Senegal einer der fünf afrikanischen Schwerpunktstaaten, mit denen die EU 2016 sogenannte »Migrationspartnerschaften« geschlossen hat, um Fluchtursachen zu bekämpfen.

Mag es auch den moralischen Wert einer Handlung schmälern, wenn mit dieser ebenso eigene Interessen verbunden sind, so kann eine solche Handlung dennoch legitim und sogar geboten sein. In der globalisierten Welt haben schwache Staaten – und seien sie auf der anderen Hemisphäre – weltweit destabilisierende Wirkung. Früher sorgten diktatorische Repressionsregimes mit eiserner Faust und Folterkellern für relative Beständigkeit in der Region. Das war bequem für den Westen, um die Menschenrechtsverletzungen hat er sich oft nur wenig geschert.

Diese Zeiten sind vorbei. Alles ist in Bewegung geraten, alles hängt mit allem zusammen, der Blick der Medien fällt überallhin. Außenpolitik ist zur Weltinnenpolitik geworden. *Global Governance* ist gefragt. Und diese ist hochkomplex und bedarf eines globalen Interessenausgleichs. Es liegt im Interesse aller, sich um die Interessen aller zu kümmern. Es gibt nur *Win-win-* oder *Lose-lose*-Situationen.

Sicher, eine demokratische und gerechte Weltinnenpolitik ist bislang mehr Utopie als Realität. Die Arbeit der internationalen, multilateralen Organisationen wie der UNO und auf wirtschaftlicher Ebene der Weltbank, des Internationalen Währungsfonds oder der Welthandelsorganisation leidet unter einem mehr oder weniger massiven Machtungleichgewicht zwischen den reichen Industrienationen auf der einen und den Schwellen- und Entwicklungsländern auf der anderen Seite. Oft genug handeln die Institutionen ganz und gar nicht im Sinne aller. Aber so wird es nicht funktionieren. Um Sicherheit und Frieden zu erreichen, muss eine Interessen- und Gerechtigkeitsbalance gelingen, davon bin ich überzeugt. Freilich wird die Umsetzung Probleme bereiten, denn es gibt zahlreiche Partialinteressen.

Ich bin auch davon überzeugt, dass die meisten internationalen Akteure, die in Mali unterwegs sind, das inzwischen genauso sehen und ihre Bemühungen in der Entwicklungszusammenarbeit mehr und mehr an den Belangen des Landes orientieren. Wenn die Bundeswehr im Rahmen des UN-Blauhelmeinsatzes Patrouille fährt, um den unsicheren Nordosten in einem Radius von 130 Kilometern rund um Gao zu überwachen und die Geschäfte der organisierten Kriminalität zu unterbinden, dann ist sie als Friedenswächter, als *Peacekeeper*, im Einsatz und versieht im Grunde reine Polizeiaufgaben, die die malischen Sicherheitskräfte noch nicht selbst erfüllen können. Sie dazu wiederum zu ertüchtigen, ist das Ziel der europäischen Trainingsmission EUTM, bei der deutsche Soldatinnen und Soldaten die malischen Streitkräfte ausbilden. In meinen Augen hilft der Einsatz der Sicherheitskräfte tatsächlich dem Staats- und Institutionenaufbau in Mali.

Es gilt bei solchen Einsätzen das sogenannte *Ownership*-Prinzip. Das internationale Militär ist auf Wunsch der malischen Regierung im Land – das darf man nicht vergessen. Sie hat die Weltgemeinschaft um Hilfe gebeten. Das *Ownership*-Prinzip meint – das ist eine Lehre, die Entwicklungshelfer wie Militärs aus der Vergangenheit gezogen haben –, dass ein internationales Engagement nur sinnvoll ist und gelingen kann, wenn dem Land nichts von außen aufgezwungen wird. Es muss von den lokalen Bedürfnissen und Begebenheiten ausgegangen werden, und es sollte unterstützt werden, was von der Bevölkerung selbst kommt. Das berühmte Motto

»Hilfe zur Selbsthilfe«, das die Entwicklungszusammenarbeit anleitet – und übrigens ein Diktum von Eugen Gerstenmaier ist, dem Begründer des Evangelischen Hilfswerks nach 1945 und späteren Bundestagspräsidenten –, ist inzwischen auch der Ansatz bei militärischen Maßnahmen. *Train, Advise, Assist* – Ausbilden, Beraten, Unterstützen – lautet beispielsweise die mit der Zeit und den Misserfolgen defensiver angelegte Militärstrategie der NATO in Afghanistan.

Ein Militärpfarrer berichtet

In Gao sind die deutschen Soldaten im Camp Castor untergebracht, das unter Regie der Niederländer angelegt wurde. Dort sei, so hatte einer unserer Militärpfarrer nach seinem Einsatz in Gao 2016 berichtet, eine lebendige, konfessionsübergreifende Gottesdienstgemeinde entstanden, erfreulicherweise unter regelmäßiger Beteiligung mehrerer im selben Camp stationierter Niederländer. In Ermangelung einer Kapelle traf man sich in einem Zelt, das alltags den »Spezialpionieren« zum Aufenthalt diente. Am Rande der Wüste unter Zeltplane Bibelverse zu hören, zu beten, zu singen und das Abendmahl zu feiern – welche Erfahrung! Wir sind in den westlichen Industrienationen gewohnt, aufwendige Gottesdienste in mehr oder weniger opulenten Kirchengebäuden zu feiern. Die frühen Menschen der Bibel aber hatten all dies nicht: Sie waren Fischer, Viehhüter und Nomaden.

Die wöchentliche Runde »Schnack beim Pastor« lud auch kirchenferne Soldatinnen und Soldaten ein, sich frei über den Dienst- und Lebensalltag auszutauschen. Dass der Militärgeistliche einerseits Insider ist und doch klar »anders«: Die Soldaten merken, schätzen – und brauchen – genau das.

In der beengten, vielfach provisorischen Situation wurde allerdings schmerzhaft deutlich, was unerlässlich zur Infrastruktur von Seelsorge gehört: Raum für geschützte Gespräche und die Möglichkeit des diskreten Zugangs zum Seelsorger. Beides fehlte zunächst, wobei klares Benennen dieser Defizite »höheren Orts« Abhilfe einleitete.

Der deutsche Militärgeistliche hatte in Gao Kontakte knüpfen können zu Muslimen im Ort, zu der kleinen Baptistengemeinde und zu der größeren Gemeinschaft der Katholiken, die dennoch in dem islamisch dominierten Land eine klare Minderheit darstellt.

Mali ist in religiösen Fragen entspannter als etwa Afghanistan, lautete das Fazit des Militärpfarrers, ohne die bestehenden Probleme zu beschönigen. Im Vergleich zu arabischen oder afghanischen Spielarten zeigt sich der eingesessene malische Islam zwar nicht im westlichen Verständnis des Wortes »tolerant« – das setzte ein modernes philosophisches System voraus –, wohl aber unbefangener und gewillt zur Koexistenz. Strenge Observanz der Scharia lehnen malische Muslime mehrheitlich ab.

Die Situation der Christen ist gewiss nicht stabil gut, aber auch nicht von unmittelbar lebensgefährlicher Verfolgung bestimmt. Eine katholische Schule in Gao gilt ebenfalls bei Muslimen als »erste Adresse«. Christen, die durch Entscheidungstaufe dem Islam abgesagt haben, berichteten zwar von Spannungen, Misstrauen und alltäglichen Diskriminierungen in Familie oder Nachbarschaft, jedoch nicht von ernsthafter Bedrohung von Leib und Leben. In Afghanistan sieht es nach siebzehn Jahren westlichen Militäreinsatzes schlimmer aus.

Besonders dankbar war der deutsche Militärseelsorger dafür, dass sich aus seinem Kontakt zu den Katholiken Gaos eine kleine Brücke zwischen Deutschen und einheimischen Christen entwickelte. Der ihn ablösende katholische Militärpfarrer feierte dann mehrmals die Messe in einer Kirche in Gao. Ein schöneres Zeichen für den Aufbauwillen der nach Mali gekommenen Deutschen gibt es wohl nicht.

Fahrt nach Koulikoro

Zurück aus Gao quartieren wir uns in Malis Hauptstadt Bamako ein. Der Kontrast könnte nicht größer sein: aus den extrem heißen und trockenen Halbwüstengebieten der Sahelzone, wo man sich wundert, wie Menschen dort dauerhaft überleben können, in die fruchtbare Flussoase im Süden des Landes. Es ist ein vibrierendes Leben.

Sofort fällt die ungeheuer junge Bevölkerung auf. Kein Wunder, denn im Durchschnitt bekommen malische Frauen sechs bis sieben Kinder. Die Straßen und Wege sind voller Kinder, Jugendlicher und junger Erwachsener. Der öffentliche Raum ist Lebensraum. Der mächtige Strom Niger prägt das Dasein. An seinen Ufern liegen Gärten und Felder, hier lebt auch der Großteil der malischen Bevölkerung. Fast ist es eine Parallelwelt zum Nordosten des Landes. Die kulturellen Unterschiede sind unverkennbar.

Bamako war seit jeher Sitz der Regierung und – in der Kolonialzeit – Sitz der französischen Fremdherrschaft. Nach dem Prinzip vieler französischer Kolonien konzentrierte sich der Einfluss auf die fruchtbare und reiche Region des Landes. Während etwa die englische Kolonialmacht versuchte, auf das ganze Land einzuwirken, beschränkte man sich hier ganz bewusst auf die Kapitalregion. Die großen Gebiete der Sahelzone oder gar der von den Tuareg bewohnte Norden des Landes waren im kolonialen Verständnis der Franzosen uninteressant.

Eine Stunde den Niger abwärts auf der Route Nationale 27 fahren wir zum zweiten Einsatzort der Bundeswehr in Mali. Frappierend ist, wie die Entwicklung der Infrastruktur in dieser Region voranschreitet. Waren es vor wenigen Jahren noch Schotterwege, auf denen man mühsam die 60 Kilometer nach Koulikoro zurücklegte, so ist es heute eine Art Autobahn, von der manche Regionen in Europa nur träumen können. Das Geheimnis: Auch hier investiert China massiv in den afrikanischen Kontinent. Da Mali reich ist an Boden-schätzen, werden schnelle und zuverlässige Transportwege gebraucht.

Die Trainingsmission EUTM Mali
In Koulikoro angekommen, ist der Weg zur Kaserne schnell gefunden. Sie liegt an einer belebten Hauptstraße am Niger. Wieder ein Kontrast, der mich staunen lässt: dort, in Gao, das Ufo, das Wüstenschiff Camp Castor, das die Bundeswehr beherbergt; hier eine ganz traditionelle Kaserne, fast so, wie man sie aus Teilen Europas, etwa von Zypern, kennt. Mit Wa-che, Mauer und Zaun, Exerzierplatz und allem, was eben zu einer Kaserne dazugehört.

Genau das ist ja auch der Sinn dieser europäischen Mis-sion, EUTM Mali. Kurz gefasst soll hier besagte »Hilfe zur Selbsthilfe« geleistet werden. Denn natürlich ist allen han-delnden Akteuren klar, dass die große MINUSMA-Mission der Vereinten Nationen, die für die Bundeswehr vor allem in und um Gao stattfindet, alles andere als optimal, dauerhaft und nachhaltig ist. Sie kann bestenfalls den Raum für weitere politische Entwicklungen freihalten und Kriminalität ein-dämmen, sollte aber so bald wie möglich überflüssig werden.

Deshalb stellt sich in Mali eine Aufgabe, die eine ganze Reihe von afrikanischen Staaten betrifft. Man spricht von *Failing States* oder *Fragile States* und meint damit Staaten, die schwach oder instabil sind und es bisher nicht geschafft ha-ben, eigene, starke Institutionen aufzubauen, wie sie für uns in Deutschland oder in weiten Teilen Europas – bei aller Feh-lerhaftigkeit und Lernbedürftigkeit – selbstverständlich sind. Das fängt an bei korruptionsfreien Gerichten und Behörden, geht über funktionierende Katasterämter und Banken – die meisten Menschen hier haben gar kein Konto – und endet noch lange nicht bei einer geordneten, durch Polizei- und Streitkräfte gewährleisteten inneren Sicherheit.

An diesem Punkt setzt EUTM Mali an. Es ist eine sinnvolle Entscheidung, dass sowohl die Europäische Union im Allgemeinen wie auch die Bundesregierung im Besonderen Mali und die Sahelzone nun zur Schwerpunktregion erkoren haben. Und so geht es darum, im schon erwähnten *Comprehensive Approach*, im vernetzten Ansatz, diesen Ländern zu einer besseren und eigenständigeren Entwicklung zu verhelfen.

Nimmt man, wie ich es getan habe, den Einsatz vor Ort konkret in Augenschein, merkt man, was für eine gewaltige Aufgabe das eigentlich ist und wie gering die Mittel dafür sind. Denn welchen Einsatz bräuchte es wirklich, um ein Land, das fast viermal so groß ist wie die Bundesrepublik, mit – nach unseren Maßstäben – funktionierenden Sicherheitskräften auszustatten, die in der Lage sind, das Gewaltmonopol des Staates auch in den Tiefen der Sahelzone durchzusetzen.

Es ist eine Goliath-Aufgabe, die mit David-Mitteln bewerkstelligt werden soll. Und das spüren natürlich auch die deutschen Soldatinnen und Soldaten, die hier besten Wissens und Gewissens ihren Dienst tun. Nehmen wir beispielsweise den Sanitätsdienst: Da die Soldaten auch in Gefechte verwickelt werden können, muss eine schnellstmögliche und kompetente Behandlung garantiert sein. Aber was alles braucht es, um ein wirksames Sanitätswesen vorhalten zu können? Kompetente Ärzte und Rettungssanitäter, ein nah gelegenes Lazarett, Ambulanzfahrzeuge mit der entsprechenden Ausstattung, ein Lager mit Medikamenten und Verbandsmaterial. Ich erinnere mich noch gut an ein Gespräch mit einer deutschen Apothekerin, die mir erklärte, wie schwer es ist, die malischen Kräfte nur in dem scheinbar winzigen Bereich der »Lagerhaltung« zu schulen. Wenn Verbandsmaterialien und Medikamente nicht sachgemäß und leicht zugänglich aufbewahrt werden, funktioniert die ganze Versorgungskette nicht.

Es ist eine gigantische Aufgabe, die von hundertfünfzig

deutschen Kräften, die zusätzlich oft noch Hintergrunddienst verrichten, kaum zu schaffen ist. Und genau das macht Lust und Frust der Mission aus – ganz ähnlich wie in anderen Bereichen der Entwicklungszusammenarbeit: Mal verzweifelt man, mal hat man Erfolgserlebnisse und ist wieder ein Stückchen weitergekommen.

Besonders belastend ist es, mitzuerleben, dass Mali eine völlig andere Kultur des Unterrichtens und gänzlich andere Vorstellungen der »Untergebenenrolle« hat. In Teilen Westafrikas sind körperliche Züchtigungen beim Unterrichten in Schulen noch gang und gäbe. Einem aufgeklärten deutschen Soldaten tut es natürlich weh, zuschauen zu müssen, wenn malische Vorgesetzte das Nachwuchspersonal mit Schlägen disziplinieren und ihre Machtstellung in einer Weise wahrnehmen, die den im Westen etablierten Maßstäben von Humanität widerspricht.

So zeigt sich auch dieser Einsatz in der Praxis vor Ort alles andere als leicht. Zwar gibt es keine unmittelbare Gefährdungslage, aber die Umstände in der Kaserne, die Enge der Unterbringung und die schier übergroße Aufgabe sind für die Soldatinnen und Soldaten zuweilen frustrierend.

Probleme der Entwicklungszusammenarbeit
Natürlich läuft bei den Einsätzen der Bundeswehr in Mali, gegen die nach meinem Empfinden aus ethischer Perspektive nichts einzuwenden ist, in der Praxis einiges schief. Die Kritikpunkte sind vielfach dieselben, die auch für die Entwicklungszusammenarbeit gelten. Das beginnt schon beim Geld, das aufgrund der fehlenden institutionellen Organisation oft nicht an der richtigen Stelle ankommt, irgendwo versackt oder unrechtmäßig abgezwackt wird. Die malische Bevölkerung schätzt daher besonders jene zivilen Hilfsprojekte der Entwicklungszusammenarbeit, die von Anfang bis Ende in einer Hand sind: Eine bestimmte Organisation gibt Geld und

Know-how für ein bestimmtes Projekt an einem bestimmten Ort. Wegweisend und preisgekrönt sind derzeit etwa die Projekte des christlichen Friedensdienstes Eirene.

Welcher organisatorische und logistische Aufwand hinter einer funktionierenden Institution steht, merkt man erst, wenn man eine solche Institution etablieren will. Die deutschen Soldatinnen und Soldaten, die in Koulikoro die malischen Streitkräfte mit aufbauen, machen diese Erfahrung unter extremen Bedingungen, erkennen dabei, dass sie nur in begrenztem Umfang helfen können, und lernen wohl auch so etwas wie Demut. Es geht nur sehr langsam voran, in kleinsten Schritten, mit viel Geduld. Und vor allem nicht ohne die Fähigkeit und Bereitschaft, von der eigenen Perspektive und den eigenen Maßstäben ein Stück weit abzurücken.

Ein Land wie Mali, in dem mehrmals im Jahr geerntet wird, kennt keine Vorratshaltung. Nun kommen die Bundeswehrsoldaten mit ihren ausgeklügelten, hoch technischen Lagerungs- und Logistiksystemen und wollen in der Sahelzone eine perfekt sortierte Apotheke nach deutschem Muster einrichten. Das kann kaum funktionieren und geht mitunter auch an den lokalen Bedürfnissen vorbei. Was in Mali am meisten gebraucht wird, ist schlicht und einfach Verbandsmaterial, erzählten mir Ärzte und Sanitäter in Koulikoro.

Solche Verständnisprobleme betreffen, wie gesagt, nicht nur die Bundeswehr, sondern die Entwicklungszusammenarbeit insgesamt. Als ich Mali besuchte, lieferte eine große, renommierte Entwicklungsagentur zehn nagelneue Rettungswagen für die malischen Sicherheitskräfte: hypermoderne Fahrzeuge, ausgestattet mit Defibrillatoren und anderen medizintechnischen Apparaturen für jede noch so unwahrscheinliche Eventualität – *German Engineering* eben. Und dann stehen diese Hightech-Wunderwerke da, und weder gibt es jemanden, der sie adäquat bedienen, geschweige denn warten kann, noch sind sie für die Wüsten- und Halbwüstengebiete der Sahara und der Sahelzone wirklich geeignet. Bestenfalls werden sie, solange sie intakt sind, noch irgendwie gefahren, aber spätestens wenn Reparaturen anstehen, bleiben sie einfach zurück und verrotten vor sich hin. In solchen Fällen ist das *Ownership*-Prinzip offensichtlich noch nicht umgesetzt, Entwicklungs*zusammen*arbeit sieht anders aus. Das gilt auch für Militärgerät: Es hilft, wenn es technisch ausgereift und mit einfachen Mitteln instand zu halten ist. Ich glaube, wir befinden uns in einem langen Prozess des Voneinander-Lernens.

Gefahr der »Afghanistanisierung«

Die Frage nach der Nachhaltigkeit des Einsatzes in Mali, die den Militärseelsorgern vor Ort immer wieder von Soldatinnen und Soldaten gestellt wird, habe auch ich bei meinem Besuch im Camp Castor in Gao gehört. Und das, obwohl – anders als beim umstrittenen Afghanistan-Einsatz – die Sinnhaftigkeit der MINUSMA-Mission mit ihrem *Peacekeeping*-Auftrag unmittelbar einleuchtet.

Immer wieder ist die Teilnahme der Bundeswehr, die der deutsche Bundestag 2013 erstmalig gebilligt hatte, verlängert und ausgeweitet worden. MINUSMA ist ein sogenannter robuster Einsatz, also gewichtig und gefährlich. Die UN-Charta erlaubt in Artikel 42 den Einsatz von Waffengewalt zur Umsetzung des Auftrags, wenn die Maßnahmen des *Peacekeeping* versagen. Damit ist MINUSMA die zurzeit gefährlichste Mission der Vereinten Nationen und der zweitgrößte Auslandseinsatz der Bundeswehr. Auch wenn die Soldaten als Blauhelme unterwegs sind und über kein Kampfmandat verfügen, kommt es bei den Patrouillen in der Wüste immer wieder zu Schusswechseln mit Islamisten oder Kriminellen; Menschen werden verletzt und kommen ums Leben.

Der Einsatz mutet den Soldaten Erhebliches zu. Wie in Afghanistan sind sie in ihrem Lager in Gao von der Außenwelt hermetisch abgeschlossen. Wegen der riskanten Sicherheitslage tun sie ihren Dienst außerhalb des Camps nur in voller, bis zu vierzig Kilogramm schwerer Montur. Bei 50 Grad, ohne Schatten. Ein ehemaliger Militärpfarrer, der 2016 für drei Monate in Gao war, erzählte mir, welche Strapazen allein das Klima den Soldaten auf Dauer abverlangt. Da die Kapazitäten der Bundeswehr nicht auf die Vielzahl der Auslandseinsätze zugeschnitten sind, herrschte noch 2016 – mittlerweile wurde etwas aufgestockt – akuter Personalmangel. So mussten die Soldaten bei der erbarmungslosen Hitze statt acht zwölf Stunden Dienst tun. Das führte dazu, dass regelmäßig jemand bei den Sanitätern am Tropf hing, weil er dehydriert war.

Was die Soldatinnen und Soldaten aber vor allem an der Nachhaltigkeit ihres Tuns zweifeln lässt, sind die kontraproduktiven Effekte des Einsatzes. Ein Militäreinsatz läuft – wofür Afghanistan das beste Beispiel liefert – leicht Gefahr, sich zu verstetigen oder sich gar zu einem Geschäftsmodell internationaler Hilfsorganisationen zu entwickeln. Die Journalistin Linda Polman hat das in ihrem Buch *Die Mitleidsindustrie* in ebenso informativer wie desillusionierender Weise beschrieben.

So kann niemand dafür garantieren, dass die von der EU in Koulikoro ausgebildeten malischen Sicherheitskräfte nicht eines Tages von den Islamisten abgeworben werden und dann gegen die Blauhelme kämpfen. Es ist wie in Europa im Dreißigjährigen Krieg: Wer ist der beste Wirt, der am meisten zahlt? Und wer weg ist, ist weg, irgendwo in der Sahara oder Sahelzone, und ward nicht mehr gesehen. Denn es gibt in Mali keinen Personalausweis oder Ähnliches, mit dem die Menschen zu identifizieren wären.

Wegen solcher Effekte wird mittlerweile zuweilen von einer »Afghanistanisierung« des Konflikts in Mali gesprochen. Seit die Vereinten Nationen und die EU die malischen Streitkräfte mit besserer Ausrüstung versorgen, haben auch die islamistischen Rebellen und die organisierte Kriminalität nachgezogen und aufgerüstet. Vor dem internationalen Militäreinsatz bekämpften sich die lokalen Soldaten und die Aufständischen mit einfachen Gewehren. Nun verfügt die malische Armee über modernere Waffen, und Überwachungsdrohnen stehen über der Wüste. Das hat den Waffenschmuggel angeheizt, und die Terroristen und Kriminellen haben ihre Strategie geändert. Inzwischen schießen sie aus dem Verborgenen Mörsergranaten ab. Während ich diese Zeilen im Januar 2019 schreibe, sterben bei einem sogenannten »komplexen Angriff« zehn UN-Soldaten aus dem Tschad, viele sind verletzt worden.

Der Einsatz in Mali ist mit der Zeit immer gefährlicher geworden. Die Anschläge im Land sind allzeit präsent. Nicht nur Soldaten, auch zahlreiche Zivilisten kommen ums Leben. Im November 2017 konnte ich die Zuspitzung der Lage deutlich spüren. Als ich mich im Bundeswehrcamp in Gao aufhielt, war gerade eine Patrouille von etwa hundert Soldaten draußen in der Wüste. Der Kommandant war sehr konzentriert und angespannt, weil er nicht sicher sein konnte, dass alle heil zurückkommen.

Die Zweifel der Soldatinnen und Soldaten, die in Mali ihr Leben riskieren, sind berechtigt. Jeder, der die Entwicklung in Mali sieht, muss ins Grübeln geraten. Was aber wäre die Alternative? Hier wie anderswo gilt der Grundsatz, dass solche Einsätze permanent beobachtet und ausgewertet werden müssen.

Engagement auf Widerruf

Als Verteidigungsministerin Ursula von der Leyen im November 2018 nach Bamako reiste, äußerte sie ihren Unmut über die fehlenden Erfolge des äußerst personal- und finanzaufwendigen und für die Soldaten immer gefährlicheren internationalen Mali-Einsatzes. Sie stellte die Verlängerung des

Mandats für die UN-Mission infrage, über die der Bundestag Ende Mai 2019 neu entscheidet. Es war eine unmissverständliche Drohung an die Adresse des malischen Ministerpräsidenten Soumeylou Boubèye Maïga, der seit Dezember 2017 im Amt ist. Der Regierung in Bamako werden Passivität und Ineffizienz sowohl im Staats- und Armeeaufbau als auch bei den Friedensverhandlungen mit den Tuareg im Norden vorgeworfen. Schon 2015 unterzeichneten beide Seiten einen Friedensvertrag, in dem die Tuareg die Regierung anerkannten und diese im Gegenzug dem Hirtenvolk mehr Rechte zusprach. Umgesetzt ist dieser Vertrag allerdings noch nicht. Solange sich aber die Bewohner der riesigen Wüste an keinen Staat gebunden fühlen, weil sie von der Zentralregierung nicht ins Boot geholt und berücksichtigt werden, so lange werden sie auch ihre Kooperation mit den Islamisten nicht aufgeben, die mit Frieden und Rechtsstaatlichkeit nichts im Sinn haben.

Der Fall Mali zeigt wieder einmal, dass das Militär, selbst wenn es als *Peacekeeper* unterwegs ist, mitnichten dazu taugt, Frieden und Gerechtigkeit herzustellen. Es kann allenfalls die Voraussetzungen dafür schaffen, dass verfeindete Parteien sich bemühen, miteinander ins Gespräch zu kommen und sich zu einigen. Dass dies geschieht, darauf muss die internationale Gemeinschaft stetig dringen. Es ist das Allerwichtigste. Sonst sind militärische Maßnahmen bestenfalls zwecklos, schlimmstenfalls befördern sie eine Eskalation ohne Exit-Option, siehe Afghanistan.

Es ist gut, wenn die Auslandseinsätze, an denen die Bundeswehr beteiligt ist, immer wieder – wie von der Bundesverteidigungsministerin in Mali – kritisch hinterfragt werden. Auch von den Soldatinnen und Soldaten, die die Konsequenzen ihres Einsatzes am direktesten erfahren. Und es ist gut, wenn zu jeder Zeit die Möglichkeit bestehen bleibt, die Strategie des Einsatzes zu korrigieren und ihn gegebenenfalls zu beenden – so unwahrscheinlich es in diesem Fall auch ist, dass sich die Bundeswehr, wie von Ursula von der Leyen angedroht, einseitig aus der UN-Mission in Mali zurückziehen könnte, nachdem Deutschland endlich einen nicht ständigen Sitz im Sicherheitsrat erhalten hat.

Für die Zukunft der Welt
Im Feldlager der Bundeswehr in Gao hielt ich an einem Abend eine Predigt vor Soldatinnen und Soldaten. Ich beschrieb das Leben im Zelt am Rand der Wüste als Sinnbild des unsteten Daseins auf Erden. Das biblische Gottesvolk sei sich seiner Vergänglichkeit und Vorläufigkeit immer bewusst gewesen und habe dieses Bewusstsein tragen können im Blick auf die verheißene Zukunft Gottes. Wenn auch alles menschliche Wirken vorläufig und vergänglich sei, so sei es doch keineswegs gleichgültig, ob Menschen sich einsetzen für eine friedlichere, gerechtere Welt.

»Wer hier Unrecht einfach zulässt, übt Verrat an der Zukunft der Welt, die Jesus Christus selbst ist«, so sprach ich, wohl wissend, dass es für jeden einzelnen der vor mir sitzenden Menschen, die in diesem in jeder Hinsicht extremen Land ihren risiko- und entbehrungsreichen militärischen Dienst taten, nicht leicht zu erkennen war, ob ihr auf Frieden zielendes Handeln auch tatsächlich Frieden und Stabilität beförderte.

Viele bedingungslose Pazifisten sehen sich durch die Entwicklung in Mali in ihrer generellen Ablehnung von Auslandseinsätzen bestätigt. Zuweilen werden diese allesamt zu invasiven, einseitig Großmachtinteressen dienenden Kampfeinsätzen zusammengefasst und in ihrer tatsächlichen Ausrichtung und Zielsetzung – bewusst oder auch nicht – missverstanden.

Ich halte die Forderung, die Bundeswehr dürfe im Ausland keine militärische Unterstützung leisten, auch im Fall von Mali für verantwortungsarm. Man kann an der Praxis der Entwicklungszusammenarbeit viel kritisieren, wird aber wohl kaum ernsthaft fordern, sie prinzipiell zu unterlassen. Ebenso steht für mich der Sinn von MINUSMA und EUTM nicht infrage, wenngleich an einigen Stellschrauben gedreht werden muss. Ich meine, dass es in der Schutzverantwortung der internationalen Staatengemeinschaft liegt, Mali im Friedensprozess und beim Staatsaufbau zu unterstützen – im Dienste sowohl des westafrikanischen Landes als auch der Region und der ganzen Welt.

Europäische Schleuserbekämpfung

Globalisierungseffekt Flucht

Während der sogenannten Flüchtlingskrise 2015, als mit einem Mal Hunderttausende Menschen ihre Heimat – vor allem das Bürgerkriegsland Syrien – verließen und die gefahrenvolle Flucht nach Europa wählten, sagte der damalige Finanzminister Wolfgang Schäuble: »Das ist unsere Begegnung mit der Globalisierung.« Er hatte recht.

2015 war die Zäsur, die die Europäer spüren ließ, dass die weltweite Verflüssigung von Grenzen auch vor ihrem lebensweltlichen Nahbereich nicht haltmachte. Zwar gab es innerhalb Europas schon länger keine Grenzen mehr. Die Europäer waren zu *Global Hoppers* und *Global Players* mit mehr oder weniger großem Interesse am Fremden und Exotischen geworden, und den globalen, grenzenlosen Strom von Waren, Kapital und Informationen hießen sie meist auch sehr willkommen. Aber dass Menschen mit einer anderen ethnischen, kulturellen und religiösen Prägung, die in ihrer Heimat Krieg oder auch »nur« Armut und Zukunftslosigkeit erlebten, nun nicht mehr vorrangig in ihre Nachbarländer flohen, sondern sich auf den weiten Weg in das wohlhabende, rechtsstaatliche Europa machten, von dem sie über das *World Wide Web* Kenntnis hatten, um dort Zuflucht und vielleicht auch eine neue, sicherere Heimat zu finden – diese Folge der Globalisierung wollten viele Europäer nicht akzeptieren und forderten die Schließung der Grenzen und Abschottung gegenüber den Flüchtlingen und Migranten.

Seither sind in Europa viele bislang für unverbrüchlich gehaltene zivilisatorische Errungenschaften ins Wanken geraten. Nationalismus und Rechtspopulismus haben sich ausgebreitet, das europäische Projekt droht zu scheitern. Mich betrübt sehr, dass Länder wie Ungarn oder Polen, die der EU viel verdanken, europäische Werte mit Füßen treten, indem sie so gut wie keine Flüchtlinge aufnehmen und ein gesamteuropäisches Vorgehen verweigern. Beschämend und erschütternd finde ich, welche Fremdenfeindlichkeit und welcher Nationalismus angesichts der geflüchteten Menschen gerade in Deutschland mit seiner NS-Geschichte losbrachen. Vom Florieren einer explizit nationalistischen, ausländerfeindlichen und geschichtsvergessenen Partei ganz zu schweigen.

Die Entscheidung von Angela Merkel, im August 2015 die in Ungarn festsitzenden Flüchtlinge nach Deutschland weiterreisen zu lassen, wurde von vielen als verhängnisvoller Fehler und eigenmächtiger Rechtsbruch gebrandmarkt. Die deutsche Kanzlerin zog regelrechten Hass auf sich. Ich teile jedoch ihre Einschätzung, dass ihr Handeln damals als humanitäre Notwendigkeit kaum Alternativen hatte. Für mich als Christ und Kirchenmann ist es keine Frage, dass diesen vom Krieg traumatisierten Menschen geholfen werden musste.

Ob es unter einem derartigen Handlungsdruck möglich gewesen wäre, diese Entscheidung mit den europäischen Partnern abzusprechen, vermag ich nicht zu beurteilen. Ebenso wenig wie die Frage, ob, wäre es möglich gewesen, Angela Merkel es nicht tat, weil sie davon ausging, dass die anderen

EU-Länder ihre Auffassung auf der Grundlage der gemeinsamen europäischen Werte ohnehin teilten, oder weil sie sich dessen gerade nicht sicher war und die Weigerung einiger Staaten fürchtete. Gewiss war ihr Vorgehen fragwürdig und keine gute multilaterale Praxis. Der eigentliche, große Fehler aber wurde meines Erachtens zuvor begangen, und zwar auf internationaler Ebene. Die Globalisierungseffekte und die vielen Krisenherde in Afrika und im Mittleren und Nahen Osten hatten schon lange vor 2015 zu einer deutlichen Zunahme der Flucht- und Migrationsbewegungen Richtung Europa geführt. Statt sich aber um eine gesamteuropäische Regelung zu bemühen – von einer globalen Lösung ganz zu schweigen –, zog sich die Mehrheit der EU-Länder auf das Dublin-Abkommen zurück, das verlangt, dass Flüchtlinge dort einen Asylantrag stellen, wo sie erstmals europäischen Boden betreten.

Dieses Abkommen ist eine schon seit vielen, vielen Jahren inadäquate Vereinbarung, die die ganze Migrationslast den Ländern am Mittelmeer aufbürdet, wo der Großteil der Flüchtlinge Europa erreicht. Die EU-Länder, die davon profitierten, duckten sich in einer unsolidarischen und unverantwortlichen Weise, die unvereinbar ist mit den europäischen Werten, vor der Problematik weg. Dabei gingen schon lange Bilder von im Mittelmeer ertrinkenden Flüchtlingen um die Welt. Bereits im Sommer 2013 hatte Papst Franziskus Flüchtlinge auf der italienischen Insel Lampedusa besucht und die Gleichgültigkeit Europas gegenüber dem Elend dieser Menschen gegeißelt.

Erst als Griechenland und Italien die Flüchtlingsaufnahme nicht mehr leisten konnten und die Menschen in andere europäische Länder weiterziehen ließen, wurde reagiert – mit Panik und Schotten dicht. Mustergültig wurden sämtliche kollektiven xenophoben Bedrohungs-, Überflutungs- und Verlustängste aktiviert. Und Europa, das zuvor so stolz war auf seine Offenheit, seine grund- und menschenrechtsbasierte Liberalität und seine Diversität, entdeckte wieder die Vorzüge des Festungsbaus.

Aber es gab ja auch ein ganz anderes Verhalten. Das immense ehrenamtliche Engagement, die vorurteilslose Hilfs- und Aufnahmebereitschaft, die viele Menschen in Deutschland und anderen Ländern zeigten und bis heute zeigen, berührt mich sehr und stimmt mich bei aller Besorgnis auch zuversichtlich, dass eine weitere Rücknahme von rechtsstaatlichen und menschenrechtlichen Standards nicht ohne Widerstand geschehen würde.

Das Chaos und den Kontrollverlust des Staates, die in Deutschland 2015 teilweise hysterisch beklagt wurden, habe ich kaum empfunden, und der Befund scheint mir auch eine medial potenzierte Übertreibung zu sein. Wer wie ich regelmäßig im Libanon oder in Jordanien unterwegs ist und weiß, dass jeder dieser armen Staaten viel mehr Flüchtlinge versorgt als ganz Europa zusammen, dem wird das Große groß und das Kleine klein.

Dennoch ist klar, dass die fast eine Million Menschen, die 2015 nach Deutschland kamen – und hier auch größtenteils blieben, weil sich einige Länder partout weigerten, Flüchtlinge aufzunehmen –, ordnungs-, sicherheits- und integrationspolitisch eine große Herausforderung darstellten. Auch steht fest, dass sich eine Situation wie 2015 nicht wiederholen darf.

Ja, 2015 war »unsere Begegnung mit der Globalisierung«. Seitdem können die reichen Industrienationen der Nordhalbkugel nicht mehr verdrängen, dass es in ihre Richtung eine gewaltige Flucht- und Migrationsbewegung aus den armen, von Krieg und wirtschaftlichem Elend versehrten Regionen der Welt gibt. Sie ist nicht aufzuhalten, das müsste inzwischen ebenso klar geworden sein, nicht mit einer »Unwillkommenskultur«, nicht mit Mauern, nicht mit noch so vielen Ertrunkenen im Mittelmeer.

Wir brauchen durchlässige Grenzen

Aus meinem Selbstverständnis als Christ heraus möchte ich nur zu gerne offene Grenzen fordern. Wer Hilfe benötigt, soll Hilfe erfahren, und wer sich aus Not und Elend gezwungen sieht, sein Land zu verlassen, soll Aufnahme finden. Denn mit etwas Vorstellungsvermögen und Bereitschaft zum Perspektivwechsel wird man begreifen, dass kaum jemand leichtfertig seine Heimat verlässt. Niemand tritt eine lebensgefährliche Reise ins Ungewisse an, solange er nicht existenzielle Gründe dafür hat – selbst wenn die Kanzlerin auf Selfies mit Geflüchteten noch so gastfreundlich lächelt. Von »Asyltourismus« zu sprechen, wie es der bayerische Ministerpräsident Markus Söder tat, Protestant und Mitglied einer christlich-sozialen Partei, finde ich geradezu zynisch. Es ist eine – leider keineswegs singuläre und keineswegs nur sprachliche – Entgleisung, die zeigt, dass der Grundkonsens von Mitmenschlichkeit und Empathie in der Gesellschaft bereits zu schwinden begonnen hat.

»Kommt her zu mir, alle, die ihr mühselig und beladen seid; ich will euch erquicken«, das ist wohl einer der Sätze Jesu, die ich in meinem protestantischen Leben als Erstes und am häufigsten gehört habe. Genauso wie jener: »Ich war ein Fremdling und ihr habt mich beherbergt.« (Matthäus 25)

Man merkt im Leben natürlich schnell, dass man nicht allen beziehungsweise nur den allerwenigsten helfen kann und dass man sich mit der Existenzweise, die man im privilegierten Europa pflegt, in einem einzigen moralischen Dilemma befindet, das auf Dauer Gerechtigkeitssinn und Mitleidsfähigkeit abzuschleifen droht. Ich glaube aber tatsächlich, dass es zwischen der nördlichen und südlichen Hemisphäre eine Durchlässigkeit geben muss, damit sich das gigantische Wohlstands- und Gerechtigkeitsgefälle ein Stück weit ausgleicht. Nur dann, so bin ich überzeugt, kann die Menschheit eine Zukunft haben.

Große Flucht- und Migrationsbewegungen hat es in der Menschheitsgeschichte immer wieder gegeben. Sie bedeuten – das darf man nicht schönreden – massive gesellschaftliche Umwälzungen und Erschütterungen, begleitet oft von Krieg und Gewalt. Aber Flüchtlinge und »Wanderer« bereichern Gesellschaften auch. Ich bin nicht so naiv, offene Grenzen zu fordern, auch wenn ich es gern täte. Durchlässige Grenzen aber, durch die Asylsuchende und Migranten nach Deutschland kommen können, fordere ich sehr wohl.

Das kann nur kontrolliert und geordnet geschehen, damit die rechtsstaatliche Sicherheit und der gesellschaftliche Frieden nicht in Gefahr geraten. Alles andere wäre verantwortungslos. Zu einer geregelten, realistischen Asyl- und Migrationspolitik gehört zunächst einmal das schon seit Jahrzehnten überfällige klare politische Eingeständnis, dass Deutschland ein Einwanderungsland ist. Und dann braucht es endlich ein richtiges Einwanderungsgesetz. Dass die Politik ein solches Gesetz trotz des offensichtlichen Handlungsbedarfs über all die Jahre nicht hinbekommen hat und stattdessen immer wieder mit Vehemenz gefordert wird, das grundgesetzlich verankerte Recht auf Asyl einzuschränken, ist ein Armutszeugnis.

Kritiker einer Abschottungspolitik gegenüber Flüchtlingen und Migranten schreiben nicht zuletzt die verstärkte Sicherung der europäischen Außengrenzen, zu der sich die EU als Konsequenz aus der Flüchtlingskrise entschlossen hat, dem Willen der europäischen Länder zu, sich hinter dicken Festungsmauern zu verschanzen. Auch ich verspüre, muss ich zugeben, einen Reflex des Unbehagens, wenn ich an Frontex denke, die Europäische Agentur für Grenz- und Küstenwache. Sie ist aber eine Einrichtung europäischen öffentlichen Rechts, der die Verantwortung übertragen wurde, die europäischen Außengrenzen zu sichern und so die Souveränität und das Gewaltmonopol der EU-Staaten zu garantieren. Ich bin durchaus der Auffassung, dass zum Schutz der staatlichen Ordnung die Sicherung, das heißt Kontrolle der Staatsgrenzen, notwendig ist. Dafür ist eigentlich die Polizei oder das Militär eines jeden Landes zuständig. Da aber im Schengenraum die nationalen Ländergrenzen mittlerweile aufgehoben sind, müssen die Außengrenzen Europas adäquat gesichert werden.

Es ist nicht zu übersehen, dass alle Grenzsicherung und noch so wehrhafte Mauern und Zäune nicht imstande sind, die Flucht- und Migrationsbewegungen aus den armen, von Krieg und Hunger geschundenen Teilen der Erde wirksam einzudämmen. Die eigentliche, vordringliche Aufgabe ist die Bekämpfung der Fluchtursachen in den betreffenden Ländern, damit gewaltsame Konflikte und wirtschaftliches Elend die Menschen gar nicht erst zwingen, ihre Heimat zu verlassen und sich auf den lebensgefährlichen Weg in eine bessere Zukunft zu machen, die sie womöglich niemals erreichen werden.

Ich hatte die Migrationspartnerschaften schon erwähnt, die die Europäische Union 2016 als Konsequenz aus der Flüchtlingskrise mit fünf afrikanischen Staaten, unter anderem Mali, genau mit der Absicht geschlossen hat, die Ursachen zu beheben, die so viele Menschen die dramatische Reise zunächst nach Libyen und dann über das Mittelmeer antreten lässt. Auch den Migrationspakt und den Flüchtlingspakt, die die Vereinten Nationen im Dezember 2018 mit großer Mehrheit verabschiedeten, halte ich für einen wichtigen Schritt – selbst wenn sie keine Rechtsverbindlichkeit besitzen.

Failed States nach kurzsichtigen Interventionen

Es entbehrt nicht einer gewissen Ironie – wenn es nicht so tragisch wäre –, dass zwei der dreizehn Auslandseinsätze, an denen die Bundeswehr beteiligt ist, Folgen von militärischen Interventionen internationaler Kräfte sind. Ein von den USA angeführtes Bündnis von wenigen NATO-Staaten hatte sich trotz eines unklaren beziehungsweise fehlenden UN-Mandats entschlossen, in Libyen und im Irak die beiden irregeleiteten, brutalen Diktatoren, denen allerschwerste Menschenrechtsverletzungen anzulasten waren, vom Thron zu bomben und ihr Unterdrückungsregime gleich mit. Als Ultima Ratio gerechtfertigte Tyrannenmorde, könnte man meinen.

Doch in der ethischen und moralischen Güterabwägung, gleichsam zwischen Pest und Cholera, stellt sich die Frage, ob der Zustand, der dadurch erzeugt wurde, nachhaltig besser ist als der vor der Intervention. Denn nur wenn sichergestellt ist, dass sich durch einen Militärschlag die Situation der Menschen dauerhaft verbessert, kann es überhaupt legitim sein, dass die internationale Staatengemeinschaft – von der in Bezug auf den Irak wie auf Libyen nicht die Rede sein konnte – die Souveränität eines Landes verletzt und militärisch interveniert.

»I am not convinced«, sagte der damalige Bundesaußenminister Joschka Fischer 2003 zu den Militärplänen seines amerikanischen Amtskollegen Donald Rumsfeld für den Irak. In Bezug auf Libyen warnte Kanzlerin Merkel acht Jahre später vor dem »äußerst ungewissen Ausgang« einer Intervention. Die Bundesrepublik verweigerte die Bündnistreue und lehnte es ab, an den Militärschlägen ihrer NATO-Partner teilzunehmen, sowohl 2003 im Irak als auch 2011 in Libyen. Sie tat recht daran.

Ich will noch einmal an das UN-Konzept der Schutzverantwortung und seine drei notwendigen und miteinander verzahnten Bestandteile erinnern: Vorbeugen (Prävention), Reagieren (Intervention bei schwersten Menschenrechtsverletzungen und Völkermord), Wiederaufbau des Landes und seiner staatlichen Strukturen.

In Libyen wie im Irak hat es sowohl an hinreichenden Maßnahmen der Prävention als auch an einem nachhaltigen Plan für den Wiederaufbau nach der Militäroperation gemangelt. Von der fehlenden Multilateralität bei der Entscheidung zur Intervention ganz zu schweigen.

Der bloße Sturz eines tyrannischen Potentaten, wie in diesen beiden Ländern geschehen, bringt für sich genommen noch gar nichts. Im Gegenteil, er hat gewaltiges Eskalationspotenzial. Denn wenn man sich nicht bewusst ist, dass die Diktatorenentmachtung ein Land zunächst einmal ins Chaos stürzt, in eine gleichsam anarchische Situation, ein Machtvakuum, wenn man sich nicht bewusst ist, dass der Wiederaufbau danach – will man ihn konstruktiv und nachhaltig gestalten – eine Generationenaufgabe ist, die Abermilliarden Dollar an internationaler Hilfe verschlingt, und wenn man dann nicht klar bejahen kann, diesen gewaltigen Herausforderungen gewachsen zu sein, sollte man besser sagen: im Zweifel nie.

Die Interventionen im Irak und in Libyen haben gezeigt, dass die Machtstrukturen und das fragile Kräftegleichgewicht, die ein Gaddafi oder ein Saddam Hussein despotisch installiert hatten, sich einem Westeuropäer oder Nordamerikaner, der diese Länder mit dem Maßstab einer parlamentarischen Demokratie nach englischem Vorbild betrachtet, nicht erschließen. Wie sagte ein hochrangiger General einmal zu mir: »Wir haben das Land nicht verstanden.« Die Bundesregierungen unter Schröder und Merkel waren also gut beraten, sich an diesen beiden Militärschlägen nicht zu beteiligen. Ihre Konsequenzen allerdings hat Deutschland wie überhaupt die ganze Welt mitzutragen – in Form von zerstörter Staatlichkeit, Flucht, Islamismus und Nationalismus.

Schleuserbekämpfung der Bundeswehr vor Libyen
Die Dynamik einer durch derartige Kurzschluss-Interventionen verursachten Herrschaftslosigkeit und staatlichen Fragilität ist immer die gleiche: In ein Machtvakuum dringen

unweigerlich Kräfte, die ihrerseits Macht und wirtschaftlichen Nutzen aus der neuen Situation ziehen – und zwar in Windeseile. Libyen ist dafür ein Paradebeispiel. Bis heute ist nicht klar, ob es überhaupt eine allseits akzeptierte Zentralregierung hat. Damit steht aber auch das Gewaltmonopol des Staates infrage. Krisengewinnler, Warlords und die organisierte Kriminalität nutzen das Machtvakuum für den üblichen Waffen- und Drogenschmuggel.

Da das Land über eine 1770 Kilometer lange Küste verfügt, von der aus die Flucht- und Migrationsroute aus Syrien, Afghanistan und Afrika über das Mittelmeer nach Europa verläuft, und da nach dem Sturz Gaddafis kein funktionierender Grenzschutz mehr vorhanden war, konnte sich darüber hinaus ein weiteres einträgliches Geschäftsmodell entwickeln. Anfangs waren es noch arme Fischer, die sich als Schlepper verdingten und die immer zahlreicheren Flüchtlinge auf ihren für diesen Zweck völlig untauglichen und hoffnungslos überladenen Fischerbooten Richtung Italien oder Griechenland zu bringen versuchten. Die Möglichkeiten, aus der Not der Menschen Profit zu schlagen, wurden schnell erkannt, und es entstand eine regelrechte Schleuserindustrie.

Das Mittelmeer vor allem an der Seegrenze von Libyen und Italien entwickelte sich zu einem Schauplatz furchtbarer Tragödien. Die Bilder davon wurden der Weltöffentlichkeit frei Haus geliefert, immer wieder, immer neu: verängstigte, erschöpfte Menschen auf überfüllten Kähnen, die auf hoher See treiben und jeden Moment zu kentern drohen, den Unbilden des Meeres und der Witterung hilflos ausgeliefert. Abertausende Menschen ertranken elendig – und viele tun es nach wie vor.

Die Küstenwachen der betreffenden Mittelmeerländer waren mit der Seenotrettung restlos überfordert. NGOs begannen sich zu engagieren. Es war klar, dass die europäische Staatengemeinschaft bei dieser humanitären Katastrophe nicht tatenlos zusehen konnte. So initiierte die EU 2015 den Militäreinsatz EUNAVFOR MED Sophia (EUropean NAVal FORce MEDiterranean), an dem Deutschland von Anfang an beteiligt war. Deklarierter Hauptauftrag des Einsatzes ist die Bekämpfung krimineller Schleusernetzwerke auf der zentralen Mittelmeerroute von Libyen nach Europa. Außerdem soll das europäische Militär die libysche Küstenwache und Marine ausbilden und das Waffenembargo gegen Libyen überwachen.

Die Schleuserbekämpfung ist gewissermaßen eine Symptombehandlung: Den kriminellen Schleppern soll das Handwerk gelegt werden, damit sie keine Menschen mehr auf die gefährliche Überfahrt nach Europa schicken können. Das müsste eigentlich in Libyen selbst geschehen, denn dort befinden sich die Schlepper und ihre Hintermänner. Da das Militär aber nicht einfach in Libyen eingreifen kann, weil das Land – wenn auch ein *Failed State* – ein souveränes Territorium ist, muss der Einsatz vor der libyschen Küste in internationalen Gewässern stattfinden. Doch auf hoher See kommt man natürlich nicht wirklich an die Schleuser heran, weil die kaum in den Booten sitzen. So bestand faktisch die Hauptaufgabe von EUNAVFOR MED in der Seenotrettung. Die Bundeswehr schickte mal einen Tender und mal eine Fregatte ins Mittelmeer. Sie patrouillierten in Sichtweite vor der libyschen Küste und retteten in Seenot geratene Flüchtlinge.

Das ist in der praktischen Ausführung nicht unproblematisch, denn die Marineschiffe sind keine Rettungs- oder Passagier-, sondern Kriegsschiffe, bestimmt für die Landes- und Bündnisverteidigung und nicht dafür ausgerüstet, Hunderte erschöpfte, unterkühlte Menschen an Bord zu nehmen und zu versorgen. Die Zahl der Menschen, die versuchten, auf dem Seeweg von Libyen nach Italien zu kommen, geht inzwischen in die Hunderttausende. Allein die deutschen Marineschiffe haben bis Mitte 2018 mehr als 22 000 Flüchtlinge gerettet und nach Italien gebracht, insgesamt wurden über 49 000 Menschen durch den europäischen Einsatz gerettet.

Faktische Hauptaufgabe der Bundeswehr: Seenotrettung

Zweimal habe ich bisher die Operation EUNAVFOR MED besucht, die nach einem an Bord der Fregatte *Schleswig-Holstein* geborenen somalischen Flüchtlingskind auch »Sophia« genannt wird. Das erste Mal erlebte ich den deutschen Einsatz auf dem Mittelmeer bereits im November 2015, also zum Höhepunkt der Flüchtlingskrise. Auf den Bundeswehrschiffen war sofort ersichtlich, dass nicht die Schleuserbekämpfung, sondern die Rettung der unzähligen verzweifelten Menschen aus dem Meer die eigentliche Aufgabe der Soldatinnen und Soldaten darstellte.

Sie waren von ihrem Einsatz sehr erschöpft und angestrengt, denn die Rettung auf hoher See ist eine kräftezehrende Herausforderung: die Bergung aus den instabilen Schlauchbooten, das Verbringen der zumeist völlig geschwächten Menschen auf das Schiff mit seiner haushohen Schiffswand, die medizinische Behandlung an Bord, die Ausstattung mit warmer Kleidung, die Versorgung mit Essen und Trinken. All das war eine komplexe Aufgabe für die Besatzung eines Schiffes, die mitunter nicht mehr als hundert Personen zählt – während teilweise bis zu vierhundert Flüchtlinge gerettet wurden.

Aber die Soldatinnen und Soldaten waren stolz und dankbar, dass sie Menschenleben retten konnten. Das erzählten sie mir, und man merkte es ihnen auch an, wenn sie nach sechsunddreißig Stunden Nonstop-Einsatz todmüde, aber erfüllt endlich wieder in den Hafen einliefen und die Flüchtlinge den italienischen Behörden übergaben, die sie dann registrierten und in die aufnahmewilligen EU-Länder verteilten.

Als ich wenige Monate später EUNAVFOR MED Sophia ein zweites Mal besuchte, hatte sich die Stimmung unter den

Soldatinnen und Soldaten bereits sehr verändert. Zwar freuten sie sich nach wie vor über jedes gerettete Menschenleben, doch wurde ihr Einsatz in Deutschland inzwischen anders bewertet. Hatten sie anfangs in ihren Familien, Freundeskreisen und generell in der öffentlichen Wahrnehmung viel Anerkennung für ihr mutiges Agieren im Mittelmeer erhalten, überwogen dort nun Skepsis und Zweifel. Die Soldatinnen und Soldaten spürten, dass die deutsche Gesellschaft – bei aller von vielen Bürgern weiterhin praktizierten Hilfe und Nächstenliebe – Flüchtlingen mittlerweile häufig mit Abwehr und sogar Hass begegnete. Und an die Bundeswehr erging der Vorwurf, sie sei mit ihrer Seenotrettung für die Flüchtlingsströme nach Deutschland mitverantwortlich.

Hinzu kam, dass die kriminellen Schleuserorganisationen inzwischen kalt kalkulierend die Seenotrettung, die das Militär und viele zivile Hilfsorganisationen vor der libyschen Küste leisteten, mehr und mehr in ihr Geschäftsmodell einpreisten. Man schaffte billige Schlauchboote aus China an, stattete sie mit einem kleinen Außenbordmotor aus, der gerade mal mit so viel Sprit betankt war, dass die Flüchtlinge – wenn alles gut ging – knapp die internationalen Gewässer erreichten und gerettet werden konnten. Es entwickelte sich eine geradezu aberwitzige Rettungskette, die zu der halb ironischen Bemerkung führte, man solle doch lieber gleich Fähren einsetzen statt der ohnehin für die Seenotrettung untauglichen Marineschiffe.

Ich empfand es als wichtiges Zeichen, dass im August 2016 der kurz zuvor gewählte Ratsvorsitzende der Evangelischen Kirche in Deutschland, Landesbischof Heinrich Bedford-Strohm, zu uns nach Cagliari auf Sardinien kam, um ein Flüchtlingsheim zu besuchen und den Soldatinnen und Soldaten für ihr großes Engagement bei der Seenotrettung zu danken. Auf Deck des Bundeswehr-Tenders *Werra* hielt er eine Predigt und sagte:

»Ich möchte den deutschen Soldaten danken, die über siebzehntausend Menschen vor dem Ertrinken bewahrt haben. Gemeinsam mit anderen zivilen und militärischen Akteuren aus ganz Europa leistet die deutsche Marine in der Region einen wichtigen Beitrag zur Seenotrettung. (…) Allein 2016 sind bislang mehr als dreitausend Menschen auf dem Weg über das Mittelmeer nach Europa ertrunken. Als Kirchen haben wir die EU-Staaten immer wieder dazu aufgerufen, das Sterben im Mittelmeer zu beenden. Menschen in Seenot zu retten ist eine rechtliche und ethische Pflicht. Ganz gleich, in welchem Auftrag zivile oder militärische Schiffe unterwegs sind.«

»Oder soll man es lassen?«
Heftige Diskussionen in der deutschen Öffentlichkeit löste im Juli 2018 die Journalistin Mariam Lau aus, die in einem Debattenbeitrag der *Zeit* unter dem Titel »Oder soll man es lassen?« den privaten Helfern im Mittelmeer vorwarf, sie würden mit ihrer Seenotrettung dem Geschäftsmodell der Schlepper in die Hände spielen und das Problem verschärfen. Die Zeitung und die Autorin konnten im Anschluss noch so sehr beteuern, der Artikel habe nicht die Notwendigkeit der Seenotrettung infrage stellen wollen, verstanden wurde er vielfach als Plädoyer dafür, die Menschen im Mittelmeer ertrinken zu lassen, um den Schleusern ihre Geschäftsgrundlage zu entziehen.

Diese Position löste natürlich große Empörung aus – instinktiv, aus moralischem Empfinden heraus und weil es nach internationalem Seerecht ganz klar eine Pflicht zur Seenotrettung gibt. Aber sie fand auch viel Zustimmung. So weit war die zivilisierte Welt in ihrer Ablehnung der Flüchtlinge inzwischen schon gekommen.

In der Öffentlichkeit wurde ernsthaft erörtert – »Das wird man doch wohl mal sagen dürfen« –, ob es nicht geboten sei, die Menschen auf hoher See im Stich zu lassen, damit die Nachfrage nach Schlepperdiensten irgendwann erlischt. In der Angst, von islamistischen, gewaltbereiten und »sozialschmarotzenden« Flüchtlingen und Migranten überschwemmt zu werden, wurde vieles sagbar. Die Erfolge von rechtsextremen, nationalistischen Parteien in dieser Zeit überall in Europa brauche ich gar nicht eigens zu erwähnen.

Die Bundeswehr ist ein Spiegel der deutschen Gesellschaft, ein Vergrößerungsspiegel gewissermaßen. Natürlich gab es auch unter den Marinesoldaten auf den deutschen Schiffen zuweilen Skepsis wie in Deutschland. Aber sie erlebten tagtäglich hautnah die Verzweiflung und Todesangst der Flüchtlinge auf den überfüllten Schlauchbooten. Ich weiß nicht, ob die Befürworter des Ertrinkenlassens tatsächlich bei ihrer unmenschlichen Haltung bleiben würden, wenn sie das Drama auf dem Mittelmeer mit eigenen Augen sähen.

Der Militärseelsorger an Bord erzählte mir, er habe noch keinen Soldaten erlebt, der Sinn und Notwendigkeit in Zweifel zog, die Menschen aus dem Wasser zu retten. Das empfänden die allermeisten als ihre vornehmste Pflicht. Doch ihnen sei selbstverständlich nicht verborgen geblieben, dass ihr Einsatz von den Schlepperbanden instrumentalisiert werde. Immer wieder falle in den Gesprächen die Frage, was die Bundeswehr eigentlich hier im Mittelmeer erreichen wolle. Dass sie unbeabsichtigt und indirekt das Geschäft der Schleuser förderten, mache den Soldaten sehr zu schaffen.

Es ist ein Dilemma, und die Aufgabe der Militärseelsorge bei diesem in friedensethischer Hinsicht völlig unproblematischen Einsatz muss es sein, für dieses Dilemma ein offenes Ohr zu haben und gleichzeitig die Soldatinnen und Soldaten in der instinktiv empfundenen Vorrangigkeit von Nächstenliebe und Mitmenschlichkeit zu bestärken.

Fragwürdige Entspannung

Inzwischen hat sich die Lage für Europa etwas entspannt, die Massenzuwanderung ist fürs Erste gestoppt – was allerdings nicht heißt, dass keine Flüchtlinge mehr im Mittelmeer ertrinken. Die deutsche Marine hat dort nicht mehr viel zu tun. Im Januar 2019 wurde die Fregatte sogar bis auf Weiteres abgezogen.

Die relative Ruhe ist jedoch teuer bezahlt, im eigentlichen wie übertragenen Sinn. Durch einen milliardenschweren Deal mit dem türkischen Präsidenten, dem Autokraten und Menschenrechtsverächter Recep Tayyip Erdoğan, bleiben Flüchtlinge in türkischen Flüchtlingslagern, sodass die Balkanroute weitgehend dicht ist.

Das Problem mit der Mittelmeerroute hat die rechtspopulistische Regierung Italiens, die ihren Wahlerfolg zum großen Teil der Flüchtlingskrise verdankt, auf ihre eigene Weise gelöst. Nachdem die EU nicht in der Lage war, sich über die Verteilung der Flüchtlinge zu einigen, schloss Italien bilaterale Abkommen mit mehr oder weniger seriösen libyschen Institutionen – im Zweifelsfall auch mit Warlords. Italien bezahlt sie dafür, dass sie die Bootsflüchtlinge auf dem Mittelmeer an der Überfahrt nach Italien hindern, sie nach Libyen zurück- und dort in Lager bringen. Wenn es Rettungsschiffen dennoch gelingt, Flüchtlinge aufzunehmen und italienische Häfen anzusteuern, erhalten sie vom Innenminister Matteo Salvini keine Erlaubnis zum Anlanden.

Die Lager in Libyen sind nach allem, was man weiß, die Hölle auf Erden: unwürdigste Bedingungen, Menschenrechtsverletzungen, Versklavung. Es ist ein einziges Desaster. Und die Europäische Union lässt es geschehen, insgeheim vielleicht froh, dass der skrupellose Buhmann Salvini die Flüchtlingskrise damit auch für sie ein Stück weit entschärft hat. Weil Salvini auch Marineboote mit Flüchtlingen nicht mehr an italienischen Häfen anlegen lässt, solange die EU nicht über einer europaweite Verteilung der Flüchtlinge entschieden hat, wurde die Mission EUNOVFOR MED Sophia inzwischen erst einmal ausgesetzt.

Es ist offensichtlich, dass die Flucht- und Migrationsproblematik auf diese menschenverachtende Weise, die einem Rückfall in die Barbarei gleichkommt, nicht zu lösen ist. Die »Begegnung mit der Globalisierung«, die Europa 2015 erlebte, ist nicht vorübergehend. Es wird nicht ohne die entschiedene und vorrangige Bekämpfung der Fluchtursachen im Rahmen einer Weltinnenpolitik gehen, die die Interessen aller berücksichtigt. Eine solche Politik wird für den reichen Westen nicht bequem sein und so manche Revision wirtschaftlicher, sozialer und kultureller Prämissen verlangen. Aber sie ist nötig, aus moralischen, aber auch aus ganz realpolitischen Gründen.

Waffenstillstandsüberwachung zwischen Israel und dem Libanon

Zur Homebase der UNIFIL-Truppen auf Zypern
Viermal führte mich bisher mein Weg als Militärbischof in den sogenannten UNIFIL-Einsatz der Vereinten Nationen, an dem seit 2006 auch die Bundeswehr beteiligt ist. Einmal lag der Schwerpunkt des Besuchs auf Zypern, wo die Bundeswehr mit ihrer Marine stationiert ist, zweimal im Libanon, einmal in Israel. Der Einsatz ist eines der ältesten UN-Engagements überhaupt und geht bereits auf das Jahr 1978 zurück, als sich im langanhaltenden Konflikt zwischen Israel und dem Libanon die israelischen Truppen aus dem Libanon zurückzogen. Was manch einer in Westeuropa nicht weiß: Israel und Libanon befinden sich nach wie vor im Kriegszustand. Es wurde nie ein Friedensvertrag unterzeichnet. Die UN-Mission hat die Aufgabe, den Waffenstillstand zwischen beiden Ländern zu überwachen.

Die Anreise nach Zypern in der Mission der Militärseelsorge ist selbst schon einigermaßen seltsam. Denn wählt man die zivile Luftfahrt, die sich wegen der zuverlässigen Flugpläne häufig auch für manche Einsatzgebiete der Bundeswehr anbietet, so weiß man sich – zu welcher Jahreszeit auch immer – umgeben von Scharen von Touristen, die es in die Wärme der drittgrößten Insel des Mittelmeers zieht. Dabei gerät nicht nur aus dem Blick, dass weite Teile der Insel wegen ihrer geopolitischen Lage vor den Toren des Nahen und Mittleren Ostens mit all seinen Kriegs- und Krisenszenarien militärisch geprägt sind. Auch entgeht der touristischen Wahrnehmung, dass Zypern sich seit Jahrzehnten in einem *Frozen Conflict* befindet, einem eingefrorenen Konflikt, in dessen Verlauf die Insel in einen von der Türkei besetzten und beanspruchten Norden und einen griechischen Süden geteilt wurde.

Seit dem 4. März 1964, also seit über fünfzig Jahren, sind die Vereinten Nationen in Zypern vor Ort, in der später sogenannten United Nations Peacekeeping Force in Cyprus (UNFICYP), und seit der Teilung der Insel im Jahre 1974 ist eine starke UN-Friedenstruppe im Einsatz, die das Waffenstillstandsabkommen sichert und eine Pufferzone zwischen dem Norden und dem Süden überwacht. Zu Hochzeiten waren hier über sechstausend UN-Blauhelmsoldaten stationiert. Deutschland ist an dieser Mission nicht direkt beteiligt.

Nikosia, die geteilte Stadt, die – wie einst Berlin – von einer Mauer durchschnitten wird, ist natürlich Station eines jeden Truppenbesuchs auf Zypern. Die Stadt hat sich eingerichtet im permanenten Krisenzustand. Die Hauptstraße wird gesäumt von zahllosen Touristenläden, bis sich plötzlich eine massive, von Soldaten bewachte Betonmauer auftut und den Weg versperrt.

Noch eindrücklicher aber als die geteilte Stadt ist die Pufferzone zwischen beiden Teilen der Insel, deren Besuch uns österreichische UN-Kräfte ermöglichen. Seit 1974 steht in diesem Grenzstreifen buchstäblich die Zeit still. Anschaulichstes Zeichen dafür ist der erst 1968 durch deutsche Firmen errichtete Nicosia International Airport, der vor über vierzig Jahren von heute auf morgen geschlossen und nie wieder benutzt wurde.

Der Besuch dieses im Niemandsland gelegenen Flughafens gleicht einer Zeitreise zurück in die Siebzigerjahre. Man könnte hier einen retrospektiven Science-Fiction-Film drehen. Die damals zerschossenen Passagiermaschinen der Cyprus Airways stehen noch auf dem Rollfeld, fast, als wollten sie gleich zum nächsten Flug abheben. Das opulente Empfangsgebäude wartet mit dem neuesten Schick der damaligen Zeit auf. Wartebereiche, Check-in-Schalter, Werbeplakate – als läge die Gegenwart vier Jahrzehnte zurück. Nur der Taubendreck überall weist darauf hin, dass das Gebäude inzwischen wohl der Industriearchäologie zuzurechnen ist.

Zugleich ist dieser Flughafen natürlich ein Monument des Schreckens. Denn die Mauer, die Nord- und Südzypern trennt, hat Familien auseinandergerissen und die Entwicklung des Landes für Jahrzehnte behindert. Hier also, auf dieser Insel, auf der sich trotz allem Touristen am Strand in der Sonne rekeln, befindet sich die Homebase zahlreicher internationaler Streitkräfte.

Seit vierzig Jahren Interim-Einsatz im Libanon

Schon der Name des internationalen Einsatzes für den Frieden zwischen Libanon und Israel ist Programm: United Nations Interim Force in Lebanon – in der Kürzelsprache der Vereinten Nationen: UNIFIL. Das Wort »Interim« lässt aufhorchen, legt es doch nahe, dass es sich hier um einen kurzfristigen, eben interimistischen Einsatz handelt, der so bald wie möglich beendet wird. Das Gegenteil ist der Fall.

Seit 1978, also seit über vierzig Jahren, dauert die Mission nunmehr an, biblische Zeiträume, erinnert man sich daran, dass der Exodus, der Auszug Israels aus Ägypten, auch vierzig Jahre gedauert haben soll. Anfangs ähnelte die Zielsetzung von UNIFIL der des Mali-Einsatzes: die Überwachung des Waffenstillstands zwischen zwei Konfliktparteien. Doch nach und nach wurde die Mission immer mehr ausgeweitet, besonders um auch die Seewege und die Küsten des Libanon zu schützen. Gegenwärtig sind über zehntausend Soldaten aus etwa vierzig Nationen an UNIFIL beteiligt.

Der größte, landgestützte Teil des Einsatzes im Süden des Libanon ist bis heute sinnvoll und notwendig. Regelmäßig erfährt die Welt, wie anhaltend fragil die Sicherheitslage zwischen Israel und seinen arabischen Nachbarländern ist. Man denke nur an die ständigen Konflikte rund um den Gazastreifen, bei denen immer wieder zahlreiche Menschen zu Tode kommen, aber auch an den stets umkämpften Grenzstreifen zwischen Israel und Syrien mit dem Hotspot der Golanhöhen, die der amerikanische Präsident Donald Trump nun als Staatsgebiet Israel anerkennen will. Die Gefahr von Raketenbeschuss ist immer präsent. Vom Iran unterstützte Truppen feuern von Syrien aus Raketen in Richtung Israel; Israel schlägt zurück und bombardiert Stellungen in Syrien.

Zwischen Israel und dem Libanon sieht es nicht prinzipiell besser aus. Immer wieder werden Tunnelbauten der Hisbollah entdeckt, die die Grenze ähnlich wie im Gazastreifen in zwanzig bis dreißig Metern Tiefe unterqueren sollen. Ein Unterfangen, das angesichts der hochgerüsteten israelischen High-Tech-Armee ein wenig grotesk anmutet.

Es ist unmittelbar einleuchtend, dass die Überwachung der Pufferzone zwischen beiden Ländern ein zentrales Element des UNIFIL-Einsatzes darstellt. Die Blauhelme haben ausdrücklich keinen Kampfauftrag, sondern sollen nur die gröbsten Grenzverletzungen zwischen Israel und Libanon beobachten, registrieren und bewerten.

Die streng bewachte sogenannte Blue Line, die so heißt, weil sie den Grenzverlauf in der hügeligen Landschaft mit blauen Ölfässern markiert, verhindert massive Übergriffe zwischen beiden Ländern. Schaut man von einem der Aussichtspunkte entlang der Grenze hinüber nach Israel, sieht man die israelischen Stellungen, in denen hinter ihren Gewehren schussbereit Soldaten liegen. Immer mal wieder kommt es zu Zwischenfällen eher harmloser Natur, etwa wenn sich ein Schaf der im libanesischen Grenzland lebenden Bauern auf israelischen Boden verirrt und wieder eingefangen werden muss.

Küstenschutz durch die Bundeswehr

Der Schwerpunkt der Bundeswehr liegt allerdings nicht auf diesem landseitigen Engagement, an dem vor allem Franzosen, Österreicher und Italiener beteiligt sind, sondern auf dem maritimen Einsatz. Nach dem zweiten Libanonkrieg zwischen der Hisbollah und Israel 2006 wurde das UNIFIL-Mandat nochmals erweitert und umfasst seitdem auch die Seeseite. Die Meeresgrenzen sollen gesichert und der Waffenschmuggel auf dem Seeweg in Richtung Libanon erschwert werden.

Der Maritime Einsatzverband von UNIFIL war der erste Flottenverband unter Führung der Vereinten Nationen. Die Bundeswehr war von Beginn an mit Schiffen und Booten beteiligt.

Ziel ist es, den immer wieder gefährdeten, fragilen und doch leidlich funktionierenden Staat Libanon beim Hafen- und Küstenschutz zu unterstützen. Denn trotz des weisen Proporzsystems der libanesischen Verfassung, die allen religiösen Gruppierungen ein Mitspracherecht einräumt, ist nicht zu erkennen, dass das staatliche Gewaltmonopol in der Praxis eindeutig gesichert wäre.

Den Lebanon Armed Forces (LAF), den offiziellen Streitkräften des Landes, steht die haushoch überlegene Hisbollah-Miliz gegenüber, die massiv vom Iran unterstützt wird. Man muss also klar sagen: Der Staat Libanon schafft es bislang nicht, ein durchsetzungsstarkes Gewaltmonopol aufzubauen; sonst dürfte es keine Hisbollah-Milizen geben. Die Bundeswehr beteiligt sich deswegen an der Ausbildung und Unterstützung der libanesischen Marine und des libanesischen Küstenschutzes. Hierbei zeigt sich – ähnlich und doch ganz anders als in Mali –, was für eine gewaltige Herausforderung es ist, einen wirklich funktionierenden Küstenschutz zu installieren. Die Bundesrepublik schickte zu diesem Zweck wertvolle Ausrüstung wie zum Beispiel Küstenradarstationen und Wachboote, und den deutschen Soldaten obliegt es, die libanesische Marine technisch entsprechend auszubilden.

Bis die libanesische Marine eines Tages selbstständig für den Küstenschutz des Landes sorgen kann, überwachen Boote und Schiffe im Auftrag der Vereinten Nationen den Mittelmeerraum zwischen Israel, dem Libanon und Zypern. Die Bundeswehr steuert zurzeit eine Korvette bei, die vom zyprischen Hafen Limassol aus in See sticht und nicht nur den Waffenschmuggel verhindern soll. In dem besagten Dreieck sind Erdgasvorkommen entdeckt worden, und Israel und der Libanon streiten über den Verlauf der Seegrenzen, weil beide Länder ein möglichst großes Stück vom Rohstoff-Kuchen abbekommen möchten. Die Ursachen von Kriegen und Krisen gleichen sich immer wieder.

Biblisches Land vom Krieg gezeichnet

Der Libanon wird als die »Schweiz des Nahen Ostens« bezeichnet. Nicht nur, weil das Bankenwesen des arabischen Raums hier konzentriert ist, auch wegen des Libanongebirges mit seinen bis zu dreitausend Meter hohen, im Winter schneebedeckten Gipfeln. Das kleine Land am Mittelmeer mit seiner 225 Kilometer langen Küste ist eines jener wenigen Länder, in denen man, wie es heißt, am selben Tag Ski fahren und im Meer baden kann.

Dazu kommt eine Städtekultur, die jahrtausendelang der Weltgeschichte trotzte. Das zweite Königebuch im Alten Testament spricht von Tyros, der heute südlichsten Stadt des Libanon, deren König mit Salomo einen Bund schloss, um aus den berühmten libanesischen Zedern den ersten Tempel der Israeliten zu bauen. Vor dem Hintergrund des gegenwärtigen Konflikts zwischen dem Libanon und Israel klingt diese Geschichte wirklich wie eine Legende aus undenklich fernen Zeiten.

Die Geschichte von Tripoli, der nördlichsten Stadt des Libanon, reicht bis ins 9. Jahrhundert vor Christus zurück, als die Phönizier hier einen Handelsstützpunkt errichteten. Unter mamlukischer und osmanischer Herrschaft wurde die Stadt dank ihres strategisch wichtigen Hafens zum Drehkreuz für den Mittelmeerhandel.

Besucht man heute den Libanon, tauchen allerdings unweigerlich die Bilder aus dem fünfzehnjährigen Bürgerkrieg vor dem inneren Auge auf, der 1975 seinen Anfang nahm. In diesem religiös und politisch motivierten Konflikt zwischen Christen, Muslimen, Palästinensern, Schiiten und Sunniten wusste kaum jemand, wo die Fronten verliefen. Jahrelang gingen Bilder von zerbombten libanesischen Städten durch die Nachrichten. Beirut, das sogenannte »Paris des Nahen Ostens«, wurde in den Achtzigerjahren zum Trümmerhaufen.

Unter syrischer Federführung kam der Bürgerkrieg 1990 schließlich zum Ende. Das ursprünglich von der ehemaligen Mandatsmacht Frankreich eingeführte religiöse Proporzsystem wurde mit einigen wenigen Veränderungen wieder eingesetzt, um zumindest für einen fragilen Frieden zwischen den Religionsgemeinschaften zu sorgen, die so lange mit jeweils eigenen Milizen gegeneinander gekämpft hatten. Seitdem arbeitet nicht nur die politische Führung, sondern maßgeblich auch die Bevölkerung des Libanon an der Konsolidierung des Friedens, die als mehrdimensionaler Prozess nicht zuletzt ein

Ziel verfolgt: die Wiederherstellung einer gemeinsamen nationalen Identität.

In der Realität scheint dieses Ziel jedoch immer wieder gefährdet. Viele Beobachter stellen fest, dass der Libanon nach wie vor eine der am stärksten fragmentierten Gesellschaften der Region ist. Vor allem was die politische Partizipation betrifft, besteht ein deutliches Ungleichgewicht: Durch das religiöse Proporzsystem ist eine Teilnahme am öffentlichen Leben jenseits religiöser Zugehörigkeit faktisch ausgeschlossen. Die starke religiöse Ausrichtung führt wiederum dazu, dass politische, wirtschaftliche und soziale Auseinandersetzungen häufig in Glaubenskategorien geführt werden.

Einer der wichtigsten politischen Akteure im Libanon ist die Partei und Miliz Hisbollah (arabisch für »Partei Gottes«), die in Europa und im Westen häufig mit Gewalt und Schrecken verbunden wird und im Libanon an der Regierung beteiligt ist. Sie entstand 1982 während des Bürgerkrieges als schiitische Miliz gegen die israelische Besetzung des Südlibanon. Nach Kriegsende war sie die einzige zur Partei gewordene Miliz, die weiterhin das Recht für sich in Anspruch nahm, Waffen zu tragen. Israel, Kanada und die Vereinigten Staaten halten die schwer bewaffnete Hisbollah, die sich angesichts der schwachen libanesischen Armee als Beschützer des Libanon vor Israel sieht, für eine Terrororganisation. Die EU stuft nur die Hisbollah-Miliz als terroristisch ein.

Durchfährt man den Süden des Libanon, dieses biblischen Landes, Richtung israelischer Grenze, sieht man überall die schwarzen Fahnen der Hisbollah wehen. Sie zeigen an, dass dieses Gebiet von der Hisbollah beherrscht wird und der Arm des Staates dort nicht hinreicht. Auch darin liegt eine entfernte Analogie zu Mali: ganze Landstriche, in denen das Gewaltmonopol des Staates nicht durchgesetzt werden kann.

Die Hisbollah und Israel haben ihre Raketen aufeinander gerichtet. Seit Beendigung des Zweiten Libanonkrieges von

2006 gibt es zwar die besagte von den Vereinten Nationen überwachte Waffenruhe, doch sind beide Seiten unversöhnlich verfeindet, und immer wieder kommt es zu gewaltsamen Auseinandersetzungen. An ein Friedensabkommen ist nicht zu denken.

Wie in einem Brennglas zeigt sich auch am Konflikt zwischen Israel und dem Libanon, an diesem anhaltenden Kriegszustand, dass die Friedensmission der Blauhelme zwar Schlimmeres verhindern mag, jedoch nicht im Entferntesten imstande ist, wirklich Frieden zu schaffen. Das könnten allein die politisch Verantwortlichen der beiden Länder, die sich aber seit vierzig Jahren nicht ernsthaft aufeinander zubewegen.

An der Grenze zu Syrien

Die Hisbollah pflegt zudem enge Verbindungen zum syrischen Machthaber Baschar al-Assad, der die Miliz aktiv an den Kämpfen in seinem Land beteiligt. Damit trägt die »Partei Gottes« den Syrienkrieg auch ins eigene Land. In den letzten Jahren entbrannten im syrisch-libanesischen Grenzgebiet immer wieder bewaffnete Konflikte. Die sunnitischen IS-Dschihadisten verübten vermehrt Anschläge auf schiitische Hochburgen.

Wie sehr der Syrienkrieg den Libanon auch unabhängig von der Hisbollah in Mitleidenschaft zieht, zeigt die Hafenstadt Tripoli im Norden. Hier wurde erst kürzlich ein von der Krise im Nachbarland angeheizter blutiger konfessioneller Straßenkrieg beendet, den die Assad-freundlichen Alawiten aus dem Stadtviertel Jabal-Mohsen mit den Sunniten aus dem Bab-el-Tabbaneh-Viertel, die die syrischen Rebellen unterstützen, über Jahre führten.

Tripoli, die zweitgrößte Stadt des Libanon, liegt nah an der syrischen Grenze. Seit Beginn des dortigen Bürgerkrieges ist sie ökonomisch zunehmend isoliert und zudem erstes Ziel für viele flüchtende Familien. Zusammen mit der Weltbank und den Vereinten Nationen hat die libanesische Regierung hier das sogenannte Back-to-school-Projekt realisiert, das syrischen Flüchtlingskindern Zugang zum libanesischen Bildungssystem ermöglicht und sie beim Schulbesuch unterstützt.

Drei von vier syrischen Flüchtlingskindern gehen mittlerweile im Libanon in staatliche Schulen. Kein Land hat in Relation zur eigenen Bevölkerung mehr Flüchtlinge aus Syrien aufgenommen als der Libanon. Während Europa von einer Flüchtlingswelle spricht, die es überrolle, fanden in dem kleinen, gerade einmal vier Millionen Einwohner zählenden Land seit Beginn des Bürgerkrieges mehr als eine Million Syrer Zuflucht – zusätzlich zu den Palästinensern, die aus Israel gekommen sind und teilweise in ihrem Leben noch nichts anderes gesehen haben als das libanesische Flüchtlingslager. Der Libanon mit seiner Aufnahme- und Integrationsbereitschaft sollte den Europäern eine Lektion in Solidarität sein.

Die Lage der Flüchtlinge in den libanesischen Flüchtlingslagern ist allerdings dramatisch. Das Land ist überfordert und dringend auf Hilfe der internationalen Gemeinschaft angewiesen, die jedoch nicht ausreichend gewährt wird. Viele Syrer hoffen, dass sie irgendwann zurück in ihre Heimat können.

Kein Spielball Saudi-Arabiens

Im November 2017 hatte die Nachricht vom plötzlichen, für den Großteil der Bevölkerung vollkommen unerwarteten Rücktritt des libanesischen Ministerpräsidenten Saad Hariri weltweit für Schlagzeilen gesorgt. Aus dem saudi-arabischen Riad begründete der pro-westliche Politiker seinen Schritt mit der Angst, er könne, wie bereits sein Vater, Opfer eines Anschlags der vom Iran unterstützten Hisbollah werden. In den sozialen Netzwerken, aber auch in internationalen Medien kamen schnell Zweifel an dieser Darstellung auf. Gemutmaßt wurde, Saudi-Arabien, zu dem der Sunnit Hariri ein enges Verhältnis pflegt, habe ihn zum Rücktritt gedrängt, um sich mit einem Paukenschlag als mächtiger Akteur zurück ins Gedächtnis der Weltgemeinschaft zu bringen. Dafür nahm die saudische Führung eine Eskalation der Spannungen in der religiös fragmentierten libanesischen Gesellschaft billigend in Kauf.

Für die meisten Beobachter überraschend, geschah jedoch das Gegenteil: Das Gefühl, auf ihrem Rücken würden wieder einmal innerarabische Konflikte ausgetragen, führte bei den Libanesen über Konfessionsgrenzen hinweg zu einer ungeheuren Solidaritätswelle mit dem zurückgetretenen sunnitischen Ministerpräsidenten, die ihn schließlich zum Rücktritt vom Rücktritt bewog.

Tanz auf dem Pulverfass
Selten bin ich in einem Land gewesen, das auf so kleinem Raum so vielfältig ist. Moderne und Tradition, Religion und liberaler Lebensstil. Die religiöse Diversität könnte ein Reichtum sein, wenn man sich gegenseitig gelten ließe. Die Libanesen wollen eine Zukunft, doch immer wieder schiebt sich das angespannte Verhältnis zu Israel im Süden und die heikle Nähe zum Bürgerkriegsland Syrien im Norden und Osten in den Vordergrund.

Die Erfahrung der letzten Jahrhunderte mit den wechselhaften Einflüssen verschiedener Großmächte prägt die Kultur des Landes ebenso wie die Suche nach der eigenen Identität seit der Unabhängigkeit im 20. Jahrhundert.

»Zehn Jahre bis zum nächsten Krieg?«, fragt eine der Hauptpersonen in Philippe Aractingis Film *Unter Bomben*, der kurz nach dem letzten Krieg zwischen der Hisbollah und Israel 2006 gedreht wurde. Das sei sehr optimistisch, lautet die Antwort. Mittlerweile sind dreizehn Jahre vergangen.

Wie der Frieden gewahrt wird in einem Land, in dem blutige Konflikte vor der Haustür ausgetragen werden: Mit viel Waffengewalt, sagte ein deutscher Bekannter und meinte damit die hohe Armee- und Polizeipräsenz im libanesischen Alltag. Mit erstaunlich wenig Gewalt, war mein Eindruck. Trotz einer Politik, die seit Jahren mehr mit sich selber als mit der Stabilität des Landes beschäftigt ist. Und trotz Nachbarländern, die Schauplatz für zwei der zentralen Konflikte der Gegenwart sind. Leben auf dem Pulverfass.

Wie in Beirut, dieser vom Krieg versehrten und doch von Zukunft und Aufbruch brodelnden Stadt. Es ist nicht mehr viel übrig aus der Zeit, als man sie »Paris des Nahen Ostens« taufte. Stattdessen versteckt sich der Himmel hinter Wolkenkratzern. Beiruts Straßen ächzen unter endlosem Verkehr, während die Kinder der Stadt an die Scheiben des nächsten Range Rovers klopfen und um Kleingeld bitten. Auf der Corniche, der von Palmen und Cafés gesäumten Seepromenade am Mittelmeer, heischen die schnittigen Cabriolets um Aufmerksamkeit. Zu Beiruts nächtlichem Clubleben lassen sich sogar Besucher aus dem restriktiven Saudi-Arabien einfliegen.

Ich habe erlebt, dass die Gebäude der Stadt eine Geschichte erzählen und dass es sich lohnt zuzuhören. »Beirut wird mir fehlen«, schreibt Pierre Jarawan in seinem Roman *Am Ende bleiben die Zedern*. »Diese rauschende, sehnsuchtsvolle, verrückte Stadt im Aufbruch, dieser Schmelztiegel sich überlagernder Kulturen, Religionen, Sprachen. Beirut ist pure Fröhlichkeit und pure Trauer zugleich. Beirut ist Vergebung.«

Die Sonne, die so oft vom Himmel herab scheint. Der Beton um mich herum. Das Geschnatter der Menschen in den zahlreichen Bussen und Taxen, die sich im Schneckentempo durch die Straßen bewegen. Das Chaos, die Unsicherheit, die Lebensfreude. »Beirut humpelt, ist verwirrt, vernarbt und tanzt trotzdem.«

Es erscheint fast wie eine Illusion zu glauben, dass der israe-lisch-arabische Konflikt irgendwann einmal beigelegt werden wird und Juden und Muslime friedlich zusammenleben. Die Lage ist verfahren. Beide Seiten sind Opfer und Täter zugleich. Beide Seiten haben sich derart in dem Glauben verschanzt, im Recht zu sein, dass die einzig mögliche Bewegung in Richtung Eskalation weist. Das kleine Israel ist von Feinden umgeben, die sein Existenzrecht anzweifeln, es militärisch bedrohen und – wie der Iran – auslöschen wollen.

Es erstaunt mich immer wieder, wie die Israelis trotz dieses Wissens ein irgendwie alltägliches Leben führen können, in einem dauernden Kriegszustand mit militärischer Hochrüstung, schwer bewaffneten Soldaten an jeder Straßenecke, ständigen Selbstmordattentaten und heulenden Polizeisirenen. Als ich im März 2018 eine Pilgerfahrt mit Soldaten ins heilige Land unternahm, wurden wir mitten in der Altstadt von Jerusalem Zeugen eines Attentats, einer furchtbaren Tat, auf die bald wieder so etwas wie Normalität folgte.

Die Demokratie Israel verteidigt sich und hat dafür gute Gründe. Andererseits entrechtet und unterdrückt das Land mit seiner Hegemonial- und Siedlungspolitik die Palästinenser, die sich wiederum wehren und vielfach radikalisieren, sowohl politisch als auch religiös. Was Ursache und Wirkung ist, lässt sich nicht mehr auseinanderhalten. Es ist ein Teufelskreis und eine Spirale der Gewalt.

Der Nahe und Mittlere Osten ist ein Pulverfass, das in einigen Ländern – am deutlichsten gerade in Syrien – schon explodiert ist. Der religiöse Extremismus der Region, der immer auch stark vom Hass auf Israel und seinen großen Verbündeten, die USA, befeuert wird, blieb durch die diktatorischen, eher säkularen und vom Westen gestützten Regime à la Gaddafi, Hussein oder Assad lange gedeckt. Im Iran war der autokratische Schah, der im Westen teils als demokratischer Modernisierer verklärt wurde, tatsächlich aber die Menschenrechte mit Füßen trat und das Volk ausbluten ließ, bereits 1979 durch die Islamische Revolution gestürzt worden. Seither ist der Iran eine Theokratie, in der die Scharia herrscht, Andersgläubige verfolgt werden und Israel mit Zerstörungsdrohungen bedacht wird.

Der Arabische Frühling, der 2010 in Tunesien begann und sich dann in viele Staaten Nordafrikas und des Nahen Ostens ausbreitete, war zunächst ein mit Hoffnung und Befreiungsgefühlen verbundenes Aufbegehren gegen die autoritären Systeme, die die Bevölkerung über Jahrzehnte unterdrückt hatten und von der westlichen industrialisierten Welt zuweilen gehätschelt worden waren. Der Arabische Frühling brachte durch die Macht des Volkes einige Regime zu Fall. Faktisch führte er bisher jedoch in keinem Land zu Frieden und Gerechtigkeit. Vielfach endete er in Chaos und islamistischem Terror.

Dieser ist längst nicht mehr nur auf die muslimische Welt beschränkt, sondern ein globales Problem. Dass er auch und gerade auf die westliche Welt und ihre Werte zielt, wissen die USA in aller Deutlichkeit seit dem 11. September 2001, Europa weiß es seit dem Bombenanschlag in Madrid im März 2004. Seitdem sollte die westliche Welt aber ebenfalls bemerkt haben, dass die Ursachen des islamistischen Terrors unter anderem in einer wenig umsichtigen, von geopolitischen und wirtschaftlichen Interessen geleiteten Politik liegen, die der Westen in der arabischen Welt betrieben hat. Der »Krieg gegen den Terror« jedenfalls, der nach 9/11 unter der Ägide der USA und mit deutscher Beteiligung in Afghanistan begann und nach wie vor andauert, kann keine Lösung im Sinne einer wirklichen Befriedung sein.

Der Irak und der »Islamische Staat«

Seit 2014 geht eine »Anti-IS-Koalition« im Irak und in Syrien gegen die Terrororganisation »Islamischer Staat« vor. Deutschland ist seit 2015 mit dem Einsatz *Counter Daesh* im Irak beteiligt. Der Irak spielte für die Ausbreitung des IS eine Schlüsselrolle. Zur Erinnerung: Mit der falschen Behauptung, der Irak bedrohe die Welt durch ein wachsendes Arsenal an Massenvernichtungswaffen, hatte die »Koalition der Willigen«, die vor allem aus den USA und ihrem engen Verbündeten Großbritannien bestand, den Krieg gegen Saddam Hussein 2003 begründet. Der Diktator, den der Westen lange gestützt hatte, war bereits nach dem Einmarsch des Irak in Kuwait 1990 irreversibel in Ungnade gefallen.

Die Pläne der US-Regierung unter George W. Bush, Hussein zu stürzen und den Irak zu besetzen, konkretisierten sich nach den Anschlägen vom September 2001. Der Militärschlag 2003, eine völkerrechtswidrige Militärintervention, die die USA als »Präventivkrieg« verkauften, führte zur Entmachtung Husseins. Im Anschluss besetzte die »Koalition der Willigen« unter Führung der USA den Irak. Die Besetzung endete offiziell erst Ende 2011, als die letzten amerikanischen Truppen abgezogen wurden. Der Krieg und die anschließende Besatzung kosteten, nach einer Studie der »Internationalen Ärzte für die Verhütung des Atomkrieges« vom März 2015, etwa einer Million Menschen das Leben, zum großen Teil Zivilisten.

Zwar versuchte die Besatzungsmacht, im Irak rechtsstaatliche Strukturen zu installieren, doch wurde sie in weiten Teilen des Landes als das wahrgenommen, was sie nun einmal war: eine Besatzungsmacht. Es kam zu bürgerkriegsartigen Zuständen mit ständigen Terroranschlägen, Kriegshandlungen und Gewaltkriminalität. Auf diesem Boden gedieh der Hass auf die USA ebenso wie der Islamismus.

Die sunnitische Terrormiliz »Islamischer Staat« entstand aus dem irakischen Widerstand gegen die vor allem amerikanische Besatzung. 2003 waren Vorläufer des IS als »al-Qaida im Irak« erstmals in Erscheinung getreten. Geheimdienstler und Militärs der gestürzten Hussein-Diktatur fanden im IS ein neues Zuhause und versorgten die Organisation mit Know-how und Waffen. Als US-Präsident Barack Obama, der den Irakkrieg für einen kolossalen Fehler seines Vorgängers Bush hielt, die Besatzung 2011, ohne dass es eine richtige Exit-Strategie gab, beendete und das Land weitgehend sich selbst überließ, entstand – es ist immer wieder dasselbe Muster – ein Machtvakuum, das der IS zur weiteren Ausdehnung seines Einflusses nutzen konnte.

Mit dem Ziel, einen eigenen Staat, ein islamisches Kalifat, zu errichten, begann die Terrormiliz einen brutalen Eroberungsfeldzug durch den Irak. Dabei begingen die Gotteskrieger Menschenrechtsverletzungen, die man sich in ihrer Grausamkeit bisher kaum vorstellen konnte. Über die sozialen Medien verbreiteten sie Bilder ihrer Massaker und rekrutierten Kämpfer aus der ganzen, auch westlichen Welt.

Vom Arabischen Frühling zum syrischen Bürgerkrieg
Derweil – es war das Jahr 2011 – hatte im benachbarten Syrien der Arabische Frühling die Sehnsucht nach Menschenrechten und Demokratie geweckt und die Oppositionskräfte gegen das autoritäre Unrechtsregime von Baschar al-Assad mobilisiert. In der Abwehr seiner Gegner scheute der Diktator nicht davor zurück, seine eigene Bevölkerung zu bombardieren. Es entbrannte ein bis heute andauernder Bürgerkrieg zwischen dem Assad-Regime und den verschiedenen oppositionellen Gruppierungen, von denen sich einige radikalisierten. Der IS schloss sich dem Kampf gegen Assad an und vermochte es, Teile der muslimischen Opposition auf seine Seite zu ziehen.

Ich entsinne mich der bewegenden Rede, die der deutsch-iranische Orientalist und Schriftsteller Navid Kermani 2015 anlässlich der Verleihung des Friedenspreises des Deutschen Buchhandels in der Frankfurter Paulskirche hielt. Darin warf er dem Westen vor, sich nicht um die Millionen Syrer gekümmert zu haben, die friedlich und quer durch alle Konfessionen für Freiheit und gegen Assad demonstriert hatten. Stattdessen habe man Assad unterstützt, unter anderem durch die Lieferung von Giftgas, das er nun gegen sein Volk einsetze. Kermani warf den westlichen Industriestaaten vor, Saudi-Arabien, das bekanntermaßen den Dschihadismus weltweit finanziert, Waffen zu verkaufen. Und er machte sie dafür verantwortlich, den Irak zugrunde gerichtet zu haben. Kermani gab dem Westen mit seiner – zumindest solange die Konflikte nicht heiß gelaufen sind – gegenüber Menschenrechten oft gleichgültigen, an wirtschaftlichen und geopolitischen Interessen ausgerichteten Politik eine deutliche Mitschuld am Erstarken des IS und an der Gewalteskalation in Syrien.

Dem IS gelang es, große Gebiete im Irak und in Syrien unter seine Kontrolle zu bringen. Im Juni 2014 eroberte er die Zwei-Millionenstadt Mossul im Norden des Irak und proklamierte ein transnationales Kalifat, dessen Herrschaftsanspruch sich über den ganzen Nahen Osten erstreckte. Im Sinne ihrer Schutzverantwortung sah sich die Weltgemeinschaft nun verpflichtet, einzugreifen und das martialische Treiben der Dschihadisten zu stoppen. In mehreren Resolutionen befand der UN-Sicherheitsrat, dass von der Terrororganisation eine Bedrohung für den Weltfrieden und die internationale Sicherheit ausgehe.

Die Anti-IS-Koalition und ihre Militäreinsätze
Noch im Juni 2014 starteten die USA ihre Militäraktion *Inherent Resolve* gegen den IS im Irak und in Syrien. Im September bildete sich unter Führung der USA und einiger arabischer

Staaten eine Militärkoalition, die aus der Luft IS-Ziele in Syrien und im Irak angriff.

Die kurdischen Peschmerga aus dem Nordirak waren von Anfang an Verbündete im Kampf gegen den IS. Den Streitkräften der von den USA bereits zu Zeiten der irakischen Besetzung unterstützten Autonomen Region Kurdistan im Nordirak ging es darum, den Vormarsch des IS in ihr Gebiet zu verhindern. Innerhalb der Anti-IS-Koalition agierten die Peschmerga als Bodentruppen, die von einzelnen Ländern mit Waffen und Ausbildung versorgt wurden und werden. Deutschland lieferte ab 2014 in großer Anzahl Sturmgewehre, Panzerabwehrraketen und anderes Kriegsgerät aus den Beständen der Bundeswehr.

Am 13. November 2015 starben bei mehreren Terroranschlägen in Paris – unter anderem im Konzerthaus Bataclan und im Fußballstadion Stade de France – hundertdreißig Menschen. Der IS bekannte sich zu den Attentaten. Frankreich war bis ins Mark erschüttert und forderte von den EU-Partnern Beistand im Kampf gegen den Terror. Der UN-Sicherheitsrat verabschiedete daraufhin am 20. November die Resolution 2249, in der die Mitgliedstaaten aufgerufen werden, unter Einhaltung des Völkerrechts, insbesondere der Charta der Vereinten Nationen sowie der internationalen Menschenrechtsnormen, des Flüchtlingsvölkerrechts und des humanitären Völkerrechts, in dem unter der Kontrolle des IS stehenden Gebiet in Syrien und Irak alle notwendigen Maßnahmen zu ergreifen, um gegen terroristische Handlungen vorzugehen. Das Mandat zu einem Militärschlag erteilten die Vereinten Nationen nicht.

Dennoch mandatierte der deutsche Bundestag Anfang Dezember 2015 den Bundeswehreinsatz *Counter Daesh* (»Daesh« ist eine negativ konnotierte arabische Abkürzung für »Islamischer Staat«). Seitdem beteiligt sich Deutschland auf Grundlage der im EU-Recht verankerten Beistandspflicht gegenüber Frankreich sowie der UN-Resolution 2249 mit einem eigenen Einsatz am militärischen Vorgehen der Anti-IS-Koalition. Zu der Koalition gehörten inzwischen siebenundsechzig Staaten, unter anderem alle Länder der EU, der NATO und der Arabischen Liga, nicht aber die UN-Vetomächte Russland und China.

Das Mandat für *Counter Daesh* beinhaltet eine Einsatzunterstützung durch Tankflugzeuge, See- und Luftraumüberwachung, die Beteiligung an NATO-AWACS-Aufklärungsflügen und den Aufbau der zentralirakischen Armee. Der Bundestag bewilligte die Entsendung von maximal neunhundert Soldaten, es sind jedoch deutlich weniger vor Ort, momentan zweihundertneunzig. Zunächst nutzte die Bundeswehr den Luftwaffenstützpunkt Incirlik für ihre Aufklärungsflüge. Dann verschlechterten sich nach dem Putschversuch in der Türkei im Sommer 2016 die deutsch-türkischen Beziehungen, und die Bundeswehr wechselte ins jordanische Al-Azraq.

Besuch des Luftwaffenstützpunktes in Incirlik
Ich konnte die internationalen Kräfte in der Türkei noch zu einem Zeitpunkt besuchen, als deutschen Bundestagsabgeordneten bereits wiederholt der Zugang verwehrt wurde. Das riesige Camp und der Stützpunkt in Incirlik, die bis heute hauptsächlich den USA als strategisch wichtige Basis gelten, gleichen nach deutschen Maßstäben eher einer Stadt als einem Feldlager. Die Vereinigten Staaten scheinen sich dort auf Dauer eingerichtet zu haben. Fast so, wie man es noch aus dem Deutschland der Nachkriegszeit kennt. Sie haben nicht – wie die Bundeswehr – mobile Einheiten wie Zelte oder Container aufgestellt, sondern richtige Siedlungen errichtet, massiv gemauert und mit allem ausgestattet, was Menschen in ihrem alltäglichen Leben brauchen könnten: Sportplätze, Schwimmbad und eine große Kirche. Man gewinnt den Eindruck, sie sind gekommen, um zu bleiben.

Mein Besuch in Incirlik fiel zufällig auf den amerikanischen Unabhängigkeitstag, und der wurde natürlich groß gefeiert. Ich kam ins Gespräch mit Soldatinnen und Soldaten ganz unterschiedlicher Nationen, die der Einsatz gegen den IS einte. Besonders eindrücklich ist mir die Begegnung mit dänischen Soldaten in Erinnerung. Bis dahin war mir nicht klar gewesen, wie stark auch die überschaubaren nordeuropäischen Streitkräfte beim Anti-IS-Einsatz vertreten sind. Zu meinem Erstaunen fragten mich die dänischen Soldaten, weshalb sich denn Deutschland »nur« mit Aufklärungsflügen und Luftbetankung beteilige und sich dem eigentlichen bewaffneten Einsatz entziehe.

Dieser Vorwurf wird immer mal wieder an mich herangetragen. Und ich bin mir nicht sicher, wie ich mich dazu moralisch verhalten soll. Auf der einen Seite ist ja klar: Auch ein Land, das »nur« Aufklärungsflüge fliegt, ist Teil der militärischen Intervention. Es ist am Geschehen beteiligt, obwohl es – wie es im Militärdeutsch heißt – keine »kinetische« Energie aufwendet, also keine Waffengewalt einsetzt.

Auf der anderen Seite zucke ich bei der Vorstellung, deutsche Truppen könnten sich im Nahen Osten direkt an einem Kampfeinsatz beteiligen, unwillkürlich zusammen. Ich spüre, dass all die Schuld, die Deutsche im 20. Jahrhundert auf sich geladen haben, in mir, dem Nachgeborenen, noch nachklingt. Es ist seltsam. Die deutschen Kräfte leisten Aufklärung, überlassen aber dann den Dänen, Norwegern oder anderen Nationen den konkreten, sogenannten scharfen Waffeneinsatz – mit all den Belastungen, der Schuld und der Scham, die damit verbunden sind. Die Gespräche, die wir in Incirlik in einer lauen Sommernacht führten, hallen noch in mir nach. Historisch verstehen kann ich die deutsche Zurückhaltung, moralisch rechtfertigen kann ich sie nicht. Wenn sich Deutschland entschließt, an einem Einsatz teilzunehmen, dann kann es sich nicht vor der »Schmutzarbeit« drücken, um selbst leidlich »sauber« zu bleiben. Das ist meines Erachtens ethisch kaum vertretbar.

Völkerrechtlich heikel

Der Einsatz *Counter Daesh*, der 2015 mit der Mehrheit der schwarz-roten Regierungskoalition beschlossen wurde, ist seither ein paarmal verlängert worden und soll nun wohl definitv Ende 2019 auslaufen. Dann wird der größte Teil der deutschen Mission, die derzeit noch von Jordanien aus geführt wird, abgeschlossen sein. Der IS hält inzwischen kein Territorium mehr.

Der Einsatz war von Anfang an wegen der schmalen völkerrechtlichen Grundlage umstritten. Völkerrechtlich hergeleitet wurde er mit der Begründung, die – äußerst schwache – Zentralregierung in Bagdad habe Hilfe angefordert, um den kurdischen Peschmerga im Norden im Kampf gegen den IS beizustehen. Faktisch aber ist die Bundeswehr innerhalb der Anti-IS-Koalition auch in den syrischen Bürgerkrieg involviert worden und unterstützt durch ihre Aufklärungsflüge die Bombardements der USA, Großbritanniens, Frankreichs und anderer Nationen in Syrien und im Irak.

Besonders heikel ist die Waffenlieferung der Bundeswehr an die kurdischen Peschmerga. Damit verstößt die Bundesrepublik gegen ihren eigenen, unbedingt sinnvollen und notwendigen Grundsatz, keine Waffen in Krisengebiete und an Konfliktparteien zu liefern. Im Fall der Peschmerga kommt hinzu, dass sich die Kurden mit ihren Autonomiebestrebungen im immer wieder gewaltsamen Konflikt mit der Türkei befinden. So ist die makabre Situation nicht auszuschließen, dass mit deutschen Waffen ausgerüstete Streitkräfte des NATO-Landes Türkei gegen kurdische Peschmerga kämpfen, die ebenfalls deutsche Waffen tragen.

Der türkische Präsident Erdoğan war natürlich gegen die Ausstattung der Peschmerga mit Waffen. Er behauptete – und dies ist ja tatsächlich nicht ganz auszuschließen –, die Waffen landeten auch bei der kurdischen Arbeiterpartei PKK, dem Staatsfeind Nr. 1 in der Türkei.

Die USA und die EU hatten bereits zu Anfang des Bürgerkrieges 2011 Sanktionen gegen Syrien verhängt. Als die Gewalt immer mehr eskalierte und klar wurde, dass Assad bereit war, auch schwere Menschenrechtsverletzungen zu begehen und die Zerstörung seines Landes in Kauf zu nehmen, um an der Macht zu bleiben, begannen die USA und Frankreich sowie einige arabische Länder, die syrischen Regierungsgegner mit Waffen zu unterstützen. Deutschland lehnte Waffenlieferungen außer an die Peschmerga ab, da sich immer mehr zeigte, dass sich die Opposition aus sehr unterschiedlichen Gruppierungen zusammensetzte und auch radikalislamische Kräfte darunter waren, die ihrerseits Menschenrechtsverletzungen begingen.

So kam es denn auch, dass Dschihadisten mit Kriegsgerät gegen die Anti-IS-Koalition kämpften, das ihnen diese selbst zur Verfügung gestellt hatte. Das hätten freilich auch deutsche Waffen sein können: von Deutschland nach Saudi-Arabien geliefert, das wiederum zur Anti-IS-Koalition gehört wie auch zu den Ländern, die die syrischen Rebellen mit Waffen versorgen.

Waffenhandel und Waffenlieferungen sind ein schmutziges Geschäft, das sich um Moral wenig schert. Das wird in der undurchsichtigen Gemengelage des syrischen Bürgerkrieges besonders deutlich. Natürlich weiß ich, dass ich als Verantwortungsethiker, der glaubt, dass eine Demokratie auch wehrhaft zu sein hat und rechtserhaltende Gewalt im äußersten Fall möglich sein muss, Waffen nicht grundsätzlich verdammen kann. Schließlich hängt an ihnen im besten Fall auch das Gewaltmonopol des Staates. Aber ich stehe Waffenlieferungen außerhalb des engen Korridors von Landes- und Bündnisverteidigung grundsätzlich sehr skeptisch gegenüber.

An Staaten, die grundlegende Menschenrechte verletzen – wie etwa Saudi-Arabien und derzeit auch das NATO-Land Türkei –, sollten sie, denke ich, tabu sein.

Die Waffenlieferungen an die kurdische Peschmerga halte ich ebenfalls für heikel. Ich sehe allerdings ein, dass sie in einer Situation erfolgten, in der es nur noch die Wahl zwischen schlechten Alternativen gab. Der Ratsvorsitzende der EKD, Heinrich Bedford-Strohm, hatte im Herbst 2014 die kurdische Stadt Erbil im Nordirak besucht, in der über eine Million Menschen, ein Großteil davon Christen, vor dem IS Zuflucht gefunden hatten. Er sprach von einer drohenden humanitären Katastrophe und bedauerte, dass die Vereinten Nationen ihre Schutzfunktion nicht wahrnahmen. Die Waffenlieferungen an die Peschmerga verteidigte Bedford-Strohm als Ultima Ratio. Die kurdischen Kämpfer seien die einzigen gewesen, sagte er im März 2015 in einem Interview im *Spiegel*, »die verhindert haben, dass christliche Dörfer komplett vom IS überrollt wurden«.

Bedford-Strohm sprach von seiner »Zerrissenheit« und war sich selbstverständlich der ethischen Problematik seiner Position bewusst. Ihm war klar, dass er sich mit dieser Haltung schuldig machte, er hielt sie aber angesichts der akuten Bedrohung durch den IS für verantwortungsethisch geboten. Vielleicht dachte er dabei auch an das Bonhoeffer'sche »dem Rad in die Speichen fallen«. Und es war ja auch wirklich offensichtlich, dass die Weltgemeinschaft etwas gegen die völlig entfesselte Gewalt des IS tun musste.

Wenn nur die eigenen Interessen zählen
Die Evangelische Kirche erhielt in dieser Zeit zahllose Hilferufe von christlichen Gemeinden in Syrien und dem Irak, die die Gewaltorgien der Dschihadisten fürchten mussten. Unter dem eher säkular ausgerichteten Assad-Regime hatten Christen in Syrien weitgehend unbehelligt leben können –

was vielleicht auch dazu führte, dass die europäischen Kirchen sich für das allgemeine Unrecht, das die Herrschaft des Diktators bestimmte, nicht genügend interessierten.

In seiner Friedenspreisrede 2015 hatte der Muslim Navid Kermani von einem Pater in Syrien erzählt, der gerade von islamistischen Terroristen entführt worden war. Kermani beschrieb ihn als tiefgläubigen Christen, dessen Menschlichkeit und Nächstenliebe keine religiösen Differenzierungen kannten. Diesen Pater zeichnete der deutsch-iranische Schriftsteller und Gelehrte als Gegenbild zu den fanatischen Gotteskriegern des IS. Sein Porträt war aber auch als deutliche Kritik an der von eigenen Interessen geleiteten Politik des Westens zu verstehen, die für das Unheil mitverantwortlich war.

Natürlich war offensichtlich, dass die Peschmerga mit ihrem Kampf gegen den IS auch eigene Interessen und Ziele verfolgten und dass die Waffen, die die Anti-IS-Koalition lieferte, leicht in falsche Hände fallen konnten. Dass sie auch zu anderen Zwecken als der IS-Bekämpfung eingesetzt werden können, zeigte sich etwa, als Peschmerga mit den gelieferten Waffen gegen Jesiden vorgingen. Man sollte sich nicht der Illusion hingeben, man könne, wenn man in das Chaos aus zersplitterten Gruppierungen und widerstreitenden Interessen eingreift, irgendwie saubere Hände behalten.

Es ist eine Katastrophe, dass die Vereinten Nationen im Fall von Syrien untätig bleiben und kein überparteiisches Vorgehen zustande bringen, das auf Befriedung durch Interessenausgleich zielt. Und es ist schlimm, dass mit jeder Verlängerung der Einsätze, die die Länder der Anti-IS-Koalition beschließen, die Vereinten Nationen als die entscheidende Institution für eine politische Lösung außen vor bleiben. Hier zeigt sich abermals die Reformbedürftigkeit der UN.

Inzwischen ist vom IS-Kalifat nicht mehr viel übrig. Die Terrororganisation gilt als weitgehend zerschlagen. Das jedoch ist keineswegs allein das Verdienst der Anti-IS-Koalition. Unter dem Vorwand, ebenfalls den IS bekämpfen zu wollen, trat Russland zusammen mit dem Iran an die Seite der Assad-Regierung und schwächte mit schweren Bombardements nicht nur den IS, sondern die gesamte Opposition gegen den syrischen Diktator. Eine Zukunft ohne Assad ist für das syrische Volk in weite Ferne gerückt. Es ist eine Tragödie.

Nun hat auch noch Donald Trump im Dezember 2018 den Abzug der meisten amerikanischen Truppen aus Syrien angekündigt – und kurze Zeit später schon wieder relativiert. Verlässlichkeit sieht anders aus. Das amerikanische Militär werde in Syrien nicht mehr gebraucht, da der IS besiegt sei. Dieser Schritt, der natürlich auch die Anti-IS-Einsätze der anderen Koalitionäre schwieriger machen würde, folgt mitnichten einer durchdachten Exit-Strategie. Die ohne Absprache mit seiner Regierung, geschweige denn mit seinen Bündnispartnern getroffene Entscheidung entspringt Trumps »America First«-Politik. Bereits im Wahlkampf hatte der US-Präsident den Abschied der USA von der Weltpolitik versprochen. Das Land soll sich wieder – mit Mauern und Protektionismus – auf seine nationalen Belange konzentrieren und nicht mehr Milliarden in eine internationale Verteidigungs- und Bündnispolitik stecken, für die die USA Trump zufolge ohnehin immer den Löwenanteil zu tragen hatten.

Traurige Zukunftsaussichten für Syrien
Gewiss wäre eine größere Zurückhaltung der USA bei Militäreinsätzen durchaus wünschenswert. Der Rückzug aber aus einer internationalen, multilateralen Bündnispolitik, der sich ja auch in Trumps Verachtung für NATO und UNO ausdrückt, ist angesichts der Herausforderungen, vor denen die Weltgemeinschaft steht, kontraproduktiv.

Für Syrien wäre der Abzug der amerikanischen Soldaten

nach Einschätzung aller Experten ein Debakel. Viele gemahnt er an den Irak, der durch die vorschnelle Beendigung der US-Besatzung vollends in Chaos stürzte und den unterschiedlichen, widerstreitenden, auch kriminellen Kräften überlassen wurde. Zwar hat der IS inzwischen das von ihm eroberte Territorium komplett wieder verloren, es wird aber davon ausgegangen, dass er keineswegs ausgemerzt ist und jederzeit – nicht zuletzt durch seine Guerillataktik – wieder erstarken könnte. Eine halbe Stunde bevor Donald Trump den IS für besiegt erklärte, hatten sich die Dschihadisten zu einem Autobombenanschlag in ihrer einstigen Hochburg im syrischen Raqqa bekannt. Im August 2018 hatten die Vereinten Nationen in einem Expertenbericht davor gewarnt, dass sich trotz der militärischen Niederlagen immer noch zwanzig- bis dreißigtausend IS-Kämpfer in Syrien und im Irak befänden.

Die größte Gefahr durch den amerikanischen Rückzug droht jedoch den Kurden in der syrisch-irakischen Grenzregion. Es wurde gemutmaßt, Trump habe seine Pläne mit dem türkischen Präsidenten Erdoğan abgesprochen und diesem einen Gefallen tun wollen. Denn ohne die Präsenz des US-Militärs hat die Türkei nun freies Feld, um die Kurden in Nordsyrien und im Nordirak zu bekämpfen.

Auch Israel fühlt sich von Trumps Entscheidung vor den Kopf gestoßen. Durch sie sieht das Land seinen Hauptfeind Iran gestärkt und hat bereits angekündigt, sein militärisches Vorgehen gegen ihn zu verstärken.

Wie der Iran wäre auch Russland zufrieden mit dem beabsichtigten Truppenabzug der Amerikaner. Die Gründe sind klar, der Verbündete Assad wird durch ihn gestützt. Und vielleicht muss man am Ende sogar die erneute Festigung des Assad-Regimes noch als den besten Ausgang sehen. Die Syrer, die noch nicht aus ihrer zerstörten Heimat geflohen sind, haben inzwischen vielfach jede Hoffnung auf ein freies, demokratisches Syrien verloren und betrachten den Macht-erhalt Assads als einzigen Ausweg aus diesem Inferno, das bereits sieben Jahre andauert.

Es ist beschämend, dass die Weltgemeinschaft im Fall Syrien versagt hat. Und versagt hatte sie bereits, bevor die Anti-IS-Koalition überhaupt in Aktion trat und zu militärischen Mitteln griff. Man hatte zu lange weggeschaut, hatte aus eigenen Interessen einen Diktator gestützt und großes Unrecht hingenommen. Präventives Handeln gehört noch nicht zu den Stärken der Weltgemeinschaft. Immer noch nicht, obwohl die Kriegsschauplätze dieser Welt stets von Neuem die unmissverständliche Botschaft aussenden: Prävention, die auf einen Ausgleich aller Interessen abzielt, ist das absolut Entscheidende!

Besuch in Jordanien im Januar 2019
Was in Sachen Krisenprävention und Entwicklungszusammenarbeit alles möglich ist und möglich wäre, zeigt sich derzeit besonders deutlich in Jordanien, das ich wegen der internationalen und deutschen Präsenz in Al-Azraq zweimal besuchen durfte, zuletzt Ende Januar 2019.

Es war ein eindrucksvolles, vielschichtiges Bild, das sich der zehnköpfigen deutschen Delegation unter Führung von Peter Tauber, dem parlamentarischen Staatssekretär im Verteidigungsministerium, darbot. Neben Begegnungen mit den Bundeswehrkräften gehörten zum Programm auch Kontakte zur deutschen Botschaft, zu den großen Hilfsorganisationen und Stiftungen.

Es erfreut und erstaunt mich immer wieder, mit welcher Sachkompetenz und Feldkenntnis nicht nur die Bundeswehr, sondern eben auch die zivilen Kräfte in solchen Krisenregionen wie hier in Jordanien unterwegs sind.

Das beginnt in diesem Fall bei der deutschen Botschafterin, die uns in einem neunzigminütigen spätabendlichen

Gespräch ein faszinierendes Bild des Landes vermittelte. Die persönlich belastende Situation im Auswärtigen Dienst, der Wechsel des Einsatzortes alle drei oder vier Jahre, bringt den Vorzug, dass die Botschafter viel von der Welt gesehen haben und mit ebenso großem Weitblick wie Differenzierungsvermögen auf das Land schauen, in dem sie gerade arbeiten.

Nicht minder faszinierend war das frühmorgendliche Gespräch mit Vertretern der Gesellschaft für Internationale Zusammenarbeit (GIZ) und der Kreditanstalt für Wiederaufbau (KfW), die in Jordanien tätig sind. Zwei für die Entwicklung des Landes wie der Region enorm wichtige Handlungsschwerpunkte wurden uns geschildert: zum einen die Wasserversorgung, die angesichts der Konflikte mit Israel und der Bedeutung des Flusses Jordan essenziell ist, zum anderen die Schulbildung für Flüchtlingskinder, die in Jordanien zu Tausenden leben. Ich kann nur sagen: Wenn Entwicklungszusammenarbeit solche Früchte trägt, dann ist jeder Euro dort richtig angelegt. Erhellend war auch der Blick auf die verschiedenen parteinahen Stiftungen, die in vielen Ländern Bildungsprogramme unterstützen. Gerade die Vielfalt der Projekte, die auch die unterschiedlichen politischen Einstellungen der Akteure widerspiegelt, zeigte mir Jordanien in einem Mosaik von Eindrücken.

Angesichts all des Chaos, der Krisen und Kriege, die dieses rohstoffarme Land umgeben, wirkt »Transjordanien«, wie es früher einmal hieß, wie ein sicherer Hafen, in dem die Versprengten der Region, ob Syrer oder Palästinenser, Zuflucht suchen und finden. Möge der Frieden in Jordanien erhalten bleiben.

Ich war froh, dass ich beim anschließenden Besuch der Bundeswehr in Al-Azraq viel Zeit hatte, um mich mit dem Militärseelsorger im Camp auszutauschen. Wir gingen zur Kapelle des Lagers, die ich schon von meinem letzten Besuch kannte und die mich in ihrer schlichten Schönheit wieder sehr berührte. Liebevoll gestaltete Glasfenster laden zur Meditation auch außerhalb des Gottesdienstes ein.

Der Militärseelsorger erzählte mir, dass die Gottesdienste im Advent, zu Weihnachten und zum Jahreswechsel auch in diesem Jahr wieder sehr gut besucht gewesen seien. In dieser Zeit, in der das Getrenntsein von zu Hause die Soldatinnen und Soldaten besonders schmerzt, sind die Angebote der Militärseelsorge ungeheuer wichtig.

Interessant zu erfahren war für mich, dass sich einige Soldaten eigens auf den Weg in den amerikanischen Teil des Camps machen, um die dortige Form der Spiritualität und Frömmigkeit kennenzulernen und daran teilzuhaben. Für die amerikanischen Streitkräfte ist ein christlich gelebter Glaube häufig noch selbstverständlicher als für die deutschen. Ob in Al-Azraq oder in Taji im Irak, wo wir anschließend hinfuhren: Immer bauen die Amerikaner im Camp als Erstes eine *chapel*, eine Kapelle, die mit Keyboard, elektrischer Gitarre und Drum-Set auch musikalisch voll ausgestattet ist. Pop- und Gospel-Klänge erfüllen die Kirche, wie wir es ansonsten eher aus Fernsehübertragungen großer amerikanischer Gottesdienste kennen. Kein Wunder, dass so mancher Soldat sich dieses Ereignis nicht entgehen lassen will und am »Singin' and clappin'«-Gottesdienst teilnimmt, der sich von der deutschen Tradition doch sehr unterscheidet.

Die NATO in Afghanistan

Wehret der Abstumpfung
Führt man sich die Auslandseinsätze vor Augen, an denen die Bundeswehr seit dem Ende des Kalten Krieges beteiligt ist, läuft man leicht Gefahr, in eine Art Pragmatismus zu verfallen, der stets überzeugende Gründe für eine Militäroperation findet. Es ist die Crux eines nicht mehr bedingungslosen Pa-

zifismus, der unter äußersten Umständen, als Ultima Ratio, rechtserhaltende militärische Gewalt akzeptiert, dass er dazu neigt, seine Kriterien und seine Kritikfähigkeit abschleifen zu lassen und eine beliebige Rechtfertigungsdynamik zu entwickeln.

Manchmal frage ich mich, wenn ich mich mit den Auslandseinsätzen der Bundeswehr beschäftige, entweder auf meinen Reisen als Militärbischof oder während der Arbeit an diesem Buch, ob ich nicht schon abgestumpft bin, den Krieg als Realität akzeptiert habe und militärische Gewalt nicht mehr als die zwangsläufig Tod, Leid und Zerstörung bringende, unbedingt zu vermeidende Ausnahme betrachte, die sie zu sein hat, eine Ausnahme, weil Politik und Diplomatie versagt haben, weil es nicht gelungen ist, weil es nicht ausreichend lange und eindringlich versucht wurde, eine auf Interessenausgleich zielende Verständigung herbeizuführen.

Ich will Krieg nicht als hinzunehmende Realität ansehen, sozusagen als Kollateralschaden des menschlichen und staatlichen Miteinanders. Ebenso wenig will ich militärische Gewalt als etwas Alltägliches wahrnehmen, so wie in meinem Amt als Militärbischof das Militärische etwas Alltägliches ist. Militärische Gewalt darf niemals alltäglich sein, sie darf niemals ein Automatismus sein, ebenso wenig wie eine leichthin wählbare Option, eine Selbstverständlichkeit im Falle schwerer und schwer lösbarer Konflikte.

Notleidende einer solchen Abstumpfung gegenüber der militärischen »Lösung« wären in erster Linie unsere Soldatinnen und Soldaten, tragen sie doch das mit einem kriegerischen Einsatz verbundene körperliche und seelische Risiko unmittelbar. Ich bin vollkommen überzeugt, es ist Aufgabe der Kirche und der Militärseelsorge, gegen jede leichtfertige Zustimmung zu militärischem Handeln sensibel und kritisch zu bleiben.

Die Dornen der afghanischen Rose

Kein Auslandseinsatz, bei dem Deutschland mitmacht, bereitet mir mehr Probleme, weckt in mir mehr Fragen und Zweifel als das militärische Engagement der NATO in Afghanistan. Nach fast achtzehn Jahren Dauer hat dieser Krieg beinah – man muss es trotz des zynischen Beiklangs wohl so sagen – etwas Selbstverständliches bekommen. Die Medien berichten nur noch aus dem Land, wenn ein besonders großer Anschlag besonders viele Tote fordert, die Verteidigungsministerin den deutschen Truppen einen Besuch abstattet oder, wie Ende 2018, der amerikanische Präsident Donald Trump verkündet, er wolle die Hälfte der etwa vierzehntausend in Afghanistan stationierten US-Soldaten abziehen. Der Bundestag verlängert, von der Öffentlichkeit weitgehend unbemerkt, jährlich das Mandat für die Bundeswehr, und die Bundesrepublik betrachtet Afghanistan mittlerweile als sicheres Herkunftsland, sodass Afghanen in Deutschland im Allgemeinen kein Recht auf Asyl mehr besitzen.

Dabei ist, wie die ehemalige Ratsvorsitzende der EKD Margot Käßmann sagte, »nichts gut in Afghanistan«. Die Sicherheitslage in der »Islamischen Republik Afghanistan«, wie Afghanistan seit 2004 heißt, hat sich in den letzten Jahren weiter und weiter verschlechtert und gilt inzwischen als katastrophal. Tausende Zivilisten verlieren Jahr um Jahr ihr Leben. Die Taliban, die zu besiegen das westliche Militärbündnis im von den USA ausgerufenen »Krieg gegen den Terror« angetreten war, bekämpfen mit täglichen Bombenanschlägen und Selbstmordattentaten den trotz aller Aufbauhilfe nach wie vor schwachen Staat mitsamt seinen Institutionen und können immer größere Regionen zurückerobern. Für eine Befriedung des Landes gibt es nicht ansatzweise eine Perspektive.

Die generelle Ablehnung von Auslandseinsätzen seitens der meisten Deutschen ist vor allem eine Ablehnung des Afghanistan-Einsatzes. Dieser gilt als der Auslandseinsatz schlechthin, der mustergültig all die Fallstricke und Eskalations- wie Verstetigungsdynamiken aufzeigt, die immer drohen, wenn ein westliches Militärbündnis als Weltpolizist agiert. »Raus aus Afghanistan!« – was in Deutschland von Anfang an Teile der Bevölkerung forderten, denkt inzwischen wohl die große Mehrheit – etwas kleinlaut freilich, weil dem Land ohne die ausländische Militärpräsenz vermutlich noch Schlimmeres bevorstünde.

Afghanistan macht mich ratlos, ich muss es gestehen. Die Wirklichkeit ist immer zu komplex, als dass es ein eindeutiges Richtig oder Falsch gäbe, aber in Afghanistan ist die Lage besonders vielschichtig und verworren. Die Konsequenz daraus darf allerdings keine Standpunkt- und Handlungslosigkeit sein, die auf ein »Weiter so!« hinauslaufen würde. Dafür ist der »Blutzoll«, der in Afghanistan Tag für Tag entrichtet wurde und wird, viel zu hoch.

Anschlag auf die westliche Welt
Nine-Eleven, der 11. September 2001, brachte eine Zeitenwende. Die islamistischen Terroranschläge auf die Zwillingstürme des World Trade Centers in New York und auf das Pentagon, bei denen fast dreitausend Menschen ihr Leben verloren, trafen die USA und die westliche Welt ins Mark. Die Angriffe auf ein wirtschaftliches, ein militärisches und – mit dem vereitelten Anschlag auf ein Regierungsgebäude in Washington – ein politisches Zentrum der Großmacht USA sprachen eine unmissverständliche Sprache. Dem von den Vereinigten Staaten in Reinform verkörperten kapitalistischen, freiheitlich-demokratischen und militärisch potenten Westen war der Krieg erklärt worden. Die westliche Welt wurde zum Kriegsschauplatz gemacht und als effektives Kriegsinstrument der unberechenbare Terror gewählt, der jederzeit zuschlagen und jeden Bürger treffen kann. Nine-

Eleven hat die westliche Welt verändert und die System-, Kultur- und Religionskonflikte für uns von der Peripherie ins Zentrum geholt.

Bezeichnenderweise waren die Anschläge des 11. September 2001 gerade nicht von materiell und kulturell Benachteiligten verübt worden, sondern von jungen Männern, die in ihren islamisch geprägten Heimatländern zur Oberschicht gehörten und das Privileg besaßen, im Westen studieren zu können. Sie hatten die Spannungen zwischen den Kulturen auf ihre Art erfahren und waren dadurch in Hass getrieben worden.

Mohammed Atta, ein Ägypter, gilt als Anführer der Attentäter; er steuerte das erste Flugzeug in den Nordturm des World Trade Centers. Von 1992 bis 2001 hatte er Ingenieurwissenschaften an der Technischen Universität in Hamburg-Harburg studiert. Er lebte in der liberalen, zuweilen großbürgerlichen Hafenstadt, dem »Tor zur Welt«, schrieb an seiner Diplomarbeit und bereitete parallel dazu die Anschläge vor. Wie muss er Deutschland wahrgenommen und erfahren haben? Wie erlebte er unsere Gesellschaft als Wertegemeinschaft?

Ich kann mich noch an den schreckensstarren Blick des damaligen Präsidenten George W. Bush erinnern, als ihm in einer Schule beim Vorlesen aus einem Kinderbuch die Nachricht von den Terroranschlägen überbracht wurde, genauso wie an die in Endlosschleife im Fernsehen gezeigten Bilder von den Flugzeugen, die die New Yorker Hochhaustürme durchstachen. Ich glaube, jedem, der diese Bilder sah und begriffen hatte, dass sie real waren und nicht aus einem Hollywoodfilm stammten, wurde augenblicklich klar, dass sich etwas Ungeheuerliches ereignet hatte, etwas, das den Gang der Welt verändern würde.

Kriegserklärung mit biblischen Anklängen

Am 20. September hielt der amerikanische Präsident eine Rede vor dem Kongress:

»Am 11. September haben Feinde der Freiheit eine kriegerische Handlung gegen unser Land begangen. Die Amerikaner haben Kriege erlebt – aber in den letzten 136 Jahren waren dies Kriege auf fremdem Boden (...). Amerikaner haben in Kriegen Verluste erlitten – aber nicht im Zentrum einer großen Stadt an einem friedlichen Morgen. Die Amerikaner haben Überraschungsangriffe erlebt – aber nie zuvor Angriffe auf Tausende Zivilisten. Alles das wurde uns an einem einzigen Tag angetan – und die Nacht brach über eine andere Welt herein, eine Welt, in der die Freiheit selbst Angriffen ausgesetzt ist.«

George W. Bush rief in dieser Rede den Krieg gegen den islamistischen Terror aus:

»Unsere Antwort umfasst weit mehr als unmittelbare Vergeltung und einzelne militärische Schläge. Die Amerikaner sollten sich nicht auf eine Schlacht, sondern auf einen lang andauernden Feldzug einstellen, wie wir ihn bislang noch nicht erlebt haben. Dazu können bedeutende militärische Schläge gehören, die im Fernsehen zu sehen sein werden, und verdeckte Operationen, die selbst bei Erfolg geheim bleiben werden. Wir werden die Finanzquellen der Terroristen austrocknen, sie gegeneinander ausspielen, sie von Ort zu Ort jagen, bis es keinen Ort der Zuflucht oder der Ruhe mehr für sie gibt. Und wir werden Staaten verfolgen, die ihnen Hilfe oder Unterschlupf gewähren. Jede Nation in jeder Region muss nun eine Entscheidung treffen. Entweder sind sie auf unserer Seite oder auf der Seite der Terroristen. Von diesem Tag an wird jeder Staat, der weiterhin Terroristen unterstützt oder ihnen Unterschlupf gewährt, von den USA als feindliches Regime betrachtet.«

Die Rede des Präsidenten würde eine ausführliche Auslegung, eine Exegese, erfordern. Denn in ihr finden sich wichtige, ja essenzielle Andeutungen dessen, was in den kommenden Wochen, Monaten, Jahren erfolgte. Das Motiv der Vergeltung. Die Bezeichnung des Terrors als Krieg, dem der Krieg gegen den Terrorismus folgen sollte. Die Begriffe von Schlacht und Feldzug, die ebenfalls ein Kriegsgeschehen vorhersehen ließen.

Mich als Theologen erschüttert am meisten der zentrale Passus des Textes, in dem die Amerikaner aufgerufen werden, die Terroristen »von Ort zu Ort [zu] jagen, bis es keinen Ort der Zuflucht oder der Ruhe mehr für sie gibt«. Da klingen ganz deutlich biblische Motive an, deren Kenntnis Bush bei seinen frommen Anhängern insbesondere im »Bible Belt«, den Südstaaten mit ihren evangelikalen Strömungen, voraussetzen konnte. Sofort fällt dem Bibelkundigen Genesis, 1. Mose 4, ein, die Geschichte von Kain und Abel, die bekanntlich damit endet, dass Kain seinen Bruder Abel erschlägt. Als Strafe für diese erste Mordtat der Urgeschichte stellt Gott Kain eine ruhelose Zukunft in Aussicht: »Unstet und flüchtig sollst Du sein auf Erden.« So sollte es den Terroristen auch ergehen.

Gott wird Kain also aus dem Paradies, dem Schutzraum Gottes, vertreiben, in einen Raum »jenseits von Eden«. Dieses Bild nimmt Bush, der gläubige Christ, auf. Allerdings mit einem kleinen, in der Konsequenz aber zentralen Unterschied: Kain ahnt, was ihn erwartet, und erbittet von Gott ein Zeichen des Schutzes, das ihm dieser mit dem legendären Kainsmal auch gewährt. Verbunden mit dem Satz: »Wer Kain totschlägt, der soll siebenfältig gerächt werden.« Der erste Mörder der Menschheitsgeschichte bekommt Gottes Sanktionen sehr deutlich zu spüren. Aber er wird zugleich unter dessen Schutzmacht gestellt.

Das ist der feine Unterschied zwischen der biblischen, schon im Alten Testament als unverbrüchlich dargestellten Gnade Gottes und dem, was auch gläubige Christen in blinder Vergeltungssucht zuweilen daraus machen. Die Spirale der Gewalt, die bis heute den Mittleren Osten durchzieht, bewahrheitet die grausame Logik, die bereits der Prophet Hosea vorhersah: »Wer Wind sät, wird Sturm ernten« (Hosea 8). Gewalt führt zu noch größerer Gewalt.

Afghanistan im Visier

Das erste feindliche Ziel, das die USA auf ihrem Feldzug gegen den islamistischen Terror ins Visier nahmen, war Afghanistan. Das Binnenland an der Schnittstelle zwischen Süd- und Zentralasien, das zu drei Vierteln aus schwer zugänglichen Gebirgsregionen besteht, liegt mit seinen Grenzen im Norden zu den ehemaligen Sowjetrepubliken Turkmenistan, Usbekistan und Tadschikistan, im Westen und Nordwesten zum Iran und im Süden und Südosten zu Pakistan an einer geostrategisch wichtigen Position im Mittleren Osten.

Der Staat Afghanistan entstand erst im 19. Jahrhundert und ging aus den Kämpfen zwischen dem russischem Zarenreich und der britischen Krone um die Vorherrschaft in der Region hervor. Ähnlich wie Mali ist er ein künstliches Produkt, das verschiedene Ethnien, Stämme und Clans mit unterschiedlichen Sprachen, kulturellen und religiösen Ausprägungen zusammenfasste. Nachdem zunächst die Kolonialmächte versuchten, Einfluss zu nehmen und ihnen genehme Regime zu installieren, war Afghanistan später Austragungsort eines ständigen Stellvertreterkrieges zwischen den Großmächten USA und Sowjetunion.

Seit Ende der Siebzigerjahre befindet sich das Land durchgehend im Bürgerkrieg. 1979 besetzte die Sowjetunion Afghanistan und etablierte eine Marionettenregierung – auch aus der Sorge heraus, die islamische Revolution im Nachbarland Iran könnte übergreifen und das bisherige, Moskau gegenüber zumindest wohlwollende Regime beseitigen. Die sowjetischen Besatzer stießen auf erbitterten Widerstand seitens der Bevölkerung. Dabei wurde der Islam nun erst recht zum ideologischen Gegenpol der kommunistischen Machthaber. Die Widerstandskämpfer nannten sich Mudschaheddin, »Heilige Krieger«, und begannen einen Dschihad, einen »Heiligen Krieg«, gegen die gottlosen Kommunisten. Die USA und Saudi-Arabien unterstützten die Mudschaheddin mit Geld und Waffen, Pakistan half bei der Organisation des Widerstandes.

1988, unter dem Glasnost- und Perestroika-Präsidenten Gorbatschow, beschloss die Sowjetunion, die ebenso erfolglose wie verlustreiche Besatzung, die das Land niemals befrieden würde, zu beenden. Dennoch hielt sich das kommunistische Regime noch bis 1992, bis Moskau auch die Militär- und Finanzhilfe eingestellt hatte und die Mudschaheddin die Macht übernahmen. Hatten diese im Kampf gegen die sowjetischen Truppen bisher an einem Strang gezogen, so offenbarte sich nun, dass die »Heiligen Krieger« in viele Parteien zersplittert waren, die sich um einzelne religiöse Führer, Islamisten und Warlords gruppierten. Die Herrschaft der Mudschaheddin führte in einen blutigen Bürgerkrieg zwischen den einzelnen Fraktionen, der Kabul in Schutt und Asche legte und Afghanistan in zahllose Kleinreiche zersprengte.

1994 trat erstmals die aus Pakistan kommende, radikalislamische Miliz der Taliban im von der Zentralregierung weitgehend unkontrollierten Süden Afghanistans auf den Plan. Die »Religionsschüler«, so die Übersetzung ihres Namens, erschienen der vom Krieg erschöpften und verelendeten Bevölkerung als Friedens- und Ordnungsbringer. Im Herbst 1994 nahmen die Taliban Kandahar ein und brachten dann innerhalb kurzer Zeit den ganzen Süden unter ihre Kontrolle. 1996 eroberten sie schließlich Kabul und machten Afghanistan zu einem »Islamischen Emirat«. Unter der rigiden, wortwörtlichen Anwendung der Scharia etablierten sie ein Schreckensregiment, das Frauen völlig entrechtete und jegliche Zuwiderhandlung mit drakonischen Körperstrafen bis hin zu Hinrichtungen ahndete.

Operation Enduring Freedom

Es ist symptomatisch für eine kurzsichtige Interessenpolitik der USA, dass die Taliban, die später zu den größten Feinden der Amerikaner avancieren sollten, von diesen zuvor ausgebildet und finanziert worden waren. Nach dem 11. September jedoch erklärten die USA die Islamisten in Afghanistan zu Mitverantwortlichen der Terrorakte.

Die Taliban waren als Unterstützer des Terrornetzwerkes Al-Qaida bekannt, das die Anschläge ausgeführt und schon früher Attentate gegen Einrichtungen der Vereinigten Staaten verübt hatte – erstmals 1998, als Mitglieder der Organisation Autobomben vor den US-Botschaften in Tansania und Kenia gezündet hatten. Der Al-Qaida-Gründer Osama bin Laden galt als Freund des Taliban-Anführers Mullah Omar, und es wurde vermutet, dass der nach Nine-Eleven nun meistgesuchte Terrorist der Welt in Afghanistan Zuflucht gefunden hatte, wo auch, wie man wusste, Terroristen in großen Ausbildungslagern für den globalen Dschihad geschult wurden.

So erklärte die US-Regierung unter George W. Bush Afghanistan zum feindlichen Staat, den als Reaktion auf den erlittenen Angriff der Gegenschlag treffen sollte. Am 7. Oktober 2001 begannen US-amerikanische und britische Streitkräfte den »Krieg gegen den Terror« mit einer Militäroffensive gegen Afghanistan. Die USA rechtfertigten die *Operation Enduring Freedom* mit der Resolution 1368, die der UN-Sicherheitsrat am 12. September verabschiedet hatte.

Darin wurden die Terrorakte des Vortages als Bedrohung für den Weltfrieden und die internationale Sicherheit verurteilt. Zudem bekräftigte die Resolution das Recht auf individuelle und kollektive Selbstverteidigung sowie die Notwendigkeit, alle erforderlichen Schritte gegen zukünftige Bedrohungen zu unternehmen.

Der Militärschlag vom 7. Oktober war der Beginn des Krieges, den die USA und ihre Verbündeten in Afghanistan bis heute führen. Viele Kritiker sahen und sehen in dem Angriff Afghanistans eine sich auf Verdachtsmomente stützende, völkerrechtlich fragwürdige und eskalierende Vergeltungsaktion gegen ein Land, das für die Terroranschläge in Generalhaftung genommen wurde. Sosehr mich die Terroranschläge schockierten und ich eine Reaktion für erforderlich hielt, die Offensive gegen Afghanistan erschien mir auch als zweifelhafter Akt, der mehr mit Rache zu tun hatte als mit einer besonnenen Reaktion. Und obwohl ich die durch den enormen Handlungsdruck ausgelöste Dynamik inzwischen besser verstehe, vollkommen revidiert habe ich diese Einschätzung bis heute nicht. Auch das weitgehend unilaterale Vorgehen der USA sehe ich nach wie vor kritisch. Die Vereinigten Staaten begannen den Krieg eigenmächtig und versicherten sich nicht einmal des Beistandes der NATO – die ihnen allerdings wenig später zur Seite trat und den Bündnisfall erklärte. *Enduring Freedom* war seitdem eine NATO-Operation.

In Deutschland ließ die rot-grüne Regierung unter Bundeskanzler Gerhard Schröder den Bundestag am 16. November 2001 über den »Einsatz bewaffneter deutscher Streitkräfte bei der Unterstützung der gemeinsamen Reaktion auf terroristische Angriffe gegen die USA« abstimmen. Es war eine historische Parlamentssitzung, denn nachdem bereits deutsche Kampfflugzeuge im Kosovokrieg eingesetzt worden waren, ging es nun um eine weitere Stufe der Bundeswehrbeteiligung: Zum ersten Mal stand die Teilnahme deutscher Soldaten an Bodenkämpfen außerhalb des NATO-Vertragsgebietes zur Diskussion.

Schröder, der den USA noch am 11. September die »uneingeschränkte Solidarität« Deutschlands zugesagt hatte, vertrat die Auffassung, die »Kriegserklärung durch den Terrorismus« erzwinge die Beteiligung der Bundeswehr an der *Operation Enduring Freedom*, und verband die Abstimmung mit der Vertrauensfrage. Aus Schröders eigener Partei kam die berechtigte Kritik, Militäreinsätze würden zunehmend wieder als Mittel der Politik opportun. Und die damalige grüne Vizepräsidentin des Bundestages, die evangelische Theologin Antje Vollmer, äußerte eine Befürchtung, die sich im inzwischen jahrelangen Krieg gegen den Terror vielfach bewahrheitete:

»Dass nach aller Erfahrung mit dem Terrorismus Terrorismus militärisch nicht besiegbar ist, sondern in der Regel durch militärische Aktionen eher an Zulauf gewinnt von neuen Generationen von Terroristen, das ist meine größte Sorge.«

Trotz aller Einwände stimmte das Parlament mit knapper Mehrheit für die Entsendung bewaffneter Soldaten nach Afghanistan. Deutschland wollte keine Sonderrolle mehr spielen und zeigen, dass es sich als zuverlässiger Bündnispartner auch vor dem Ernstfall eines Kampfeinsatzes nicht drücken würde.

Als sich dann ein kleines Kontingent deutscher Spezialkräfte zur Terrorbekämpfung der *Operation Enduring Freedom* anschloss, war die Taliban-Regierung in der Hauptstadt Kabul bereits entmachtet, und amerikanische und britische Bodentruppen waren dabei, immer mehr Gebiete Afghanistans von den Taliban zu befreien. Dabei behilflich war ihnen die sogenannte Nordallianz, die sich aus kampferprobten, einige

Zeit zuvor noch bis aufs Blut verfeindeten ehemaligen Mudschaheddin rekrutierte.

Sicherheits- und Wiederaufbaumission ISAF

Schon am 4. Dezember 2001 wurde Hamid Karsai auf der Afghanistan-Konferenz in Bonn als Präsident einer Übergangsregierung eingesetzt. Der Angehörige eines reichen und einflussreichen paschtunischen Clans hatte im Kampf gegen die sowjetische Besatzung die Mudschaheddin und dann zunächst auch die Taliban unterstützt, war dann aber, als diese die Macht ergriffen hatten, vor ihnen geflohen und galt als Protegé der USA mit Kontakten zur CIA. Dennoch wollte Karsai, dass die gestürzten Taliban an den Bonner Gesprächen beteiligt werden, was die USA wegen deren angeblicher Mittäterschaft bei den Anschlägen vom 11. September strikt ablehnten.

Während die *Operation Enduring Freedom* in der weiten und unübersichtlichen Gebirgslandschaft Afghanistans die Jagd auf Taliban und Terroristen fortsetzte, sollte die Interimsregierung unter Karsai von Kabul aus den Aufbau eines Rechtsstaats vorantreiben. Um die neue Regierung zu stärken, war auf der Bonner Konferenz beschlossen worden, beim UN-Sicherheitsrat die Aufstellung einer internationalen Schutztruppe unter Führung der Vereinten Nationen zu beantragen, die in und um Kabul für Sicherheit sorgen und die Regierung beim Staatsaufbau unterstützen sollte.

Am 20. Dezember 2001 genehmigte der UN-Sicherheitsrat mit der Resolution 1386 die Sicherheits- und Wiederaufbaumission ISAF *(International Security Assistance Force)* und stellte sie unter die Führung der NATO. Es ging alles Schlag auf Schlag. Keine drei Wochen nach dem Beschluss über die *Operation Enduring Freedom* stimmte der Bundestag am 22. Dezember über die Beteiligung der Bundeswehr an der »Internationalen Sicherheitsunterstützungstruppe« ab. »Wir entscheiden in einer Situation, in der der Frieden in

Afghanistan wirklich näher gerückt ist«, warb Bundeskanzler Schröder im Parlament für den Einsatz. Die Mission war zunächst auf ein halbes Jahr angesetzt: »Es handelt sich um ein von den Aufgaben her, vom Einsatzort her und von der Zeit her begrenztes Mandat.«

Mit einer deutlicheren Mehrheit als bei *Enduring Freedom* billigten die Abgeordneten die Teilnahme deutscher Soldaten am ISAF-Einsatz. Zwar war er keine friedens*sichernde* Blauhelm-Mission, aber eine friedens*erzwingende* Maßnahme und somit kein expliziter Kampfeinsatz. Die Soldaten sollten nicht Terroristen jagen, sondern den neuen Präsidenten unterstützen und das Land stabilisieren. Dagegen war nicht viel einzuwenden. Die Gegenstimmen kamen überwiegend von der PDS, der Vorgängerpartei der Linken, die generell gegen Auslandseinsätze der Bundeswehr war.

Hoffnungsvoller Anfang

Als die ISAF-Mission für die deutschen Soldaten im Januar 2002 begann, wurde die Bundeswehr von der afghanischen Bevölkerung zunächst als Friedensarmee wahrgenommen. Unbewaffnet, ohne Kampfanzug und mit Barett statt mit Helm waren die deutschen Soldaten in Kabul und Umgebung unterwegs und zeigten sich als Freunde und Helfer, die bei der Bevölkerung willkommen waren. Derweil lieferten sich in den Provinzen vor allem Amerikaner und Briten in schwerer Kampfmontur im Verbund mit der Nordallianz Kämpfe mit Taliban und anderen Aufständischen.

Schnell zeichnete sich jedoch ab, dass nach einem halben Jahr der Staatsaufbau in Kabul und die Stabilisierung des Landes längst nicht abgeschlossen sein würden. Der ISAF-Einsatz wurde verlängert und wieder verlängert. Im Frühjahr 2003 entschied man, ihn auf ganz Afghanistan auszuweiten. Es war dasselbe Jahr, in dem Saddam Hussein ins Fadenkreuz der USA geriet und der Schwerpunkt der amerikanischen

Terrorbekämpfung von Afghanistan auf den Irak verlegt wurde. Das abnehmende Engagement der USA mussten die anderen ISAF-Länder kompensieren. Die Bundeswehr übernahm bei der Ausweitung der Mission eine Schlüsselrolle. Ab Herbst 2003 leitete sie das *Provincial Reconstruction Team* (Regionale Wiederaufbauteam) in der nordafghanischen Provinz Kundus, die erste ISAF-Station außerhalb Kabuls.

Zunächst verlief der Einsatz in Kundus durchaus friedlich. Die Bundeswehr leistete wirkliche Wiederaufbauarbeit. Das Feldlager, das die Soldaten errichteten, sollte nur vorübergehend von der Bundeswehr genutzt und dann an Afghanistan übergeben werden. Es wurden Brunnen in abgelegenen Dörfern gebaut und Schulen instand gesetzt. Es schien eine Zeit lang so, als ginge der Plan auf und Afghanistan könnte sich stabilisieren, indem sich mithilfe der ISAF-Mission die Lebenssituation der Bevölkerung im ganzen Land verbesserte. Die Große Ratsversammlung hatte eine Verfassung für die »Islamische Republik Afghanistan« ausgearbeitet, und Hamid Karsai wurde Ende 2004 zum ordentlichen Präsidenten gewählt. Afghanistan schien sich auf dem hoffnungsvollen Weg der staatlichen Konstituierung zu befinden.

Die Bundeswehr wird zum Gegner

Allerdings hatten vereinzelte Anschläge immer wieder gezeigt, dass die Taliban nicht gänzlich aus dem Land vertrieben waren. Wie hatte man das auch glauben können?, fragt man sich heute. Bereits am 7. Juni 2003 ereignete sich mit einem Anschlag auf Bundeswehrsoldaten eine Art Fanal. An diesem Tag sprengte sich in Kabul ein Selbstmordattentäter neben einem Bus in die Luft, der die Soldaten für ihre Heimreise zum Flughafen bringen sollte. Bei der Explosion starben vier Soldaten, unter ihnen der bekannte ehemalige Schwimmer Carsten Kühlmorgen; neunundzwanzig weitere Soldaten wurden zum Teil schwer verletzt.

Zum ersten Mal waren deutsche Soldaten gezielt Opfer eines Selbstmordanschlags geworden. Dass dieser Einsatz für uns Deutsche alles andere als harmlos war, ließ sich jetzt nicht mehr übersehen. Der Hass traf eben nicht nur die Amerikaner, auch die Deutschen waren für die Taliban Feinde, mochten sie sich selbst als noch so friedfertig empfinden. Ab 2006 häuften sich die Angriffe auf die deutschen Truppen. Gezielt wurden Patrouillenfahrzeuge beschossen oder in die Luft gejagt. Soldaten verloren ihr Leben oder wurden schwer verwundet. Mehr und mehr verwandelte sich die anfängliche Friedens- und Stabilisierungsmission in einen Kampfeinsatz. Der friedenserzwingende ISAF-Einsatz war von der Selbstverteidigungsoperation *Enduring Freedom* immer weniger zu unterscheiden.

Je mehr Anschläge es gab und je zahlreicher damit auch die zivilen Opfer wurden, desto mehr nahm die afghanische Bevölkerung das ausländische Militär als feindliche Besatzungsmacht wahr. Auch die deutschen Soldaten, die bislang großen Respekt genossen hatten, betrachteten die Afghanen zusehends als Gegner. Gleichzeitig begann das Ansehen der Taliban wieder zu steigen.

Die Kundus-Affäre

Die Nacht vom 3. auf den 4. September 2009 bedeutete eine weitere Zäsur. Der Kommandant des *Provincial Reconstruction Teams*, Oberst Georg Klein, befahl, zwei von den Taliban gekaperte Tanklaster am Fluss Kundus zu bombardieren, von denen befürchtet wurde, dass sie zu rollenden Bomben umfunktioniert werden sollten. Bei dem Luftangriff starben über hundert Menschen, darunter unzählige Zivilisten, die die Taliban ganz bewusst als »menschliche Schutzschilde« zu den Fahrzeugen gerufen hatten, mit der perfiden, menschenverachtenden Absicht, den Westen als Mörder vorzuführen. Die Bundeswehr war den Taliban in die Falle gegangen.

Der Angriff löste Entsetzen in der deutschen Bevölkerung aus, ohne dass ernsthaft über die Fakten und Umstände des Vorgangs diskutiert worden wäre. Was nur richtete die Bundeswehr in Afghanistan an?, lautete fortan die populäre, manchmal geradezu populistisch aufgeheizte Frage. Der als unverhältnismäßig wahrgenommene Militärschlag weitete sich in Berlin zur Kundus-Affäre aus. Verteidigungsminister Franz Josef Jung musste zurücktreten, Generalinspekteur Wolfgang Schneiderhan und Staatssekretär Peter Wichert wurden entlassen. Der *Spiegel* schrieb in der Rekonstruktion des Bombardements Anfang 2010 von dem »blutigste[n] deutsche[n] Militäreinsatz seit dem Zweiten Weltkrieg«:

»Der Luftschlag von Kunduz, befohlen von Deutschen, (...) markiert einen neuerlichen Wendepunkt in der deutschen Geschichte, weil er die lange gepflegte Illusion, man könne an Kriegen teilnehmen und dabei Pazifist bleiben, beendet. Schlimmer noch: Während die Deutschen weiter glauben wollten, man könne Panzer in die Welt schicken, aber nur um Brücken zu bauen, machten sich ihre Soldaten draußen in der Welt eines Verbrechens schuldig.«

Der Luftangriff auf die Tanklaster zog einen Untersuchungsausschuss und ein Gerichtsverfahren nach sich. Die Justiz befand, dass in Afghanistan Krieg herrsche und daher das Vorgehen der Soldaten nach dem Kriegs- und Völkerrecht und nicht nach dem deutschen Strafgesetzbuch zu beurteilen sei. Damit hatte das Gericht klargestellt, was längst nicht mehr zu beschönigen war und nun auch von der deutschen Politik anerkannt werden musste: In Afghanistan herrschte Krieg, und die Bundeswehr war Kriegspartei.

Zugleich empfanden viele innerhalb der Bundeswehr die öffentliche Reaktion auf das Ereignis in Kundus als ungerecht und verletzend. Waren die Soldaten nicht vom Bundestag, von dem die deutsche Bevölkerung repräsentierenden Parlament, mit großer Mehrheit in die vertrackte Lage Afghanistans hineingeschickt worden? Jetzt sahen sie sich zu Sündenböcken gemacht, durch Teile der Medien gar als »Verbrecher« abgestempelt und von politisch Verantwortlichen verraten. Oberst Klein hatte in der gegebenen Situation handeln müssen, er konnte nicht aus sicherem Abstand räsonieren und in Ruhe abwägen. Jeder, der ihn kannte, bestätigte, wie ernsthaft, besonnen und selbstkritisch er seine Aufgaben wahrgenommen hatte. Die Militärgeistlichen konnten nachvollziehen, dass sich damals nicht wenige Soldaten innerlich aus der politischen Debatte in Deutschland zurückzogen. Der Politik war es nicht gelungen, die deutsche Gesellschaft mitzunehmen, als sie sich für ein auch militärisches internationales Engagement entschied, und nun versteckte sie sich hinter dem Rücken derer, die diese Entscheidung nicht herbeigeführt, sie aber auszuführen und unter höchstem Risiko zu tragen hatten.

So wurde die Loyalität der Bundeswehr auf eine harte Probe gestellt. Auch Militärgeistliche fanden sich zuweilen in den Debatten, wie sie in manchen deutschen Kirchengemeinden geführt wurden, nicht mehr wieder.

Traumatische Jahre
Der Krieg um die Provinz Kundus fand in unmittelbarer Nähe des deutschen Feldlagers statt. Am Karfreitag 2010 erreichte er einen neuen tragischen Tiefpunkt: Deutsche Soldaten gerieten in einen Hinterhalt und lieferten sich einen stundenlangen Schusswechsel mit den Taliban. Drei Bundeswehrsoldaten verloren ihr Leben, einige wurden schwer verletzt. Für die Bundeswehr war das sogenannte Karfreitagsgefecht ein Trauma, für die deutsche Bevölkerung war es ein Schock und für die Taliban ein großer Propagandaerfolg.

Die Gewalt eskalierte mehr und mehr. Die Taliban fanden

in der afghanischen Bevölkerung in dem Maße größeren Rückhalt, wie die vom Westen gestützte Regierung versagte und der Hass auf die ausländischen, als feindliche Besatzer wahrgenommenen Soldaten wuchs, denen man die Verantwortung für die vielen zivilen Opfer verantwortlich gab. Es waren dieselben Erfahrungen, die bereits die Sowjets gemacht hatten. Die internationalen Kontingente in Afghanistan, vor allem die der USA, wurden erheblich aufgestockt. Mit einer Truppenstärke von 5433 Soldaten erreichte die Bundeswehr 2011 ihren Einsatzhöhepunkt.

Die Jahre 2006 bis 2014 waren traumatische Kriegsjahre in Afghanistan. Im Vergleich zur US-amerikanischen und zur britischen Armee hielten sich die Opfer in der Bundeswehr zwar noch in Grenzen, doch kehrten viele Soldaten seelisch gebrochen nach Deutschland zurück. Sie hatten Erfahrungen gemacht, von denen man in der Bundesrepublik dachte, sie seien nach den beiden Weltkriegen nicht mehr möglich. Die Posttraumatische Belastungsstörung (PTBS), die in den USA anhand der vielen psychisch erkrankten Veteranen des Vietnamkrieges als Symptomatik erforscht worden war, zeigte sich nun auch bei Bundeswehrsoldaten, die mit ihren grauenvollen Erlebnissen in kein normales Leben mehr zurückfanden.

Schwerst traumatisierte Kriegsveteranen gehören wieder zur Realität Deutschlands. Es gibt mittlerweile Traumazentren, in denen sie behandelt werden. Bücher und Filme holen sie in das Bewusstsein der Öffentlichkeit. Und doch wird immer noch viel zu wenig für sie getan, bekommen sie nicht die Aufmerksamkeit und das Verständnis, die sie brauchen. Im Gegenteil, die Ablehnung des Afghanistan-Einsatzes und der daran beteiligten deutschen Soldaten stieg weiter.

Strategiewechsel mit Folgen

Der Pazifist und spätere Friedensnobelpreisträger Barack Obama, der George W. Bush 2009 als US-Präsident ablöste, hatte schon im Wahlkampf 2008 versprochen und dann zu seiner Wiederwahl 2012 angekündigt, den Afghanistan-Einsatz zu beenden und mit der dominanten, verlustreichen und kostspieligen Interventionspolitik seines Vorgängers zu brechen. Allen Verbündeten war klar, dass ohne die Ankermacht USA, die die Hauptlast der Mission in Afghanistan trug, an eine Fortsetzung des militärischen Engagements am Hindukusch nicht zu denken wäre.

Im Frühjahr 2013 wurde verkündet, bis Ende 2014 sei der Staatsaufbau in Afghanistan so weit fortgeschritten, dass der ISAF-Einsatz beendet werden und die Zentralregierung allein für die Sicherheit des Landes verantwortlich sein könne. Nur noch rund ein Zehntel des bisherigen internationalen Militärs sollte im Land verbleiben und in der NATO-geführten *Resolute Support Mission* in geschützten Feldlagern und fernab des konkreten Geschehens ausbilden, beraten und unterstützen: *Train, Advise, Assist* lautete der neue Auftrag, der auf zwei Jahre festgesetzt war und dann mit dem Abzug aller alliierten Truppen beendet werden sollte.

Ein Militärpfarrer, der in Afghanistan tätig war, als den deutschen Truppen mitgeteilt wurde, dass die ISAF-Mission bis Ende 2014 auslaufen würde, beschrieb mir diesen Vorgang später als eine »Staatsbürgern in Uniform« unwürdige Behandlung. Es sei ihnen offiziell gesagt worden, sie alle hätten einen wertvollen Beitrag zum Aufbau eines sicheren, stabilen und rechtsstaatlichen Afghanistan geleistet, und nun, wo sich alles so positiv entwickelt habe, könne man das Land guten Gewissens weitgehend sich selbst überlassen. Der Militärseelsorger erzählte mir, dass viele Soldaten sich dadurch nicht ernst genommen fühlten. Sie erlebten schließlich tagtäglich hautnah, wie instabil und unsicher Afghanistan in Wirklichkeit war:

»Gerade diejenigen, die zu dem Land in mehreren Einsätzen ein engeres Verhältnis gewonnen hatten, waren vor den Kopf gestoßen. Da waren Soldaten dabei, die das vierte, fünfte Mal in Afghanistan im Einsatz waren. Sie kannten von den lokalen Arbeitskräften viele persönlich, hatten ein persönliches Interesse, wie sich die Dinge für die Menschen dort entwickelten. Sie hätten eine differenzierte Bilanz des Einsatzes durchaus ertragen, bei der dann auch Fragen aufgekommen wären: Was ist mit den Dutzenden Kameraden, die gefallen sind? Was ist mit den Hunderten, die verwundet wurden? Was ist mit den vielen, die vielleicht ein Leben lang durch diesen Einsatz seelisch verletzt sind? Eine ehrliche Bilanz hätten sie ausgehalten, ja sich gewünscht.«

Alle wussten, dass das Ende von ISAF letztlich der amerikanischen Innenpolitik geschuldet und Afghanistan alles andere als ein sicherer, stabiler Rechtsstaat war. Landeskundige und vor allem Militärexperten warnten, dass die Taliban nun nur noch auf den angekündigten Truppenabzug warten müssten, um anschließend die auf sich gestellten afghanischen Sicherheitskräfte umso effektiver angreifen zu können.

Die Warnungen bewahrheiteten sich umgehend. Der Strategiewechsel und insbesondere seine explizite Ankündigung erwiesen sich als fatal. Die Taliban erstarkten, und die Sicherheitslage in Afghanistan wurde noch prekärer. Zwar ruderten die alliierten Kräfte daraufhin zurück und revidierten den Plan, den Großteil ihrer Truppen abzuziehen. Bei der Entscheidung allerdings, den mit Erzwingungsgewalt ausgestatteten ISAF-Einsatz durch die Trainings- und Beratungsmission *Resolute Support* zu ersetzen, blieb man.

Dass dies eine Fehlentscheidung war, zeigte sich auf bitterste Weise. Genau wie es die Soldaten erkannt und gegenüber dem Seelsorger angesprochen hatten, war durch ISAF mitnichten ein Umfeld geschaffen worden, das die einheimischen Kräfte in die Lage versetzte, die Sicherheitsverantwortung selbstständig zu tragen. Es offenbarte sich auch, dass – anders, als man es offiziell erwartet hatte – mit dem Teilrückzug der alliierten Sicherheitskräfte in den Augen der Taliban der Feind keineswegs die Bühne verlassen hatte. Der Krieg hatte sich für die Aufständischen nicht erledigt. Sie steigerten nur ihre Guerillataktik und nahmen alles ins Visier, was irgendwie in Verbindung mit der afghanischen Regierung stand – auch zivile Helfer und Mitarbeiter der internationalen Entwicklungszusammenarbeit.

Der grüne Friedens- und Sicherheitsexperte und Afghanistankenner Winfried Nachtwei, der bis 2009 Mitglied des Bundestages und des Verteidigungsausschusses und an insgesamt zwanzig Mandatsentscheidungen zu Afghanistan beteiligt war, zog im November 2018 in einem Vortrag auf der großen Afghanistan-Tagung der Evangelischen Akademie Villigst Bilanz: Die Zahl der zivilen Opfer stieg in Afghanistan nach dem Strategiewechsel 2014 um zwanzig Prozent und verharrt seitdem auf diesem hohen Niveau. Dreißig Prozent soll die »jährliche Schwundrate der afghanischen Sicherheitskräfte« betragen. Allein 2017, zitierte Nachtwei die *New York Times*, fielen zehntausend afghanische Soldaten und Polizisten, sechzehntausend wurden verwundet.

Die Bilanz ist wirklich verheerend – davon erhielt ich auch bei meinem Afghanistan-Besuch im Mai 2018 einen lebhaften Eindruck. Gab es jemals den Ansatz eines Staatsaufbaus, so ist davon nicht mehr viel übrig. Die Taliban sollen inzwischen die Oberhand über die Pro-Regierungskräfte gewonnen haben. Nicht nur sei, so Nachtwei, die Zahl der Talibankämpfer nach offiziellen US-Angaben von 20 000 im Jahr 2014 auf über 60 000 im Jahr 2018 angewachsen, auch sollen mittlerweile wieder einundsechzig Prozent der afghanischen Distrikte von Taliban kontrolliert oder umkämpft werden.

Über die Strategie der Taliban sagte Nachtwei:

»Siebzig Prozent aller Suizid- und komplexen Angriffe geschahen 2017 in der besonders gesicherten Hauptstadt [Kabul]. Hier, unter den Augen der Medien und internationalen Öffentlichkeit, erreichen die Angreifer mit ihren Massakeranschlägen die maximale psychologische Wirkung an Angst, Schrecken, Ohnmacht, Vertrauensverlust der Regierung.«

Teufelskreis der Gewalt
Die USA setzten die Terrorbekämpfungsmission *Enduring Freedom*, die wie ISAF 2014 endete, in dem Kampfeinsatz *Freedom's Sentinel* fort. US-Präsident Trump, zu diesem Zeitpunkt seit sieben Monaten im Amt, sagte am 22. August 2017 zur amerikanischen Afghanistan-Strategie: »Wir betreiben kein Nation Building mehr. Wir töten Terroristen.«

Die US-Streitkräfte nutzen ihre Luftüberlegenheit und bombardieren die Taliban, auch mit ethisch fragwürdigen unbemannten Kampfdrohnen. Die sogenannten Kollateralschäden in der Zivilbevölkerung werden dabei ebenso in Kauf genommen wie die Tatsache, dass die Taliban an Zulauf gewinnen. Inzwischen, so berichtete Nachtwei, werfen die USA so viele Bomben über Afghanistan ab wie seit 2004 nicht mehr. Ohne den Kampfeinsatz der Amerikaner wären allerdings die afghanischen Sicherheitskräfte nicht überlebensfähig, daher wird er von diesen wie auch von der afghanischen Regierung unterstützt.

Es ist ein Teufelskreis der Gewalt. Inzwischen haben viele internationale Organisationen der Entwicklungszusammenarbeit, die zu Hunderten in Afghanistan tätig waren, wegen der akuten Gefährdung das Land verlassen. Bis zum Bombenanschlag auf die deutsche Botschaft in Kabul im Mai 2017, bei dem Dutzende Menschen getötet und Hunderte verletzt wurden, war Afghanistan finanziell wie personell das Schwerpunktland deutscher Entwicklungszusammenarbeit und Stabilisierungshilfe. Danach wurde das ausländische Personal zum größten Teil abgezogen. Zahlreiche Projekte mussten abgebrochen werden, andere werden aus der Ferne gesteuert, mit mäßiger Effizienz.

Bericht von einem Einsatz-Besuch
Die deutschen Streitkräfte spielen im Land verglichen mit den Amerikanern eine kleine Rolle. Dennoch wird ihre Hilfe sehr wertgeschätzt. Von einem gemeinsamen Afghanistan-Besuch mit einem leitenden Militärdekan im Mai 2018 berichtete einer meiner Mitarbeiter:

»Der weiße Helikopter steht auf dem Flugfeld in Masar, alles sieht ganz friedlich aus. Der Hubschrauber aus russischen Beständen soll die drei Gäste der Militärseelsorge von der nördlich im Land gelegenen Stadt ins weiter südlich gelegene Kabul bringen. Für alle Fälle sind Schutzweste, Helm und Gehörschutz ausgegeben worden. Als der Helm für den Bischof nicht gleich passt, sagt einer aus der Begleitung: ›Dann muss er den Schutz des Allerhöchsten in Anspruch nehmen.‹ Hauptmann Manfred B. und die anderen des *Close Protection Team* tragen Waffen. Schon rennen alle zum Hubschrauber, hinein auf die einfachen Bänke für die Passagiere. Anschnallen – und schon hebt das Fluggerät ab. Es sind karge Gebirgszüge, auf die man hier zufliegt. Bis zu fünftausend Meter hoch. Da wird die Luft auch für die Passagiere dünn. Absolut zuverlässig seien die Maschinen, hat ein Soldat bei der Einweisung am Boden gesagt. Hier oben muss man sich beim fast dreistündigen Flug ganz auf eine solche Aussage verlassen.

Die Gebirgszüge des Hindukusch sind teils mit Schnee bedeckt. Kabul liegt tief in einem Kessel und soll geschätzte sechs Millionen Einwohner haben. Überall sind aus der Luft Neubauten zu sehen, Hochhäuser teils. Und dann setzt der Drehflügler zur Landung auf einem Flugfeld mitten in der Stadt an. Mauern ringsum. Das NATO-Hauptquartier *Reso-*

lute Support. Hier sind für den Bischof und seine Begleitung Gespräche angesetzt.

Zuerst: Die deutschen Soldaten reden sehr offen über Probleme. Vor allem klappt es nicht immer gut, wenn Kameraden nach Hause fliegen sollen. Tagelanges Warten und verzögerte Heimkehr belasten die wartenden Familien. Von den Unzulänglichkeiten der Transporte hören auch die deutschen Militärgeistlichen immer wieder; momentan ist in Kabul ein evangelischer Pfarrer eingesetzt. Seine Gottesdienste sind gut besucht. Die Soldaten schätzen ihn als unabhängigen Gesprächspartner. Niemand will die Geistlichen hier missen, das gemeinsame Zeugnis der evangelischen und der katholischen Kirche funktioniert reibungslos.

Ein deutscher General sagt den Besuchern: ›Es braucht viel Zeit, dieses Land und seine Kultur zu verstehen, doch wir wären schlecht beraten, wenn wir jetzt weggingen.‹ Es geht darum, die Reformkräfte im Land zu stärken. Das Rückgrat dafür ist die internationale Gemeinschaft und ihr Versuch, Sicherheit mit landeseigenen Kräften herzustellen.

Der Vertreter im deutschen Generalkonsulat berichtet von einem Treffen mit jungen Afghanen, bei dem er den positiven Geist der aufwachsenden Generation gespürt habe: ›Wir haben die Hoffnung noch nicht verloren‹, hätten sie einmütig festgestellt. Der Diplomat: ›Es ist vieles besser als vor fünfzehn Jahren, ein zartes Pflänzchen ist da.‹

Drei bis vier Soldaten im bundeswehrtypischen Flecktarn sind ständig zum Schutz des Bischofs abgestellt. Sie weichen nicht von unserer Seite, auch in den geschützten Bereichen nicht, denn Vorsicht ist auch vor möglichen ›Innentätern‹ geboten. Schnell entwickelt sich ein Vertrauen in die Sicherheit. Die professionelle Begleitung der Feldjäger zeigt: Sie würden alles tun, um das Leben der ihnen Anvertrauten zu schützen.«

Ein Militärseelsorger in Afghanistan schildert seine Arbeit

Um ein plastisches Bild vom Einsatz der Militärpfarrerinnen und Militärpfarrer zu vermitteln, will ich den Hamburger Militärdekan Michael Rohde zitieren, der als Einsatzseelsorger in Afghanistan tätig war. Rohde nennt als eine der wichtigsten seiner Erfahrungen die gelingende Ökumene. Das gemeinsame, überkonfessionelle Handeln sei hier gar nicht mehr wegzudenken. Der Militärdekan berichtet:

»Die Angebote der Militärgeistlichen sind eine beliebte Abwechslung im soldatischen Alltag. Es kann sein, dass er oder sie nur zu einem Kaffee und Kuchen einlädt und sich hier zwanglose Gespräche ergeben. Immer wieder kommt es aber auch zu Gesprächskreisen, in denen ethische und religiöse Themen im Mittelpunkt stehen.«

Häufig besteht für Soldatinnen und Soldaten im Einsatz die Möglichkeit, innerhalb der »Gemeinde auf Zeit« aktiv mitzuwirken, etwa in den Gottesdiensten und Andachten, auch in anderen Formen gepflegter Gemeinschaft jenseits militärischer Funktionalität. Unterschiedliche Begabungen und Motivationen finden hier Aufnahme. Man erlebt eine höchst differenzierte Religiosität und Frömmigkeit.

Die Militärseelsorge verfügt im Einsatzland oft über Musikinstrumente, mit denen in der freien Zeit gemeinsam musiziert wird. Dadurch entsteht eine Art Gegenwelt zur Realität des Einsatzes. Michael Rohde findet es immer wieder beeindruckend, wie Soldatinnen und Soldaten ihre musikalischen Fähigkeiten entfalten und damit unter den oft extrem eingeschränkten Bedingungen einer Einsatzliegenschaft das Gemeindeleben mitgestalten: E-Klavier oder Trompete als Vor- oder Nachspiel bei Andachten, teilweise sind es sogar kleine Orchester, die im und für den Einsatz temporär entstehen. Wichtig ist hierbei, dass es sich um Angebote oder

Initiativen handelt, die einerseits international, zum anderen – und vor allem – dienstgradübergreifend sind:

»Während im Dienstalltag ein strenges, hierarchisches Verhältnis besteht, wird hier ein gemeinsames Musizieren praktiziert, das sich nur an den Fähigkeiten der Musikerinnen und Musiker orientiert.«

Das gemeinsame Leben und Erleben kann in der Weihnachtszeit noch gesteigert werden. In einem Einsatz, berichtet Rohde, organisierten Soldaten und Soldatinnen die Aufführung des Weihnachtsoratoriums von Johann Sebastian Bach mittels einer DVD. Welch ein Konzerterlebnis mit den vor Ort gegebenen einfachen Mitteln!

»Besonders beliebt ist die Mitwirkung bei Krippenspielen am Heiligen Abend. Kulissenbau, Kostüm- und Requisitenbeschaffung sowie intensive Probenarbeit bereichern das Lagerleben enorm. Ähnliche Aktionen wiederholen sich an Epiphanias zum Fest der ›Heiligen drei Könige‹.«

Das soziale Engagement unter dem Dach der Militärseelsorge führt immer wieder zu gemeinsamen Aktionen: Rohde nennt die Unterstützung eines Flüchtlingscamps außerhalb des eigenen Feldlagers mit Lebensmitteln und Brennholz, nach Rücksprache und unter Begleitung der für solche Kontakte verantwortlichen militärischen Stellen.

Die Militärseelsorge wirkt bei den regelmäßigen Appellen am Ehrenhain eines Lagers mit. Die Gedenkstätte für vor Ort gefallene oder tödlich verunglückte Soldaten wird regelmäßig von Besuchern aus Politik und Militär aufgesucht. Dieser nur scheinbar selbstverständliche Programmpunkt verstärkt bei den angetretenen Soldatinnen und Soldaten die Konfrontation mit ihrer eigenen Endlichkeit.

Kriegsgewinnler in Afghanistan
Die Afghanen sind ein geschundenes Volk. Seit dem Einmarsch der Sowjets 1979 befindet sich das Land im permanenten Bürgerkrieg. In der afghanischen Hauptstadt gab es immer wieder Demonstrationen vor allem der jüngeren Bevölkerung für Frieden und eine Verbesserung der Lebenssituation. Aber inzwischen ist es dem Volk noch nicht einmal mehr ohne Weiteres möglich, seinem politischen Willen bei Wahlen Ausdruck zu verleihen. Bei den Parlamentswahlen am 20. Oktober 2018 öffnete wegen der prekären Sicherheitslage fast ein Drittel der Wahllokale nicht. Davor hatte die Wahlkommission fünfunddreißig der über zweitausendfünfhundert Kandidaten von der Kandidatur ausgeschlossen, weil sie Kontakte zu illegalen bewaffneten Gruppen hatten.

Ein großer Teil der afghanischen Bevölkerung glaubt mittlerweile, dass die lokalen Eliten gar kein Interesse an einer Befriedung des Landes hätten, weil sie vom Krieg wirtschaftlich erheblich profitierten. »Frieden als Geschäftsrisiko«, heißt die Ausgabe der im Auftrag meines Hauses herausgegebenen Zeitschrift *Zur Sache BW* aus dem zweiten Halbjahr 2018. Darin beschreibt unter dem Titel »Eldorado am Hindukusch« der Co-Direktor des unabhängigen, in Kabul und Berlin ansässigen Think Tanks »Afghanistan Analystis Network«, Thomas Ruttig, wie sich Warlords, Taliban und Parlamentarier, aber auch ausländische Firmen am Krieg bereichern. Allein die Versorgung und Logistik der in Afghanistan stationierten vielen Tausend internationalen Soldaten – in Spitzenzeiten waren es 140000 – sind für das Land selbst, aber auch für die westliche Staatengemeinschaft ein nicht unwesentlicher Wirtschaftsfaktor.

Die internationale Rüstungs- und Sicherheitsindustrie lebt natürlich von jedem Krieg. In Afghanistan konnte das private US-Militärunternehmen Blackwater – inzwischen heißt es

Academi – ein Milliardengeschäft machen. Die USA haben militärische Aufgaben zum Teil privatisiert, und die Firma vermittelt Söldner, die mit der US-Armee Seite an Seite kämpfen. Die sogenannten »Contractors« sind in Afghanistan laut Thomas Ruttig gegenüber den US-Soldaten seit Jahren haushoch in der Überzahl: 27 000 seien es im Juli 2018 gewesen, im Vergleich zu etwa elftausend amerikanischen Militärs.

Afghanische Eliten bereichern sich am Krieg und halten damit die Kriegsmaschinerie am Laufen. Bestechungsgelder fließen bei Auftrags- und Finanzvergaben. Ämter in der Regierung und Verwaltung werden gekauft. Afghanische Sicherheitskräfte verüben selbst Anschläge, um für Beschäftigung zu sorgen. US-Streitkräfte arbeiten mit Clans, Warlords und selbst den Taliban zusammen. Überall haben mächtige Kriegsgewinnler ihre Hände im Spiel und ihre Taschen offen. Der Krieg ist eine Blütezeit für Korruption. Die afghanische Regierung ist tief darin verstrickt. Es ist bekannt, wie das auf Patronage beruhende und die eigene Familie begünstigende Regime des bis 2014 regierenden Präsidenten Hamid Karsai die Bestechung beförderte und im Land etablierte. Auf dem Korruptionswahrnehmungsindex 2017 von Transparency International rangiert Afghanistan auf dem viertletzten von hundertachtzig Plätzen.

»Ursprung der systemischen Korruption in Afghanistan«, schreibt Thomas Ruttig, »sind die Millionenzahlungen der CIA an eine ganze Serie von Warlords, die der Geheimdienst nach dem 11. September 2001 als Verbündete zum Sturz des Talibanregimes gewonnen hatte, nicht zuletzt, um dadurch die Zahl der US-Truppen und deren Verluste zu minimieren. Das ist inzwischen durch ein gutes Dutzend Memoiren Beteiligter bekannt. Die Warlords reinvestierten dieses Geld sowie die Gewinne aus dem Drogenhandel. Sie bewaffneten ihre Milizen wieder, kauften Ämter und manipulierten Wahlen.

Inzwischen sind die Gelder gewaschen. Den Warlords gehören ganze Straßenviertel. Jeder in Kabul kennt die Namen der Inhaber großer Hotels, Shoppingmalls und Privatbanken. Noch größer dürfte der Kapitalabfluss sein.«

Es ist klar, dass die Wirtschaftsentwicklung und Beschäftigungsförderung, einst Hauptanliegen der Entwicklungszusammenarbeit in Afghanistan, durch den in den letzten Jahren noch verschärften Kriegszustand erheblichen Schaden genommen haben. Von Strukturen eines regulären Arbeitsmarktes ist nicht mehr viel übrig. Die Drogenindustrie konnte dagegen mächtig vom Krieg profitieren. Sie ist eine lukrative Einnahmequelle für Regierungsmitglieder – über die Verbindungen des Karsai-Clans in den Drogenhandel wurde schon oft berichtet –, Warlords und Taliban.

Selbst für die armen Bauern ist es wesentlich lukrativer, Opium anzubauen als etwa Rosen oder Safran. 2017 sprang die Opiumproduktion um siebenundachtzig Prozent auf das Rekordniveau von neuntausend Tonnen. Mehr als drei Millionen Afghanen, berichtet Ruttig, profitierten vom Opiumanbau, also gut jeder zehnte. Afghanistan ist der größte Opiumexporteur der Welt. Auch die Umwandlung von Opium in Heroin soll inzwischen teilweise nach Afghanistan verlagert worden sein. Außerdem ist das Land der weltweit größte Haschischproduzent.

»Wir haben das Land nicht verstanden«

Man möchte über all das die Hände über dem Kopf zusammenschlagen. Man möchte mit Margot Käßmann »Nichts ist gut in Afghanistan« bilanzieren und den militärischen Beitrag der internationalen Gemeinschaft nicht nur für gescheitert erklären, sondern ihm auch die Schuld geben an der Gewalteskalation, an den immer neuen Schleifen dieses end- und hoffnungslosen Krieges. Und man möchte aus ganzem

Herzen und aus voller Kehle »Schluss jetzt!« rufen, Schluss mit der schuldhaften Beteiligung an diesem Krieg, an diesem hunderttausendfachen Töten und Zerstören.

Ich konnte bei meinem Besuch in Afghanistan im Mai 2018 den deutschen Soldatinnen und Soldaten anmerken, dass sie vielfach verzweifelten an dem Land und ihrem Tun in diesem Land. Ich habe schon auf den ersten Seiten dieses Buches von meinen Gesprächen mit ihnen berichtet, in denen ihr Zweifel zum Ausdruck kam – wenn auch nicht durchweg am ursprünglichen Sinn, so doch zumindest am Erfolg ihres Einsatzes. Ich konnte sie nicht beruhigen und ihnen ihre Sorgen nehmen. Abgesehen davon, dass das auch nicht meine Aufgabe gewesen wäre, wäre es mir nicht möglich gewesen, ihren Pessimismus zu entkräften. Was aber folgt aus der niederschmetternden Bilanz, die man angesichts der gegenwärtigen Lage in Afghanistan ziehen muss?

US-Präsident Trump kündigte im Dezember 2018 an, einen Großteil der US-Soldaten aus Afghanistan abziehen zu wollen. Nicht weil ihr Einsatz erfolgreich beendet worden sei, wie er es für die IS-Bekämpfung im Irak und in Syrien behauptet hatte. Einen Erfolg in Afghanistan zu vermelden war selbst einem Mann der »alternativen Fakten« wie Trump nicht möglich. Kostspielige militärische Auslandseinsätze widersprechen vielmehr der »America First«-Politik des Präsidenten, zumal wenn kein Ende in Aussicht ist, zumal wenn die USA unter den Bündnispartnern die Hauptlast tragen. Dem Geschäftsmann Trump schwebt eher eine vollständige Privatisierung des Krieges vor.

Die öffentliche und veröffentlichte Meinung in Deutschland, die dem Afghanistan-Einsatz mehrheitlich ablehnend gegenüberstand, kritisiert nun vielfach Trumps Pläne. Ohne die US-Truppen könnte auch der Militäreinsatz der anderen Staaten nicht aufrechterhalten werden, sodass Afghanistan vollends den Taliban ausgeliefert wäre. Angesichts dieser Aussicht wandelten sich auch bisherige Gegner des Afghanistan-Einsatzes zu Fürsprechern einer weiteren ausländischen Militärpräsenz.

Und es wäre tatsächlich unverantwortlich und verantwortungsethisch verwerflich, Afghanistan alleinzulassen in dieser Situation, zu der die internationale Staatengemeinschaft durch ihr Engagement im Land mit beigetragen hat. Wie hat es die UNO in ihrem Konzept der Schutzverantwortung festgelegt? Es gibt eine Pflicht der Weltgemeinschaft zum Wiederaufbau – selbst wenn das Wie nach den bisherigen Erfahrungen dringend zu überdenken ist.

Regale voller Bücher gibt es mittlerweile über Afghanistan. Wissenschaftler und Politiker zerbrechen sich den Kopf darüber, wie dieses Land zum Frieden finden könnte. Immer wieder ist zu hören, wenn die Sprache auf die angebliche Unregierbarkeit Afghanistans kommt, schon die Sowjets hätten sich hier die Zähne ausgebissen und schließlich doch lieber aufgegeben. Dabei hatte das Desaster der Sowjets in Afghanistan wohl vor allem mit ihren postkolonialen Großmachtinteressen zu tun, wie vermutlich auch das militärische Engagement der westlichen Staatengemeinschaft zu eigennützig oder zumindest zu wenig an dem Land selbst, an seinen Menschen, seiner Kultur und seinen Bedürfnissen orientiert war, um zu einer Befriedung beitragen zu können. Was die blutigen Erfahrungen Großbritanniens und Russlands beziehungsweise der Sowjetunion in Afghanistan gezeigt haben, war, dass es aussichtslos ist, der afghanischen Bevölkerung mit militärischer Gewalt seinen Willen aufzwingen zu wollen. Und dennoch wurde dieser Fehler wieder begangen.

»Wir haben das Land nicht verstanden.« Die Worte eines Generals, die ich bereits an früherer Stelle zitiert habe, waren ursprünglich auf Afghanistan bezogen. Es entbehrt nicht einer gewissen Blauäugigkeit, mit der die internationale Staatengemeinschaft und zuvorderst die USA in Afghanistan agiert haben. Wie so oft erlag man dem Irrglauben, man könne mit einem Militärschlag das Problem lösen, das heißt die Taliban entmachten und anschließend mal eben eine Demokratie nach westlichem Muster installieren – ohne die ethnischen, religiösen und kulturellen Eigenheiten und Unterschiede, die Clan-Struktur oder die Bedeutung der Warlords in Afghanistan zu kennen und zu berücksichtigen. Der militärische Einsatz war nicht eingebettet in einen auf der Kenntnis des Landes fußenden Friedens- und Wiederaufbauplan.

Sicher, der UN-Sicherheitsrat hatte den USA nach den Anschlägen vom 11. September 2001 ein Selbstverteidigungsrecht zuerkannt, aus dem sich auch das Recht der Bündnispartner ergab, den Vereinigten Staaten zu Hilfe zu kommen. Dennoch muss man fragen, ob der Militärschlag, den die USA als Antwort auf Nine-Eleven gegen Afghanistan führten, tatsächlich Selbstverteidigung war oder nicht vielmehr eine fragwürdige, unüberlegte Vergeltungsaktion gegen einen nicht eindeutig lokalisierbaren Angreifer. Der Aggressor war schließlich nicht eins zu eins mit Afghanistan zu identifizieren. Zudem wurde bei der *Operation Enduring Freedom* nach meinem Dafürhalten in unzulässiger Weise Selbstverteidigung mit Terrorbekämpfung gleichgesetzt.

Dissens in meiner Kirche

Die Evangelische Kirche in Deutschland, die schon in ihrer Friedensdenkschrift von 2007, *Aus Gottes Frieden leben – für gerechten Frieden sorgen*, die angewachsene militärische Interventionsbereitschaft der westlichen Welt beklagte und für Afghanistan ein friedenspolitisches Gesamtkonzept gefordert hatte, betrachtete 2013 auf der Grundlage der in dieser Schrift erarbeiteten Friedensethik das militärische Engagement in Afghanistan. In der Stellungnahme »*Selig sind die Friedfertigen*«. *Der Einsatz in Afghanistan: Aufgaben evan-*

gelischer Friedensethik formulierte die EKD einen Dissens. Es besteht genau in der Frage Uneinigkeit, ob in Afghanistan das Selbstverteidigungsrecht der USA und seiner Verbündeten über die »Abwehr einer gegenwärtig drohenden Gefahr« hinaus Gültigkeit gehabt habe.

Die eine Position innerhalb der EKD – der auch ich zuneige – besagt, dass das Selbstverteidigungsrecht mit dem anfänglichen Militärschlag von 2001, der zur Entmachtung der Taliban und zur Zerschlagung von Al-Qaida-Stellungen in Afghanistan führte, abgegolten gewesen sei und nicht auf die weitere Terrorbekämpfung hätte ausgedehnt werden dürfen. In der Friedensdenkschrift von 2007 steht geschrieben: »Terrorismusbekämpfung ist kein legitimes Ziel einer weit über den aktuellen Selbstverteidigungsfall hinaus anhaltenden Kriegführung, sondern gehört in die Kategorie der internationalen Verbrechensbekämpfung.« Im Sinne dieser Feststellung ist also einzuwenden, dass die USA und ihre Verbündeten seit Jahren den »Krieg gegen den Terror« als Selbstverteidigung rechtfertigen.

Dagegen gibt es in der EKD allerdings auch die Auffassung – die meines Erachtens die Grenze zwischen Ethik und Realpolitik zu stark verwischt –, dass das Selbstverteidigungsrecht durch die anhaltende Bedrohungslage fortbestanden habe, da die Taliban nicht nachhaltig entmachtet worden waren.

Unabhängig von diesem Dissens innerhalb der EKD war ein fataler Fehler unumstritten, nämlich dass gemäß der von Präsident Bush nach Nine-Eleven proklamierten Ausschluss-Politik nicht versucht wurde, die Taliban, die trotz allem in der Bevölkerung Rückhalt hatten, in den Staatsaufbau einzubinden. Der Terrorismus ist selbstredend ein großes Übel, das bekämpft werden muss. Aber es hat sich in Afghanistan gezeigt, was Antje Vollmer schon in der Bundestagsdebatte 2001 vorausgesagt hatte: Krieg gegen den Terror fördert nur seine Ausbreitung. Der IS, der inzwischen auch in Afghanistan aktiv ist, hat diesen Effekt zu seiner wirkungsvollen Strategie gemacht.

Der 2001 als Präsident eingesetzte Hamid Karsai hatte bei der ersten Afghanistan-Konferenz die Beteiligung der Taliban gefordert, doch die USA lehnten sie kategorisch ab. Die fehlende Repräsentanz aller, auch oppositioneller afghanischer Bevölkerungsgruppen bei der Afghanistan-Konferenz in Bonn wurde immer wieder als gravierender Geburtsfehler der Staatskonstituierung kritisiert. Allein schon die Inthronisierung des US-Kandidaten Karsai war kein vielversprechender Schritt in Richtung Demokratisierung. Seine Wahl zum ordentlichen Präsidenten 2004 entsprach wohl weniger seiner Akzeptanz in der Bevölkerung als vielmehr der Tatsache, dass anstelle der einzelnen Einwohner die Dorfältesten die gewünschten Kreuzchen gleich für das ganze Dorf gemacht hatten.

Der militärische Einsatz flankierte nicht einen Staatsaufbau, der an den Interessen und Bedürfnissen der afghanischen Bevölkerung orientiert war, sondern war Instrument einer von außen gesteuerten Politik ausländischer Interessen. Die Sprengkraft, die darin lag, wurde durch ein Problem verschärft, das sowohl die EKD-Stellungnahme als auch der Afghanistankenner Winfried Nachtwei anführen: das Nebeneinander von Terrorbekämpfung und Wiederaufbau.

Die sich auf das Selbstverteidigungsrecht stützende, vor allem von den Amerikanern durchgeführte *Operation Enduring Freedom* lief parallel zu der Stabilisierungsmission ISAF. Im selben Einsatzgebiet fanden zwei sich in ihrer Zielsetzung teilweise widersprechende Operationen statt – gleichsam ein Double-Bind –, die jedoch in der Wahrnehmung der Bevölkerung nicht ohne Weiteres zu unterscheiden waren. Und je mehr sich die Sicherheitslage verschärfte, desto mehr überschnitten sich tatsächlich die beiden Einsätze.

Die Folge war, dass die Afghanen das militärische Engagement der internationalen Gemeinschaft zunehmend weniger akzeptierten. Was nach den Erfahrungen der ehemaligen Kolonialmächte Großbritannien und Sowjetunion bei ISAF eigentlich unbedingt vermieden werden sollte, geschah: Die internationalen Aufbau- und Stabilisierungshelfer wurden ebenso wie die Terrorismusbekämpfer als Besatzer wahrgenommen.

Winfried Nachtwei sprach auf der Afghanistan-Konferenz Ende 2018 von einem »strategischen Dissens«, der zwischen den westlichen Verbündeten bestanden hätte. Unter Präsident Bush habe die US-Administration keinerlei Interesse am Staatsaufbau gezeigt, sondern sich lediglich auf die militärische Terrorismusbekämpfung konzentriert und dabei wenig Rücksicht auf die Bevölkerung genommen.

Bis heute – und das war auch unter Friedensnobelpreisträger Barack Obama nicht anders – steht die militärische Terrorbekämpfung im Mittelpunkt der US-amerikanischen Friedens- und Sicherheitspolitik. In Afghanistan wurde, wie gesagt, die Mission *Enduring Freedom* durch *Freedom's Sentinel* ersetzt. Der von den Amerikanern nun vor allem aus der Luft und zum Teil mit Kampfdrohnen geführte Krieg gegen den Terror geht vielfach zulasten der Bevölkerung. Entsprechend sieht es mit der Akzeptanz der Terrorbekämpfung aus – und mit ihrer Nachhaltigkeit.

Was tun?
Anders als die afghanischen Sicherheitskräfte, die ohne die amerikanische Terrorbekämpfung überhaupt nicht existenzfähig wären – und dennoch zehntausendfach ihr Leben verlieren –, steht die afghanische Bevölkerung dem Bomben- und Drohneneinsatz der Amerikaner ablehnend gegenüber. Trotzdem befürchtet sie größtenteils den völligen Abzug der ausländischen Truppen und die Rückkehr des Taliban-Re-

gimes. Vor allem Frauen und die junge Generation in den Städten hoffen auf eine Zukunft in Freiheit.

Es gibt ja nicht viel, was durch den fast achtzehnjährigen militärischen Einsatz der internationalen Gemeinschaft in Afghanistan besser und nicht etwa schlechter geworden ist. Aber wenn man in einem Punkt der Bilanz von Margot Käßmann – »Nichts ist gut in Afghanistan« – widersprechen möchte, dann bei der Situation von Frauen und Mädchen. Frauen und Mädchen haben in den vergangenen Jahren einen messbaren Zuwachs an Freiheit, Selbstbestimmung und Teilhabe an Bildung, am öffentlichen und Berufsleben gewonnen. Der nun wieder gefährdet ist. Nur ein Beispiel: Besuchten unter den Taliban gar keine Mädchen die Schule, so sind es jetzt immerhin dreißig Prozent.

Es gibt allen Grund, die Afghanen dabei zu unterstützen, eine erneute Machtergreifung der Taliban zu verhindern. Wenn die westliche Präsenz etwas erreicht hat, dann dies: dass Menschen in Afghanistan – insbesondere junge Frauen – sich künftig nicht jede Entrechtung gefallen lassen.

Ich bin entschieden der Meinung, dass die Weltgemeinschaft Afghanistan jetzt nicht alleinlassen darf. Aber es steht dringend an, eine schonungslose Bilanz des bisherigen Engagements zu ziehen – ohne Schwarzmalerei, aber auch ohne Schönfärberei. Man muss die Versäumnisse klar benennen, das Fehlen etwa eines friedens- und sicherheitspolitischen Gesamtkonzeptes unter dem Primat des Zivilen, wie es die EKD-Stellungnahme von 2013 zu Recht monierte. Der Militäreinsatz war nicht eingebunden in einen lang- oder auch nur mittelfristigen, mit den zivilgesellschaftlichen Ebenen vernetzten Plan.

Ein Problem dabei ist natürlich die traditionell militärisch geprägte Sicherheitspolitik der Amerikaner. Vor allem die Vereinigten Staaten bestimmten bislang die Politik des westlichen Staatenbündnisses. Wollte man in der Abwendung

Präsident Trumps von der NATO und allgemein jeglicher Bündnispolitik noch etwas Gutes sehen – und blendete zudem die Anti-Europäer innerhalb der EU aus –, dann könnte man hoffen, dass die Europäer, sind sie mehr auf sich gestellt, einer weniger auf Vorherrschaft, dafür mehr auf Verhandlung und Interessenausgleich zielenden Strategie Kontur und Gewicht verleihen.

Jedenfalls ist inzwischen allen Beteiligten klar – auch den Amerikanern, auch der afghanischen Zentralregierung –, dass Frieden in Afghanistan niemals möglich sein wird, wenn die Oppositionskräfte, das heißt vor allem die Taliban, nicht mit an den Verhandlungstisch geholt werden. In der Predigt, die ich im Mai 2018 in Kabul vor deutschen Soldatinnen und Soldaten hielt, sagte ich: »Hier geht es um den Geist der Aussöhnung mitten in den Dornen dieses Landes. Unser Beitrag kann nur begrenzt sein, den Weg der Aussöhnung können wir den Menschen in diesem Land nicht abnehmen, sie müssen ihn selber gehen.«

KAPITEL 4

Zukunftsfragen

Anforderungen an die Politik

Protestantische Ethik

Der Soziologe Max Weber stellte drei Anforderungen an einen Politiker: Leidenschaft, Verantwortungsgefühl, Augenmaß. Seine Überlegungen prägen Politiker bis heute. Weber hat wie viele seiner Generation den Ersten Weltkrieg anfangs begrüßt, dann aber früh erkannt, dass er nicht zu gewinnen und es sinnlos war, den vergeblichen Kampf weiterzuführen. Er sah eine Fortführung als unverantwortlich an und mit ethischen Prinzipien nicht zu vereinbaren. Deshalb trat er für einen Verständigungsfrieden ein. Mit zwei Begriffen bestimmt Weber das politische Spannungsfeld: Verantwortung und Gesinnung. Der Verantwortungsethiker schaut auf die Folgen seines Handelns. Er ist kompromissbereit. Er denkt die Dinge vom Ende her. Der Gesinnungsethiker hingegen agiere, als gäbe es kein Danach. Er erträgt »die ethische Irrationalität der Welt nicht«. Das disqualifiziere ihn für Entscheidungen mit dem nötigen Augenmaß, so Weber. Der Gesinnungsethiker sei nicht bereit, einen begrenzten, aber vorhandenen Handlungsspielraum zu nutzen, und übernehme keine Verantwortung für die voraussehbaren Folgen seines Handelns. Er sorge nur dafür, dass die Flamme des Protests nicht erlischt. Ich halte eine strikte Entgegensetzung von Gesinnungsethik und Verantwortungsethik nicht für zielführend. Meines Erachtens sind Gesinnung und Verantwortung zwei Seiten einer Medaille. Während Gesinnung den Blick auf die Handlungsmotivation legt, schaut Verantwortung auf die Handlungsfolgen. Dies beides gegeneinander auszuspielen wird weder Immanuel Kant gerecht, dessen Ethik immer wieder als Musterbeispiel für eine Gesinnungsethik bezeichnet wurde, obwohl ihn doch sehr wohl ebenso die Folgen von Handlungen interessiert haben. Noch wird eine solch scharfe Trennung Max Weber selbst gerecht, denn auch ihm war natürlich klar, dass es ohne unverrückbare Grundsätze, die den Gesinnungsethiker im besonderen Maße auszeichnen, gar keine Ethik gäbe, sondern nur das Recht des Stärkeren. Das ist auch in einer Demokratie nicht unwichtig. Ich erinnere mich an ein Gespräch mit einem Soldaten, der sagte, dass er radikale Friedensgruppen zwar für politisch weltfremd halte, doch sorgten sie mit dafür, dass die politisch Verantwortlichen weniger leichtfertig die militärische Karte zückten. Soldaten sind alles andere als »einsatzversessen«, und Sensibilität für den gesellschaftlichen Umgang mit Fragen um Krieg und Frieden zeichnet sie allemal aus.

Die Seelsorge in der Bundeswehr steht in einem ganz ähnlichen Spannungsfeld: Sie soll sich innerhalb der Streitkräfte souverän bewegen, muss dazu vor allem Verantwortung für die ihr anvertrauten Soldatinnen und Soldaten übernehmen. Das Verhalten der Militärgeistlichen ist damit einer Verantwortungsethik verpflichtet, aber ohne dass der Zielhorizont, die Vision eines gerechten Friedens, aus dem Blick gerät. Als Militärbischof mache ich die Erfahrung, dass dies im Alltag der Bundeswehr zumeist auch tatsächlich gelingt. Trotzdem steht die Militärseelsorge unter einem ständigen Legitimationsdruck auch und gerade in der Kirche.

Manche kirchlichen Gruppen und Initiativen, die der Militärseelsorge kritisch gegenüberstehen, denken strikt gesinnungsethisch. Diese Haltung hat ihre Berechtigung und ihren Platz. Eine Gesellschaft braucht immer einen »utopischen Überschuss«, eine Mahnung daran, dass wir uns nicht einfach mit der Wirklichkeit so, wie sie ist, abfinden sollten. Für solche Gruppen ist es zunächst leicht, ein Ende von Auslandseinsätzen der Bundeswehr zu fordern. Zu selten allerdings werden dabei die Folgen bedacht. Durch die Herausforderungen der Globalisierung und die Bündnisverpflichtungen entsteht Verantwortung für andere Länder und Kontinente, mit der es umzugehen gilt.

Das Militär kann keinen dauerhaften Frieden in fragilen Ländern herstellen, aber es kann dafür sorgen, dass die Sicherheitslage sich stabilisiert, dass Diplomatie, Verhandlungen, wirtschaftlicher und administrativer Aufbau zu ihrem Recht kommen. Die zeitliche Dauer des *Peacekeeping*, der Friedensbemühungen, wird dabei oft unterschätzt, zeigen doch viele Einsätze, dass sie nicht Jahre, sondern Jahrzehnte dauern können. So gilt es, was die Einsätze der Bundeswehr anbelangt, immer wieder zu prüfen, welche Verantwortung Deutschland weltweit schon übernommen hat, übernehmen will und kann.

Als evangelischer Christ und Theologe ergibt sich für mich aus einer ausschließlichen Gesinnungsethik noch ein weiterer kritischer Gedanke: Haben Christinnen und Christen sich wirklich in erster Linie um die Durchsetzung von »Grundsätzlichem« zu kümmern – oder sollte es nicht vielmehr vordringlich darum gehen, die Lebensbedingungen für Menschen nach Möglichkeit immer besser, immer humaner, immer gerechter zu gestalten? Hat Gott in Jesus Christus hauptsächlich moralisch eherne Prinzipien aufgestellt – oder nicht doch primär seine unendliche Liebe kundgetan, die sich Schuld, Leid und Tod aussetzt und in der Kraft des Dabeibleibens und Hoffens alles erneuern will? Um es hart zu formulieren: Ich habe die Sorge, eine Christenheit, die – mitten in der vergleichsweise komfortablen Welt des Westens – ausschließlich Prinzipien totaler Gewaltlosigkeit hochhält, könnte ihr eigenes Gutsein abseits der Erlösung suchen, die Gott in Jesus Christus vollbracht hat. Sie läuft Gefahr, die schlimme Realität dieser Erde zu verkennen, flüchtet sich vielleicht gar in Illusionen, die man sich im vermeintlich sicheren Westeuropa möglicherweise noch ein Weilchen wird leisten können – und lässt die Menschen in anderen, weniger glücklichen Ländern allein.

Jede Möglichkeit des Helfens und Gestaltens ist auf dieser Erde nun einmal mit dem Risiko verbunden, Fehler zu machen und Schuld auf sich zu laden. Nur wer nichts tut, macht keine Fehler, heißt es so schön, wobei das Nichtstun zuweilen der größere Fehler ist. Das gilt erst recht, wo Mitmenschen von Gewalt, Leid und Tod bedroht sind. Wenn Christen darauf vertrauen, dass Gott in Christus für sie alles schon zum Guten gewendet hat, dann können sie das Risiko des Schuldigwerdens eingehen. Den Himmel verdienen kann und muss sich niemand, den bekommen wir im Glauben geschenkt. Aber eintreten dafür, dass die Erde ein bisschen weniger Hölle ist, das ist aller Mühe wert. Ich bin überzeugt: Christinnen und Christen erkennt man nicht nur an hehren Überzeugungen, sondern an der Bereitschaft, im Dienst am Nächsten diese Welt in kleinen Schritten zu verändern.

»Der Mensch ist ein Abgrund. Es schwindelt einem,
wenn man hinabsieht.« (Georg Büchner)
Immanuel Kants und Max Webers Ethik verlangen Wirklichkeitssinn. Auch verantwortliches Handeln der Politik sollte immer die Konstante der menschlichen Unvollkommenheit berücksichtigen. Und da liegen politischer Pragmatismus und mein evangelischer Glaube unmittelbar beieinander.

»Das Dichten und Trachten des menschlichen Herzens ist böse von Jugend auf.« (1. Mose 8,21) Dies ist die unumgehbare *conditio humana*. Unter dem Eindruck des 8. Mai

1945 hat der große Theologe Karl Barth formuliert, »jenes Verborgene und Beherrschende im Menschen«, nämlich das Böse, lasse diesen immer wieder zur Gefahr für sich selber, ja zum »Ungeheuer« werden. Wer das ausblendet, verfehlt nach meiner Überzeugung ein adäquates Verständnis von Geschichte. Vom Menschen darf nur verlangt und erwartet werden, was im Grundsatz menschlich und menschenmöglich ist. Perfektion im Handeln und uneingeschränkte moralische Güte aber sind dies nicht. Gott liebt den Menschen *trotz* aller menschlichen Unzulänglichkeit. Jesus Christus ist Gottes verbindliche Liebeserklärung an den in Schuld zerbrochenen Menschen. Das muss allem christlichen Handeln zugrunde liegen.

Ich fürchte, eine Moral des perfekten Friedens verkennt den Menschen. Und sie steht in Gefahr, Christus zu verkennen, indem sie an ihm vorbei selbst das absolut Gute vollbringen möchte. Im Vertrauen auf Christus genügt es, das *relativ* Beste immer wieder zu versuchen. Und allein daraus wird dieser Erde Besserung zuteilwerden.

Max Weber sprach in seinem berühmten Vortrag *Politik als Beruf*, den er vor gut hundert Jahren, am 28. Januar 1919, vor Studenten gehalten hat, von einem Grundsatz allen politischen Handelns: »Ein starkes langsames Bohren von harten Brettern«. Er betonte die Mühsal politischer Gestaltungsprozesse, das zähe Arbeiten für das Gemeinwohl.

»Alles andere wird ins Elend führen«

Während ich an diesem Buch schreibe, treffen im Schweizer Wintersportort Davos die wichtigsten Akteure aus Politik und Wirtschaft zu ihrem alljährlichen Weltwirtschaftsforum zusammen. Bundeskanzlerin Merkel kam direkt aus Aachen, wo sie und Emmanuel Macron mit einem neuen Élysée-Vertrag die deutsch-französische Freundschaft und damit den europäischen Gedanken bekräftigt hatten. In Davos hielt sie eine Rede, in der sie angesichts der enormen Gefahren und Herausforderungen, denen die Menschheit gegenübersteht, ein gemeinsames Handeln aller Staaten beschwor. Gegen die Spaltung der Welt durch unilaterale Machtpolitik und neue Nationalismen forderte sie eine »globale Allianz für eine multilaterale Weltordnung« sowie die Stärkung, aber auch Reformierung multilateraler Institutionen wie der EU und der Vereinten Nationen. Nur gemeinsam könne man die Zukunft meistern. »Alles andere wird ins Elend führen.«

Ich teile diese Überzeugung aus meiner christlichen Grundhaltung heraus, doch ebenso aus purem Pragmatismus. Für die gefährdete Welt der Gegenwart sehe ich nur dann eine Zukunft, wenn wir als Weltbürger die Fokussierung auf die eigenen Interessen und Standpunkte – auf der politischen ebenso wie auf der kulturellen, religiösen oder auch nur privaten Ebene – überwinden und beginnen, an einem Strang zu ziehen, wenn wir um der Zukunft willen gemeinsam nach möglichst guten Antworten und Lösungen suchen.

Globalisierung und Digitalisierung, die Grenzen, Identitäten und Gewissheiten auflösen und alles mit allem und jeden mit jedem vernetzen, verlangen globales Aushandeln statt Hegemonialpolitik, erfordern, wie es Angela Merkel in Davos nannte, eine »globale Architektur«. Nur in einer solchen sind Mensch und Menschheit, selbstverantwortliches Subjekt und Zivilisation überlebensfähig und werden nicht in den globalen Strömen von Daten, Kapital, Waren und Menschen untergehen.

Ja, ich glaube tatsächlich, dass wir einen Punkt erreicht haben, an dem moralisch verantwortetes Handeln gewissermaßen überlebenswichtig wird, das heißt ein Handeln, das – gemäß Kants Kategorischem Imperativ – einer Maxime zu folgen versucht, von der man wollen kann, dass sie allgemeines Gesetz werde, ein Handeln also, das die Interessen der anderen mit bedenkt und berücksichtigt. Dieser Grundsatz ist zunächst gesinnungsethisch formuliert, hat aber eine Reihe von verantwortungsethischen Folgerungen.

Demokratie ist Multilateralismus

Solches Verhalten ist ein frommer Wunsch, ich weiß. Die Realität zeigt oft das Gegenteil. Unilaterale Macht- und Interessenpolitik feiert fröhliche Urständ. In einer Gegenwart, in der durch die Globalisierung und Digitalisierung die Welt für jeden Einzelnen so viel größer, komplexer, unübersichtlicher und relativer geworden ist, scheint sich das Bewusstsein ausgebreitet zu haben, dass es ja ohnehin kein Richtig und kein Falsch gibt, man ja ohnehin nicht alles überblicken, nicht alle Perspektiven und Interessen wahrnehmen und berücksichtigen kann, sodass man sich möglichst schnell auf die eigenen besinnt, sich und seine Schäfchen ins Trockene bringt, drum herum Mauern und Zäune errichtet und seine eigene kleine Welt mit ihrer begrenzten Wahrheit gegen alle Einwände von außen mit schwerem Geschütz verteidigt, als wären sie ein feindlicher Angriff. Einseitige Machtpolitik und Nationalismus bedrohen die Demokratie. Demokratie gründet auf der Vorstellung von den gleichen Chancen, Rechten und Pflichten aller Menschen und verlangt Interessenausgleich und Konsensbildung. Insofern hat sie eine hohe Affinität zum Christentum. Demokratie ist Multilateralismus par excellence, und wollen wir, dass sie überlebt, dürfen wir uns nicht abschotten, sondern müssen – auch wenn das sehr viel Mühe, Selbstinfragestellung und Privilegieneinbuße verlangt – eine »globale Allianz« anstreben. Die Alternative wären, fürchte ich, Despotismus und Krieg.

Die Welt ist nicht friedlich. Frieden ist nicht der Normalzustand. Er ist der Gewalt, dem kriegerischen Recht des Stärkeren, abgetrotzt und ein wackeliges Resultat der gegenseitigen Einigung. Wenn ich eines wirklich verstanden habe bei meinen Besuchen der verschiedenen Krisenherde und Kriegsgebiete der Welt, dann ist es, wie unfassbar fragil und voraussetzungsvoll Frieden ist. Er stellt sich nicht von selbst ein, sondern muss mühsam erarbeitet und ausgehandelt werden. Frieden bedarf der Bereitschaft aller Seiten, von der eigenen Position und der Verwirklichung der eigenen Interessen ein Stück weit abzurücken und Kompromisse einzugehen. Mali, der Irak und erst recht Afghanistan haben mir deutlich vor Augen geführt, wie steinig, ungewiss und mitunter irrläufig der Weg zu einem gerechten Frieden, wie unglaublich komplex der Aufbau eines Staatswesens ist, in dem die Stärke des Rechts das Recht des Stärkeren ersetzt. Europa und Deutschland haben dafür Jahrhunderte gebraucht.

Mit dem Blick auf die vielen Kriege in der Welt habe ich größten Respekt erlangt vor der Friedensleistung, die die westliche Welt vollbracht hat. Rechtsstaaten mit demokratischen Verfassungen, Gerichten und Parlamenten sind ein hohes Gut, hart erkämpft und – wie man heute sieht – schnell zu ruinieren. Zwischenstaatliche Bündnisse sind großartige Errungenschaften, die vor hegemonialem Unilateralismus schützen und die Welt weniger kriegerisch machen.

Ich sagte schon, für welch segensreiche Institution ich die Vereinten Nationen halte, in der sich die Länder der Welt mit der Absicht zusammengeschlossen haben, ein Völkerrecht zu etablieren und sich ihm zu unterwerfen. In der Praxis weist die UN zweifellos allerhand Makel auf. Sie ist als riesige, hochkomplexe Institution für Korruption und Bürokratismus anfällig und somit natürlich kein Garant für unfehlbares Handeln, das es in der Realität ohnehin nicht geben kann. Außerdem bewirkt der Zeitdruck, der in akuten Konfliktfällen entsteht, dass die Vereinten Nationen zuweilen nur noch Entscheidungen nachvollziehen und mandatieren, die uni- oder bilateral getroffen wurden.

Die eigentliche Crux aber sind die Regeln des UN-Sicherheitsrates und das Vetorecht seiner ständigen Mitglieder. Dadurch unterliegen seine Beschlüsse weniger dem Willen der Mehrheit der Vereinten Nationen als dem der Weltmächte USA, China und Russland. Das Beispiel Syrien hat es gezeigt: Russland mit seinem Interesse am Machterhalt Assads verhinderte ein militärisches Eingreifen der Vereinten Nationen. In Mali wiederum war die Mandatierung der Stabilisierungsmission MINUSMA unproblematisch, weil keine der Großmächte dort ihre Karten im Spiel hatte.

Eine Reform der UN-Struktur ist seit Langem überfällig. Abzusehen ist freilich, dass die durch diese Struktur privilegierten Staaten nicht mitziehen würden und ihre nationalen Großmachtinteressen nicht dem Mehrheitsprinzip zu opfern bereit wären. Unter den gegenwärtigen nationalistischen, globale Verantwortung ignorierenden Tendenzen der Weltpolitik, für die – auf je eigene Weise – Wladimir Putin, Xi Jinping und Donald Trump stehen, scheint ein gerechteres Ausbalancieren der Kräfteverhältnisse nicht sehr wahrscheinlich. Trump hat ja bereits seine Distanzierung von den Vereinten Nationen und deren Beschlüssen erklärt.

Dennoch kann nur alles versucht werden, um dem Völkerrecht auch im Reglement seiner Institutionen Ausdruck zu verleihen. In der Hoffnung, dass gerecht und vernünftig funktionierende Institutionen eine Autorität entfalten, die auch den Durchsetzungsanspruch von Großmächten allmählich zu schwächen in der Lage ist. Es gibt keine zukunftsträchtige Alternative zum Multilateralismus, genauso wenig, wie es eine zukunftsträchtige Alternative zur Demokratie gibt. Zumindest dann, wenn man die Menschenrechte und das Völkerrecht ernst nimmt.

Dass viele Menschen und Regierungen derzeit wieder antidemokratische und antihumanitäre Auffassungen vertreten, für unverbrüchlich gehaltene zivilisatorische Standards infrage stellen und eine knallharte nationale Interessenpolitik fordern, verstehe ich weniger als immanente Kritik an

Demokratie und Multilateralismus denn als Kritik an deren unzulänglicher Realisierung. Es ist bekannt, dass die Mehrheit der Trump-Wähler wie auch die der populistisch-nationalistischen Parteien in Westeuropa sich und ihre Interessen in der vermeintlich demokratischen, konsensualen »Mainstreampolitik« nicht vertreten sehen. Sie erleben Demokratien und multilaterale Bündnisse wie die EU als ungerecht, kostspielig, elitär und ausgrenzend.

Aus einem Gefühl von Ohnmacht und Missachtung erwachsen schnell Wut und der Ruf nach einer einfachen, gleichsam archaischen Politik des starken Mannes, der auf die Pauke haut und die Verhältnisse mit einem Schlag richtigstellt. Erlittene Ungerechtigkeit und Demütigung schüren Zorn. Das darf man bei aller Notwendigkeit und Klarheit der Entgegnung nicht vergessen. Gesprächs- und Einbindungsversuche dürfen niemals enden – innen- wie außenpolitisch.

»Wo Frieden und Gerechtigkeit sich küssen« (Psalm 85)
Als Christ glaube ich, dass Gott uns aufgegeben hat, den steinigen und nie endenden Weg zu beschreiten, der Frieden und Gerechtigkeit auf Erden näher kommt – auch wenn der wirkliche, umfassende Friede auf Erden ein göttliches Geschenk jenseits aller politischen Möglichkeiten bleibt. Als Christ, aber auch als denkender Mensch, sehe ich mich in der Verantwortung, gegen Krieg und Unrecht einzutreten, Stellung zu beziehen.

Ich habe im zweiten Kapitel dieses Buches erklärt, warum ich trotz oder gerade wegen meines Glaubens an die Friedensbotschaft Christi und in Einklang mit den völkerrechtlichen Bestimmungen der Vereinten Nationen denke, dass es im Fall schwerster Menschenrechtsverletzungen und wenn alle friedlichen Mittel der Konfliktlösung erfolglos geblieben sind, gerechtfertigt und sogar geboten sein kann, militärische, rechtserzwingende Gewalt einzusetzen – nach eingehender

Prüfung auch der Konsequenzen, nur im Rahmen der internationalen Gemeinschaft, immer streng spezifiziert und reglementiert. Die sehr unterschiedlichen Auslandseinsätze der Bundeswehr zeigen ja, über welch differenziertes Reaktions- und Einsatzinstrumentarium die Vereinten Nationen verfügen.

Obwohl ich diese Notwendigkeit also sehe, bin ich meinem Leitbild des gerechten Friedens folgend zugleich der Auffassung, dass immer noch viel zu schnell zu militärischen Mitteln gegriffen wird und die friedlichen oder zumindest nicht-militärischen Möglichkeiten der Konfliktlösung längst nicht ausgeschöpft werden. Den USA ging es nach Nine-Eleven nicht um Konfliktlösung, sondern um Vergeltung und Bestrafung. Das aber sind Exekutionsinstrumente eines archaischen Rechts des Stärkeren. Frieden wird damit nicht geschaffen. Auch Terrorismus wird so nicht nachhaltig bekämpft.

Ich habe bei meinen Besuchen der deutschen Auslandseinsätze erfahren, wie sinnvoll und hilfreich Friedenseinsätze im Einzelnen sein können. Gerade in Afghanistan habe ich aber auch erlebt, dass militärische Gewalt zur Eskalation beitragen und Islamismus und Terrorismus befördern kann, wenn sie nicht von Anfang an Bestandteil eines um- und weitsichtigen friedensethischen Gesamtkonzepts ist.

Der islamistische Terror ist zweifelsohne eine der großen Gefährdungen und Herausforderungen der Gegenwart. Fanatisierte »Gotteskrieger« führen mit hemmungsloser Grausamkeit einen terroristischen Krieg gegen die westliche Welt, deren Werte und Gesetze sie verachten. Kein Argument, keine Vernunft, kein Appell an die Menschlichkeit, keine Liebe zum Leben, auch dem eigenen nicht, können sie erreichen. Für den Gottesstaat, den sie wollen, muss alles zerstört werden, was nur den Stempel des gottlosen Westens oder einer anderen Kultur trägt. Der Lohn für ihren furchtlosen Krieg, so sind sie überzeugt, erwartet sie im Paradies.

Es kann meines Erachtens keine Frage sein, dass dem Morden der Terroristen mit allen Mitteln Einhalt geboten werden muss. Dennoch, trotz aller Menschenverachtung und entgrenzten Grausamkeit der Terroristen dürfen die rechtsstaatlichen Prinzipien nicht aus dem Blick geraten. Ich fürchte sehr, dass mit Verweis auf die existenzielle Notwendigkeit des »Krieges gegen den Terror« zivilisatorische Standards allzu leichtfertig außer Kraft gesetzt werden. Die Exekution Osama bin Ladens und die Folterungen von Gefangenen in Guantanamo und anderswo waren für mich völkerrechtswidrige Demonstrationen von martialischer Stärke. Dass solches Vorgehen wenig Überzeugungskraft besitzt und erst recht Radikalisierung bewirkt, ist vielfach nachgewiesen.

Überhaupt führt wohl, soll die Terrorbekämpfung eine Chance auf nachhaltiges Gelingen haben, kein Weg daran vorbei, anzuerkennen, dass die Entstehung von Islamismus und Terrorismus einiges mit der Kolonialgeschichte und den von ihr immer noch geprägten Unrechtsverhältnissen in der arabischen und afrikanischen Welt zu tun hat. Das zeigt sich in Afghanistan ebenso wie in Mali oder Syrien. Der »Westen«, der so stolz auf seine verfassten, menschenrechtsbasierten, freiheitlichen Demokratien ist, hat es mit der stets beteuerten Universalität seiner Werte zuweilen nicht so genau genommen und andernorts, aus Indifferenz und viel mehr noch aus Eigennutz, ungerechte, repressive Regime toleriert und unterstützt. Damit etablierte er eine für ihn profitable, aber für große Teile der Erde nachteilige, schädliche Weltordnung. Diese lässt sich aber in der globalisierten Welt nicht mehr aufrechterhalten, weder mit hochgezogenen Grenzen noch mit militärischer Gewalt. Sowohl der in der westlichen Welt angekommene islamistische Terror als auch die Millionen Menschen, die weltweit vor Krieg und Elend auf die Nordhalbkugel zu fliehen versuchen, gemahnen daran, dass eine globale Weltordnung vonnöten ist. Eine auf Interessenausgleich zielende Weltinnenpolitik ist die beste Prävention gegen Krieg und Gewalt.

Im Zweifel nie

Gerade mit Blick auf das Drama in Afghanistan wird immer wieder der Interventionismus des Westens kritisiert. Sosehr ich die Kritik nachvollziehen kann und so entschieden ich gegen jegliche vorschnelle, unüberlegte militärische Intervention bin, so überzeugt bin ich andererseits, dass die Staatengemeinschaft eine friedensethische Verantwortung für die Zustände in der Welt trägt und geradezu verpflichtet ist, sich einzubringen.

Das heißt nicht notwendig, in die Verhältnisse eines Landes einzugreifen, schon gar nicht militärisch. Das heißt zunächst einmal nur, dass sich die Weltgemeinschaft dafür interessieren sollte, was um sie herum vor sich geht, dass sie hinschaut und wahrnimmt, wenn irgendwo Unrecht geschieht. Und »einmischen« heißt dann weiter, sich für die Etablierung und Einhaltung der universellen Menschenrechte einzusetzen – nicht erst, wenn Konflikte heiß gelaufen sind, sondern vorher, mit allen erdenklichen Mitteln der Friedensarbeit. Ich wiederhole es ein weiteres Mal: Der Einsatz von militärischer Gewalt markiert immer ein großes Versagen, ein Versagen von Politik, von Diplomatie, ja, von Zivilität.

Im Zweifel nie. Militärische Gewalt darf niemals eine naheliegende Handlungsoption sein. Zu groß ist das Leid, das sie zwangsläufig verursacht, auch und gerade für die entsandten Soldatinnen und Soldaten und deren Familien. Wer militärische Gewalt einsetzt, begeht einen eklatanten Zivilisationsbruch, macht sich schuldig. Wenn sie dennoch in bestimmten Fällen die Ultima Ratio sein kann, um Schlimmeres zu verhindern, so darf nicht vergessen werden, welch hohen Preis sie hat. Die Skrupel, die den Deutschen von ihren Bündnispartnern gerne vorgeworfen werden, wenn es um den Einsatz militärischer Gewalt geht, scheinen mir angesichts dieses Preises regelrecht moralisch geboten zu sein. Sie sollten nicht einer falsch verstandenen Bündnistreue wegen aufgegeben werden, sondern vielmehr den Standard gewaltarmer Konfliktbewältigung bewahren helfen und ein strenges internationales Regulativ sein. Die veränderte Rolle der Bundesrepublik in der Weltpolitik müsste sich auch in den Auslandseinsätzen noch deutlicher zeigen.

Die europäischen Länder werden durch den Isolationismus der USA unter Trump nun gezwungen, größere Verantwortung zu übernehmen beziehungsweise sich ihrer Verantwortung vollständig bewusst zu werden. Sie können nicht länger – mehr oder weniger überzeugt, mehr oder weniger freiwillig – den Entscheidungen des mächtigen, zahlungskräftigen Bündnispartners folgen. Wollen sie, dass die USA an ihrer Seite bleiben, müssen sie ihren Beitrag zum Verteidigungsetat der NATO stabilisieren und im gleichen Atemzug alle Kraft daransetzen, in Krisenprävention und Wiederaufbau zu investieren. Das ist ohnehin längst überfällig, um den USA Bündnispartner auf Augenhöhe zu sein – und erst recht nötig ist es, sollten die NATO-Länder gezwungen sein, ohne die USA ein europäisches Verteidigungsbündnis zu stärken.

Meister der Ausblendung

Die sogenannte »zivilisierte« Welt blendet gern aus, dass Krieg und Gewalt auch zu ihr gehören. Sie pflegt von sich ein Ideal der Vernünftigkeit, Friedfertigkeit und Kompromissbereitschaft und lagert aus, was dieses Ideal beeinträchtigt. Das kirchliche Milieu, dem ich angehöre, mit seinem Glauben an die frohe Botschaft und das Reich Gottes, ist besonders beharrlich in diesem Bestreben.

Ich kenne die Sehnsucht nach einer heilen Welt, ebenso den starken Wunsch, dass sich Konflikte immer friedlich lösen ließen, man sich stets einigen und Kompromisse finden könne. Auch mein wiederholter Appell zum Multilateralismus folgt natürlich diesem Denken. Es ist ja auch richtig und ganz und gar nicht unrealistisch: Oft, meistens sogar, lassen oder vielmehr ließen sich friedliche Lösungen finden.

Ein verantwortungsbewusster Realitätssinn jedoch verlangt anzuerkennen, dass es auch andere Fälle gibt und dass ein Land oder ein Staatenbündnis darauf vorbereitet sein muss. Deutschland aber ist das derzeit nur sehr eingeschränkt. Nicht nur, dass viele Deutsche nicht willens sind, sich realistisch einzugestehen, dass auch eine freiheitliche, rechtsstaatliche Demokratie gut ausgebildete und ausgerüstete Polizei- und Streitkräfte braucht, weil deren Einsatz im Ernstfall nötig werden könnte. Auch die deutsche Politik tut sich mit diesem Eingeständnis schwer. Langsam wacht sie auf und erkennt, dass sie die Sicherheits-, Verteidigungs- und auch Entwicklungspolitik lange vernachlässigt hat.

Um gleichwertiges Mitglied multilateraler Bündnisse zu sein, das den Erfordernissen der gegenwärtigen Welt gerecht wird, fehlt es der Bundeswehr erheblich an Personal und Ausrüstung. Das ist freilich vor allem der gewollten jahrelangen Schrumpfung der Bundeswehr nach dem Ende des Kalten Krieges und nach der Aussetzung der Wehrpflicht geschuldet. Allerdings sehe ich in der stiefmütterlichen Behandlung der Sicherheits- und Verteidigungspolitik auch jenen Verdrängungswunsch am Werk, der die Einsicht verhindert, dass gut funktionierende Streitkräfte notwendiger Bestandteil eines über das Gewaltmonopol verfügenden Rechtsstaates sind. Dass damit keinem Militarismus das Wort geredet werden soll, ist im Laufe dieses Buches hoffentlich deutlich geworden.

Gefährliche Ausgrenzung der Streitkräfte
Nicht zuletzt die Soldatinnen und Soldaten sind die unmittelbar Leidtragenden einer in meinen Augen unverantwort-

lichen Verbannung des Militärischen in einen quasi außergesellschaftlichen, zuweilen mit Misstrauen und Verachtung bedachten Bereich. Zum einen geraten sie in Gefahr, wenn sie mit ungenügender Ausrüstung und durch Personalmangel überfordert ihren Dienst tun. Zum anderen bleiben ihnen Respekt und Anerkennung für ihr Tun verwehrt. Verbreitet gelten sie nach wie vor als unreflektierte, autoritätshörige Befehlsempfänger, die ungehemmt Gewalt ausüben: Geschöpfe für Kasernen und Schlachtfelder, aber keine Bürger einer demokratischen Gesellschaft.

Dieses Vorurteil tut Soldatinnen und Soldaten großes Unrecht. Ich habe bei meinen bislang hundertdreiunddreißig Standort- und Einsatzbesuchen nachdenkliche, ernsthafte, empfindsame und übrigens auch idealistische Menschen kennengelernt, die sich der Herausforderungen und Gefahren ihres Berufes sehr wohl bewusst sind, die Fragen stellen, sich über ihr Handeln Rechenschaft ablegen und sich mit ihrem Gewissen auseinandersetzen. Soldatinnen und Soldaten sind keine stumpfen, seelenlosen Befehlsexekutanten. Das dürfen sie nicht sein, und so dürfen sie auch nicht behandelt werden. Sie verdienen Respekt dafür, dass sie sich für einen gesellschaftlich notwendigen, gefährlichen Beruf entschieden haben, der ihnen sehr viel abverlangt.

Soldaten müssen den Ernstfall proben und, sollte er eintreten, Gewalt anwenden. Sie müssen riskieren, getötet zu werden und selbst zu töten. Um Schlimmeres zu verhindern, müssen sie bereit sein, sich die Hände buchstäblich blutig zu machen, Unrecht zu tun und Schuld auf sich zu laden. Denn auch wenn Gewalt in Ausnahmefällen gerechtfertigt sein kann, droht der Seele des Ausführenden eine womöglich lebenslange Verletzung. Soldaten müssen die ethische Grenzsituation aushalten, in der sie sich – von unserer Demokratie geschickt – bewegen. Sie müssen im Notfall gegen für das Menschsein elementare Tabus verstoßen und riskieren zwangsläufig, an ihren Schuldgefühlen zu zerbrechen. Es gibt wenige Aufgaben, die voraussetzungsvoller wären.

Aus gutem, ja bestem Grund will das Grundgesetz den »Staatsbürger in Uniform« und nicht den archaischen Kämpfer ohne Gesetz und Moral. Als Lehre aus der deutschen Geschichte verlangt die freiheitlich-demokratische Verfassung der Bundesrepublik selbstverantwortliche, aus Einsicht handelnde Soldatinnen und Soldaten, die nicht außerhalb, sondern gerade *in* der Gesellschaft stehen. Obwohl ein gut funktionierendes Militär unbestreitbar eine hierarchische Befehlsstruktur und eine geschlossene Organisation benötigt, darf es doch kein intransparentes Paralleluniversum mit einer Sonderethik darstellen, in dem die Soldatinnen und Soldaten ihres Urteilsvermögens und ihres Gewissens enthoben sind.

In regelmäßigen Abständen berichten die Medien von gravierendem Fehlverhalten innerhalb der Bundeswehr: Vorgesetzte, die ihre Rekruten schinden und drangsalieren, sadistische Machtspiele und Quälereien unter Soldaten, rechtsextremistisches Gedankengut. Die Ausfälle sind Symptome der Gefahr, die einem geschlossenen, in einem ethisch heiklen Bereich agierenden System wie dem Militär innewohnt. Eben weil dem Militär durch seine Aufgabe und seine Struktur zwangsläufig ein Gewaltpotenzial wie auch antidemokratische Tendenzen inhärent sind, ist es so wichtig, dass die Armee niemals ihre Anbindung an die Gesellschaft verliert, ist es so wichtig, dass die Soldatinnen und Soldaten als denkende und fühlende Menschen und Glieder der Gesellschaft behandelt und ernst genommen werden.

Ich habe bereits ausgeführt, für wie bedenklich ich in diesem Zusammenhang die Aussetzung der Wehrpflicht in Deutschland halte. Durch sie droht auf lange Sicht die staatsbürgerliche Anknüpfung des Militärdienstes und in der Folge auch ein Stück weit die nach dem Zweiten Weltkrieg vorgenommene Verortung der Bundeswehr in der Gesellschaft verloren zu gehen. Im Verteidigungsministerium wurde davon gesprochen, die Bundeswehr solle sich professionalisieren und als Unternehmen geführt werden. Ersteres ist sicherlich nötig, Letzteres halte ich für ein inadäquates Leitbild.

Jedenfalls kann ich – mit dem Moralphilosophen Michael Sandel – nur davor warnen, das Militär zu ökonomisieren und als Wirtschaftszweig wie jeden anderen zu behandeln. Die Bundeswehr ist im Kern eine Institution und kein Unternehmen. Der Dienst an der Waffe sollte kein x-beliebiger, wenig angesehener Beruf sein, der womöglich von Menschen gewählt wird, die in der Gesellschaft sonst für sich wenig Chancen sehen. Er berührt die Grundfeste des Menschseins und des menschlichen Zusammenlebens und darf innerhalb der Gesellschaft nicht wegdelegiert werden. Für die Sicherheit und Verteidigung sind alle Bürgerinnen und Bürger verantwortlich.

Eine Rückkehr zur Wehrpflicht, die angesichts der gewachsenen Aufgaben der Bundeswehr und des drastischen Personalmangels immer wieder diskutiert wird, ist unwahrscheinlich. Zu grundlegend wurde in den letzten Jahrzehnten die gesamte Infrastruktur der Bundeswehr auf die Bedürfnisse einer Freiwilligenarmee hin umstrukturiert. Und eine moderne Armee benötigt hochqualifizierte Spezialisten, wenig »Fußvolk«. Für überlegenswert halte ich aber in der Tat den Vorschlag, für junge Menschen – im nationalen oder besser noch europäischen Rahmen – einen verpflichtenden Dienst einzuführen. Das Ziel sehe ich nicht in erster Linie darin, die personellen Engpässe der Bundeswehr auszugleichen. Vielmehr ginge es darum, ein Bewusstsein für die umfängliche staatsbürgerliche Verantwortung zu schaffen, die man für das Gemeinwesen trägt, in dem man lebt.

Eine große Herausforderung des kommenden Jahrzehnts sehe ich auf die deutsche Gesellschaft zukommen: Wie wird es gelingen, die Erinnerung an Leid und Kriege des 20. Jahrhunderts wachzuhalten? Die Akteure der Erinnerungskultur gilt es zu stärken, ja zusammenzuhalten für die Aufgabe, die ich 2018, beim zehnjährigen Bestehen der deutschen Kriegsgräberstätte Apscheronsk des Volksbundes Deutsche Kriegsgräberfürsorge im westlichen Kaukasus so formuliert habe:

»Nationaler deutscher Größenwahn und die Pseudolehre vom Herrenmenschen sind im Krieg mit der Sowjetunion zum Ende gekommen. In den Gräbern hier liegen zu früh abgebrochene, geraubte Lebensläufe. Diese Menschen hier hatten Väter und Mütter, Geschwister, Ehefrauen und Kinder. Alle bangten um den Einen, der dann doch nicht mehr heimkam. Die Soldaten sind vielleicht Helden, oft echte, gute Kameraden gewesen, die sich gegenseitig achteten, sodass einer dem anderen ein Bruder geworden ist. Sie müssen uns Mahnung bleiben. Solch unermessliches Leid darf nie wieder geschehen.«

An gleicher Stelle äußerte sich auch der Präsident des Volksbundes Deutsche Kriegsgräberfürsorge, General a. D. Wolfgang Schneiderhan, bis 2009 Generalinspekteur der Bundeswehr: An bislang 17 616 gefallene Soldaten werde auf den Stelen des Gräberfeldes erinnert. Meist seien sie in jungen Jahren gestorben. »Die Zahlen erschrecken noch heute. Nach fünfundsiebzig Jahren geben wir Namen zurück und wir wollen, dass sie ein würdiges Grab haben.«

Russische und deutsche Gebirgsjäger hatten 2018 auf den Gletschern des Hochkaukasus nach Gebeinen der Soldaten gesucht. Auf das Zusammenwirken der beiden Nationen ging dort auch der Wehrbeauftragte des Deutschen Bundestages,

Hans-Peter Bartels, ein. Er sprach in seiner Gedenkrede von den 27 Millionen Menschen der Sowjetunion, die im Zweiten Weltkrieg ihr Leben verloren haben. Wenn das Grauen heute weit weg scheine, so bleibe die Geschichte letztlich doch offen für das Gute – aber gleichzeitig auch für das Schreckliche.

In einem Jahrhundert mit zwei Weltkriegen braucht es Organisationen wie den Volksbund, der 1919, also vor hundert Jahren, unter den Eindrücken des Ersten Weltkrieges gegründet wurde. Noch heute hat er über 300 000 Mitglieder und aktive Spender.

Seine Erinnerungs- und seine Jugendbildungsarbeit sind vorbildlich. Etwa so, wie das im kirchlichen Bereich die Aktion Sühnezeichen übernimmt. Die jungen Menschen setzen sich mit den Themen Extremismus, Nationalismus, Rassismus und willkürlicher Gewalt auseinander. Und während ihrer Zusammenarbeit lernen sie im Umgang miteinander Toleranz, suchen Lösungen für Probleme und sammeln Ideen für ein friedliches Miteinander – für die gegenwärtige Situation und für die Zukunft.

Junge Menschen sind eine Voraussetzung für die Erinnerungskultur der Zukunft. Denn eine lebendige Erinnerung schaut nicht nur zurück, sondern öffnet den Horizont: Sie lenkt in ihrem Mitgefühl den Blick dorthin, wo andere Grund zur Trauer haben. »Versöhnung ohne Erinnerung kann es nicht geben«, sagte der vormalige Bundespräsident Richard von Weizsäcker am 8. Mai 1985, am 40. Jahrestag des Endes des Zweiten Weltkrieges in Europa. Deshalb werde ich mich auch in Zukunft als Militärbischof für eine Erinnerungskultur starkmachen, in der sich viele Akteure unseres Gemeinwesens zusammenfinden. Die Sache hat es ganz gewiss verdient.

»Versöhnung über den Gräbern« lautet das Leitwort des Volksbunds. So pflegt er deutsche Kriegsgräberstätten im In- und Ausland. Es sind Orte öffentlichen Gedenkens, der Erinnerung. Auch in der Gestaltung des Volkstrauertages mit seiner jährlichen Gedenkfeier im Deutschen Bundestag, die der Volksbund verantwortet, sehe ich ein wichtiges Zeichen der Erinnerungskultur. Schließlich unterstützt er auch das würdige Andenken an alle, die im Dienst der Bundesrepublik Deutschland in Auslandseinsätzen ihr Leben verloren haben.

Die Opfer unter dem Rad verbinden
Erst allmählich wird das Ausmaß der psychischen Verheerungen offensichtlich, die nicht nur der Zweite Weltkrieg, sondern nun auch der Afghanistankrieg bei deutschen Soldatinnen und Soldaten angerichtet haben. Lange Zeit nach dem Kampfeinsatz in Afghanistan werden immer noch jährlich Hunderte neuer Fälle von Posttraumatischer Belastungsstörung (PTBS) oder anderen kriegsbedingten psychischen Erkrankungen diagnostiziert. Die PTBS wird inzwischen zwar endlich wie eine körperliche Verwundung eingestuft, aber immer noch zu wenig thematisiert. Manchen im Militär gilt – verbreiteter noch als in der Gesellschaft im Ganzen – seelisches Leiden nach wie vor als disqualifizierende Schwäche.

Dabei ist längst klar und auch wissenschaftlich belegt, dass es psychische Einsatzschädigungen gibt, die medizinisch, psychotherapeutisch und seelsorgerisch begleitet werden müssen. Nach einer zunächst zögerlichen Einsicht in diese Tatsache im vergangenen Jahrzehnt hat nun sowohl die Bundeswehr als auch die Politik diese Herausforderung angenommen und erkennt psychische Einsatzfolgen formal an. Damit verbunden ist eine Fülle von Hilfestellungen, auf die im besten Fall auch ein rechtlicher Anspruch besteht.

Die Evangelische Seelsorge in der Bundeswehr ist in diesem hochsensiblen Feld seit Jahren engagiert. Sowohl ein hauptamtliches Team unter der Leitung eines erfahrenen Militärdekans als auch etwa vierzig der hundertacht Geistlichen helfen pro Jahr über tausend seelisch Verwundeten und deren Familien, ihr Leid zu lindern. Diese Maßnahmen, die mal über Tage, mal über Wochen laufen, sind immer interdisziplinär gestaltet, denn es braucht hier auch fachtherapeutische Unterstützung. Häufig hören wir, dass gerade die Präsenz des Seelsorgers essenziell ist. Denn der ebenso schlichte wie wirksame Satz »Dir ist deine Schuld vergeben« oder der Zuspruch von Gottes Segen fällt eben im Rahmen eines Seelsorgegespräches oder einer gottesdienstlichen Handlung.

Erst in letzter Zeit ist eine weitere gravierende Einsatzfolge erkannt worden, die sogenannte *moral injury*, die moralische Verletzung. Die Forschung ist stark von den USA geprägt, da diese seit Jahrzehnten mit psychischen Erkrankungen in der Folge des Korea- und des Vietnamkrieges zu tun haben. Bei der *moral injury* handelt es sich nicht wie bei der Posttraumatischen Belastungsstörung um eine psychische Beeinträchtigung, die durch die unmittelbare Beteiligung am Gefechtsgeschehen verursacht wurde. Die »moralische Verletzung« entsteht durch ein indirektes Involviertsein in ein mit Schuld verbundenes Ereignis, etwa wenn ein Offizier einen Befehl gegeben hat, der zu Verwundung oder Tod führte.

Die Begleitung von Soldatinnen und Soldaten, die durch einen militärischen Einsatz psychisch verletzt wurden, trifft ins Zentrum des seelsorgerischen Gedankens. Denn hier geht es um Tod und Verwundung, um Leid, Trauer und Schmerz, um Schuld und Vergebung. Da gilt es, um mit Dietrich Bonhoeffer zu sprechen, »die Opfer unter dem Rad zu verbinden«.

Vereinbarkeit von Familie und Beruf

Um psychisch gesund zu bleiben, aber auch um dem Anspruch des »Staatsbürgers in Uniform« gerecht zu werden, brauchen Soldatinnen und Soldaten dringend ein privates und gesellschaftliches Leben außerhalb des Militärs. Sich ein solches Leben aufzubauen und zu führen kann für Soldaten schwer sein. In der Ausbildung sind sie unter der Woche Tag und Nacht in der Kaserne. Später steht vielen, besonders den Offizieren, alle zwei Jahre ein Standortwechsel bevor. Auf Auslandseinsätzen sind sie monatelang von ihren Familien und Freunden getrennt.

Zwar ist gesetzlich vorgeschrieben, dass ein Soldat höchstens vier Monate im Einsatz sein darf und danach zwanzig Monate Regenerationszeit folgen sollen. Das allerdings ist nur die Theorie. In der Praxis wird diese Regelung zum Schutz der Soldaten oft nicht umgesetzt. Entweder weil nicht genügend Personal zur Verfügung steht oder weil andere organisatorische Gründe es erforderlich machen, werden die Einsatzzeiten verlängert und die Erholungsphasen verkürzt.

In den Gesprächen von Soldatinnen und Soldaten mit Militärseelsorgern sind Probleme mit den Partnern und Familien zu Hause ein immer wiederkehrendes Thema. Die Trennungs- und Scheidungsrate in Soldatenpartnerschaften und -ehen ist hoch. Die langen Abwesenheiten und die mit dem Alltag schwer zu vermittelnden, oft existenziellen Erfahrungen von Soldaten bringen erhebliche Belastungen für Partnerschaften und Familien.

Es gibt systemimmanente Gründe für den Standortwechsel alle zwei Jahre. Ebenso gibt es interne Gründe für die Verlängerung von Einsatzzeiten im Ausland. Nimmt man die Soldatinnen und Soldaten aber als Menschen mit berechtigten emotionalen und sozialen Bedürfnissen ernst, stellt sich die Frage, ob nicht sinnvolle Alternativen möglich wären.

Es gibt eine Reihe von sozial-diakonischen Trägern, die versuchen, die auch von Verteidigungsministerin von der Leyen als zentral angesehene Vereinbarkeit von Familie und Beruf zu verbessern und die enormen individuellen und familiären Belastungen zu reduzieren. So unterstützen zum Beispiel der Deutsche Bundeswehr-Verband (DBwV), das Soldatenhilfswerk der Bundeswehr, die Deutsche Härtefallstiftung oder der von Rohdich'sche Legatenfonds Soldatinnen und Soldaten und deren Familien mit einer Fülle von Maßnahmen.

Von kirchlicher Seite aus leisten die Evangelische (EAS) und Katholische (KAS) Arbeitsgemeinschaft für Soldatenbetreuung vielfältige Hilfe. Allein im evangelischen Bereich bieten die Standortpfarrämter pro Jahr fünfzigtausend Rüstzeittage an, die oft als Familienfreizeiten geplant sind und so den Zusammenhalt und die Resilienz der Familien fördern.

Im Herzen die Seelsorge
Jüngst hat eine Arbeitsgruppe der Evangelischen Militärseelsorge, die sich aus Militärgeistlichen, Wissenschaftlern und Praktikern aus thematisch verwandten Bereichen zusammensetzte, eine kleine Schrift verfasst, die in zehn Thesen das Feld der Seelsorge in der Bundeswehr abschreitet. Es sind Fragen des christlichen Selbstverständnisses, die hier gestellt werden: Dürfen Christinnen und Christen als Soldatinnen und Soldaten Dienst tun? Oder: Können Armeeangehörige im christlichen Glauben beheimatet sein?

In der Bundesrepublik Deutschland wurden diese Fragen pragmatisch beantwortet: Die Einrichtung einer inhaltlich unabhängigen Militärseelsorge macht es Soldaten möglich, ausgebildete und erfahrene Geistliche aufzusuchen, um mit ihnen ethische Fragen ihres Dienstes, persönliche und familiäre Probleme zu erörtern. Die Begleitung geschieht im »Lichte des Evangeliums«, so der Titel der Publikation.

Die Prägekraft der Botschaft der Kirchen ist noch lange nicht erloschen. Das kann sich gerade auf dem ethisch brisanten Handlungsfeld des Militärischen zeigen. Im Grunde ist Militärseelsorge ein Beispiel, wie kirchliches Leben in Zukunft funktionieren kann: als »Gemeinde auf Zeit« oder als »Gemeinde bei Gelegenheit«. Konfrontiert mit Zweifel, Schuld und Tod, wird in der Militärseelsorge Raum gegeben für das Nachdenken über das Nichtwissbare und Unberechenbare. Doch religiöse Kommunikation geschieht nicht allein in persönlicher Begegnung und im Gespräch. Es gibt noch eine nonverbale und rituelle Seite, die in ihrer Wirkung nicht hoch genug eingeschätzt werden kann. Es sind die »Ressourcen christlich-religiöser Tradition, Gebete, Rituale, Segenshandlungen«, die die Kraft der Hoffnung noch einmal ganz neu entfalten können.

Die Evangelische Seelsorge in der Bundeswehr hat in den vergangenen Jahren viel Veränderung erlebt. Signifikant war die zunehmende Einstellung von Pfarrerinnen in das Amt der Militärgeistlichen. Derzeit sind dreiundzwanzig Frauen und fünfundachtzig Männer als Ordinierte an den Standorten und in den Einsätzen tätig. Das Verhältnis wird sich sicherlich noch zugunsten des weiblichen Geschlechts verschieben. Keine Frage, der Arbeit vor Ort hat dieser Prozess der zunehmenden Gleichstellung gutgetan.

Im Blick auf die Bundeswehr, aber auch auf die Militärseelsorge gilt es, das Beziehungsgefüge zwischen der Gesellschaft und den Kirchen weiter zu stärken. Die öffentliche Wahrnehmung unserer Arbeit ist durchaus noch ausbaufähig. Die evangelische Militärseelsorge hat im Sinne der Soldaten zahlreiche neue Stellen geschaffen, nicht zuletzt das Hauptamt des evangelischen Militärbischofs. Unsere Seelsorge für die Schwächsten, die Einsatzgeschädigten, wollen wir weiter ausbauen, die Arbeit mit den Soldaten noch vielfältiger gestalten. Und zu guter Letzt: Die Präsenz in den Auslandseinsätzen und einsatzgleichen Verpflichtungen der Bundeswehr gehört für uns – wie ich zu zeigen versucht habe – zu den vornehmsten Verpflichtungen.

Jüdische und muslimische Militärseelsorge
Der Militärseelsorger ist – ich hatte es im zweiten Kapitel ausgeführt – die einzige Person, die den Soldatinnen und Soldaten in der Kaserne oder im Camp als von der Hierarchie

unabhängiger Ansprechpartner zur Verfügung steht. Er ist im Dienst der Kirche tätig und keinen Weisungen der Politik oder der Bundeswehr unterworfen. Er trägt keinen Dienstgrad und unterliegt weder Gehorsams- noch Berichtspflicht. Mit seiner Unabhängigkeit und Verschwiegenheit erfüllt er im geschlossenen System des Militärs eine wertvolle und unerlässliche Aufgabe.

Staatlich gewollt und im Einklang mit dem Grundgesetz schafft er ein Fenster ins Zivile. Mit der Verkündigung der christlichen Botschaft erinnert er an eine menschliche und ethische Dimension, die die militärische Logik und Funktionalität übersteigt. Im Lebenskundlichen Unterricht und in vertraulichen seelsorgerischen Einzelgesprächen geht der Militärgeistliche auf existenzielle Fragen und Zweifel ein, die mit dem Dienst an der Waffe verbunden sind. Er spricht den Soldaten als Menschen an, schärft sein Bewusstsein dafür, dass er ein Individuum mit Gedanken, Gefühlen und einem Gewissen ist. Er fordert ihn zu einem Handeln auf, das aus Einsicht geschieht. Auch durch ihre Angebote, wie etwa zum gemeinsamen Musizieren oder zum sozialen Engagement außerhalb des Camps, bietet die Militärseelsorge den Soldatinnen und Soldaten eine Möglichkeit, sich umfassend als Menschen zu erleben.

Ich konnte mich bei meinen inzwischen weit über hundert Besuchen der Standorte und vor allem der Auslandseinsätze immer wieder davon überzeugen, wie wichtig für die Soldatinnen und Soldaten die Anwesenheit eines Militärseelsorgers ist. Und das unabhängig von jeder konfessionellen Zugehörigkeit – wobei noch immer über vierundfünfzig Prozent der Bundeswehrsoldaten einer christlichen Kirche angehören. Etwa ein Drittel der Soldaten ist evangelisch. Außerdem gibt es derzeit etwa zweitausendsiebenhundert muslimische und etwa dreihundert jüdische Soldaten. Sie verteilen sich auf alle Dienstgradgruppen.

Das ist ein erfreuliches Zeichen der Akzeptanz des deutschen Staates und der Integration in die Gesellschaft. Ja, es zeigt, dass – Gott sei Dank – das Judentum nach den Verheerungen der NS-Zeit wieder zu Deutschland gehört, genau wie mittlerweile auch der Islam. Ebenso wie konfessionslose Soldaten die christliche Militärseelsorge ohne Berührungsängste in Anspruch nehmen, tun es auch die jüdischen und muslimischen Bundeswehrangehörigen.

Eine Öffnung der Militärseelsorge über die beiden großen Kirchen hinaus steht an; sie entspricht der Gleichberechtigung und Gleichbehandlung auch derjenigen Soldatinnen und Soldaten, die keiner christlichen Religion angehören. Mir ist jedoch wichtig, dass in diesem Prozess die Standards, wie sie bisher von kirchlichen Militärgeistlichen gewahrt und von den Soldaten geschätzt werden, nicht zur Disposition stehen. Seelsorgerinnen und Seelsorger brauchen nicht nur eine solide akademische Qualifikation, sondern müssen in Einsatzbegleitungen und im regelmäßigen Diskurs mit den Soldaten, wie ihn der Lebenskundliche Unterricht ermöglicht, ihre Feldkenntnis kontinuierlich erneuern. Militärgeistliche stehen einerseits außerhalb der militärischen Hierarchie, andererseits sind sie intime Kenner der Lebenswelt Bundeswehr.

Erfreulicherweise wird diese Herausforderung auch bei den künftigen Akteuren einer pluralisierten Militärseelsorge erkannt. Kürzlich hat Josef Schuster, der Vorsitzende des Zentralrats der Juden in Deutschland, in einem berührenden Text in der *FAZ* dazu eingeladen, die während des Nationalsozialismus brutal abgebrochene Tradition der Feldrabbiner wieder aufleben zu lassen.

Damit verband er ein nachdrückliches Plädoyer für den Lebenskundlichen Unterricht als Kernaufgabe von Militärseelsorge. Seelsorge bedient eben nicht nur einen isolierten Bereich des Glaubens, sondern tritt ein für ein freiheitliches, die Eigenverantwortung stärkendes Verständnis des Menschen. Aus gewichtigen Gründen sind die deutschen Juden für Fragen der Erhaltung und Pflege demokratischer Strukturen besonders sensibel. Wenn die Militärseelsorge in diesem Sinn als Kraft verstanden wird, die die gesellschaftliche Einbindung der Bundeswehr stützt, ist das ein ermutigendes Zeichen.

Die beiden großen christlichen Kirchen wurden vom Staat in den Fünfzigerjahren mit der Militärseelsorge betraut, als ihnen über neunzig Prozent der Deutschen angehörten. Sie sind verfasste, in der Zivilgesellschaft verwurzelte Institutionen mit transparenter Organisationsstruktur und dokumentierten Mitgliederzahlen. Damit sind sie nach wie vor als Gegenüber des Staates für die Militärseelsorge geeignet. Die jüdischen Gemeinden sind in vergleichbarer Weise nach öffentlichem Recht strukturiert.

Die Herausforderung einer islamischen, von mir grundsätzlich bejahten Militärseelsorge ist nun aber – das war bereits bei der Zusammensetzung der Islamkonferenz wie auch bei der Diskussion über eine mögliche Moscheesteuer das Thema –, dass rund achtzig Prozent der in Deutschland lebenden Muslime nicht religiös organisiert sind und es keine verfasste Institution gibt, die die Mehrheit der Muslime repräsentiert. Es dürfte klar sein, dass sich der von der türkischen Regierung unterstützte Moscheeverband Ditib für die deutsche Militärseelsorge ebenso wenig eignet wie Religionsfunktionäre, die vom Geld arabischer Staaten abhängen oder die Maximen der Muslimbruderschaft verbreiten.

Ich pflichte in dieser Frage vollkommen dem katholischen Militärbischof Franz-Josef Overbeck bei, der im Januar 2018 in einem Interview forderte, »mit Blick auf Grundgesetztreue, Friedensverbundenheit oder Gleichberechtigung der Geschlechter« müssten in der Bundeswehr militärseelsorgerisch tätige Muslime »den deutschen Standards entsprechen«.

Für denkbar halte ich ein Beiratsmodell, in das Vertreter der muslimischen Verbände, muslimische Soldaten, aber auch muslimische Einzelpersonen, die die vorherrschenden Sichtweisen der Verbände durch liberale Positionen auffächern, einbezogen sein könnten. Ein solcher repräsentativer Beirat könnte dann vom Staat mit der muslimischen Militärseelsorge betraut werden.

Kriege der Zukunft

Das Militär agiert zwangsläufig in einem moralisch anspruchsvollen Grenzbereich. Umso wichtiger ist es, dafür zu sorgen, dass es sich nicht von der Zivilgesellschaft entkoppelt und eine inhumane Sonderethik ausprägt. Die Bundeswehr ist eine Parlamentsarmee. Wo und wie sie zum Einsatz kommt, entscheidet das von der Bevölkerung gewählte Parlament, der Bundestag. Das darf nie vergessen werden.

Seit eh und je ist es so, dass viele technische Neuerungen zunächst für das Militär entwickelt worden sind. Die gesamte Informationstechnologie wäre ohne die militärisch motivierte Forschung längst nicht dort, wo sie heute ist. Was im Bereich der Robotik und der künstlichen Intelligenz beim Militär schon jetzt möglich ist, erscheint in der Zivilgesellschaft noch wie Science-Fiction. Der rasante technische Fortschritt und die Digitalisierung stellen die Gesellschaft vor große Fragen und verlangen eine Nachjustierung beziehungsweise Neubestimmung dessen, was den Menschen ausmacht und wie weit er gehen darf. Wir dürfen nicht zulassen, dass der militärische Einsatz von Robotern und künstlicher Intelligenz ohne gesellschaftlichen Konsens erfolgt.

In ihrem »War on Terror« benutzen die USA seit Jahren unbemannte Kampfdrohnen zur »gezielten Tötung« von Terroristen. Unter Präsident Obama, dem Friedensnobelpreisträger, wurde der Drohnenkrieg erheblich ausgeweitet. Er konnte damit das Image eines »sauberen« Krieges aufrechterhalten: Es gibt keine Toten auf der eigenen Seite, die bewaffneten Drohnen werden fern vom Kriegsgeschehen per Joystick gesteuert. Sie töten möglichst punktgenau, womit die ungelöste, seit Guantanamo politisch brisante Frage nach der angemessenen juristischen Behandlung gefangen genommener Terroristen entfällt.

Der ehemalige US-Präsident Jimmy Carter kritisierte das gezielte, »extralegale« Töten durch Drohnen als Ausverkauf humanitärer Werte und Missachtung der Menschenrechte. Die Bundeswehr setzt bislang nur Aufklärungsdrohnen ein, diskutiert aber auch die Anschaffung und den Einsatz von bewaffnungsfähigen Drohnen. Im Verteidigungsministerium ist es jedoch unbestritten, dass sie nicht ohne breite gesellschaftliche Debatte eingesetzt werden dürfen.

Ich denke, bei der Bewertung von unbemannten Kampfdrohnen kommt es entscheidend auf das Einsatzszenario an: Legitim scheint mir, sie innerhalb eines Gesamtkonzeptes zu verwenden, in dem vorrangig Bodentruppen vor Ort sind und der »gegnerischen« Bevölkerung eine Kontaktmöglichkeit bieten. Hingegen ist die Kontrolle weiter Landstriche allein durch ferngesteuerte Drohnen – wie es etwa in Pakistan geschieht – meines Erachtens die beste Möglichkeit, die nächste Generation von Terroristen heranzuziehen. Diese menschenverachtende Demonstration himmelhoher Überlegenheit schneidet jede humane Verbindung zum »Gegner« ab.

Krieg ist immer inhuman, wird er aber von der »Playstation« aus geführt, ist er monströs. Er zerstört die Grundlagen der Menschlichkeit und Zivilität. Denn die Distanzierung des Menschen vom Kriegsgeschehen verhindert und zerstört jegliche Form von Empathie. Empathie jedoch ist die Bedingung der Möglichkeit eines friedlichen Miteinanders.

Die Dehumanisierung des Krieges ist indes in vollem Gange. Die USA bilden mittlerweile mehr Drohnenbediener aus als Jetpiloten. Nach der Erfindung des Schießpulvers und der

Atomwaffen ist die dritte Revolution in der Kriegsführung längst angebrochen. Die Aufkündigung des INF-Vertrags, der die Abschaffung aller Kurz- und Mittelstreckenraketen vorsah, seitens der USA und Russlands macht zwar deutlich, dass Atomwaffen als ultimatives Abschreckungsmittel noch immer nicht ausgedient haben, doch technologisch sind sie kaum mehr zeitgemäß.

Die Zukunft des Krieges sehen Militärexperten in autonomen Waffensystemen, die mit künstlicher Intelligenz ausgestattet sind, selbstständig feindliche Ziele auswählen und über Kampfmaßnahmen entscheiden. Die Großmächte USA, Russland und China beschäftigen sich seit Jahren hochtourig mit der Entwicklung von selbst fahrenden U-Booten, unbemannten Panzern oder Kampfrobotern. Der israelische Historiker und Bestsellerautor Yuval Noah Harari berichtet in seinem Buch *Homo Deus* von der Forschung an sogenannten Robo-Ratten, in Laboren gezüchteten Tieren, denen künstliche Intelligenz implantiert wird. Bislang sind diese gruseligen Tier-Maschine-Zwitter nicht zum Kampfeinsatz vorgesehen. Sie könnten, wie Harari beschreibt, dabei helfen, »Überlebende zu entdecken, die unter den Trümmern eingestürzter Häuser begraben sind, Bomben und Sprengfallen zu orten und unterirdische Tunnel und Höhlen zu erkunden«.

Es gibt sicher viele nützliche und sinnvolle Einsatzbereiche von autonomen Systemen – im Militär wie im zivilen Leben. Sie können den Menschen in Präzision und Verlässlichkeit übertreffen und Gefahren minimieren. Höchst problematisch wird es allerdings, wenn der Mensch die Kontrolle über den Waffeneinsatz verliert und die Letztverantwortung abgibt.

Der Theologe Christoph Markschies hat als Sprecher einer interdisziplinären Arbeitsgruppe der Berlin-Brandenburgischen Akademie der Wissenschaften zum Thema künstliche Intelligenz kürzlich Empathie und Vertrauen als die definitiv für den Menschen reservierten, auf Computer absolut nicht übertragbaren Dimensionen des Handelns benannt. Das gilt es auch für den Bereich der Sicherheits- und Militärethik zu unterstreichen. Das Sammeln und schematische Auswerten von Fakten mag eine Maschine übernehmen können; die anschließende Bewertung und Entscheidung muss immer ein Mensch in persönlicher Präsenz und Verantwortlichkeit treffen.

Es ist lehrreich, sich an die Geschichte des sowjetischen Oberstleutnants Stanislaw Petrow zu erinnern. In der Nacht vom 25. auf den 26. September 1983 verhinderte er den Atomkrieg, als er einen Angriff von US-Raketen, der ihm von seinen Computern angezeigt wurde, als Fehlalarm deutete. Petrow funktionierte nicht im Sinne der Vorschriften, er misstraute dem technisierten System der »Sicherheit«, dessen Glied er selbst war, und handelte als verantwortliches Individuum mit hoher Einfühlung in die kritische Situation – gegen die technisch markierten Daten. Er agierte als Mensch.

Für eine Friedens- und Militärethik

Für die Zukunft ist es unabdingbar, auf der Verantwortung des Menschen zu bestehen. Gegenwärtig scheint es jedoch vielen leichter, die menschliche Verantwortung zu reduzieren. Die Digitalisierung bietet dazu schier unendliche Möglichkeiten. Mit dem Versprechen, das Leben zu erleichtern und sicherer zu machen, haben autonome Maschinen bereits begonnen, die Wirklichkeit zu erobern. Allzu bereitwillig und leichtfertig wird Verantwortung abgegeben, ohne sich die Konsequenzen bewusst zu machen. Dabei begründet die Verantwortlichkeit des Menschen seine Würde: »Warum sollte man einem Computer mehr vertrauen als einem humanen Wesen?«, fragte der Theologe Markschies.

Es wird mittlerweile viel diskutiert über den digitalen Wandel, der die Menschheit vor gewaltige ethische und rechtliche Herausforderungen stellt. Welche Entwicklungen jedoch im militärischen Bereich stattfinden, bleibt der Öffentlichkeit weitgehend verborgen. Dabei haben die zentralen Fragen nach der Letztverantwortung, die sich beim Einsatz von autonomen Kampfrobotern stellen, ein ungleich größeres existenzielles Gewicht als etwa autonome Fahrzeuge im Straßenverkehr: Wie soll eine Maschine zwischen Soldaten und Zivilisten unterscheiden? Wie soll sie erkennen, ob ein Gegner verletzt ist oder sich ergibt? Der Journalist Tobias Matern zitiert in einem Artikel der *Süddeutschen Zeitung* vom Februar 2019 einen Sicherheitsexperten der Berliner Stiftung Wissenschaft und Politik, der das Argument, emotionsfreie Maschinen könnten keine Kriegsgräuel verüben, umdreht: »Es gibt auch menschliche Empathie und Zurückhaltung im Krieg, wodurch Schlimmeres verhindert wird.«

Die Vereinten Nationen bemühen sich seit Jahren um klare Regelungen für autonome Waffensysteme. Es gibt Staaten, die ein Verbot von Kampfrobotern fordern. Andere lehnen das mit Verweis auf das Wettrüsten, das in diesem Bereich schon begonnen hat, ab. Auch das Argument, autonome Waffensysteme könnten die menschlichen Verluste reduzieren, wird von den Gegnern eines Verbots immer wieder angeführt.

Debatten über die neuen Formen der Kriegsführung dürfen nicht fern der Öffentlichkeit stattfinden. Gerade wir Deutschen mit unserer desaströsen Kriegsgeschichte betrachten das Militär immer noch als einen ausgegrenzten Sonderbereich, der mit unserer Welt nichts zu tun haben soll. Das ist meines Erachtens falsch und gefährlich. Der *Zeit*-Mitherausgeber Josef Joffe hat kürzlich die unangenehme Wahrheit prägnant in Worte gefasst, als er die gravierenden Ausstattungsmängel der Bundeswehr als Gefährdung der weltpolitischen Rolle unseres Landes analysierte und das gesellschaftliche Desinteresse daran kritisierte: »Dies zu konstatieren heißt nicht, Kriegslust zu schüren oder Diplomatie klein zu schreiben. Aber wer ›Verantwortung‹ predigt, muss das Wörtchen ›tätige‹ davorsetzen.«

Die Fragen, ob und wie eine militärische Intervention oder gar ein Krieg geführt wird, aus welchen Gründen und mit welchen Mitteln, zielen ins Zentrum des Menschseins und des menschlichen Zusammenlebens. Sie dürfen nicht einem engen Kreis von Militärexperten überlassen werden. Für den Bereich der Medizin, die sich durch den Fortschritt vor allem in der Reproduktionsmedizin ebenfalls zentralen Fragen gegenübersieht, wurde in Deutschland eine breit gefächerte, interdisziplinäre Ethikkommission eingerichtet, die technische Verfahren über ihre Machbarkeit hinaus diskutiert. Es ist mein dringender Wunsch, dass ein solcher Ethikrat auch für militärische Themen gegründet wird. Er müsste sich aus militärischen Vertretern quer durch alle Dienstränge, aber eben auch aus Persönlichkeiten des zivilen Lebens rekrutieren. Erfahrene Praktiker und Militärexperten gehörten ebenso in eine solche Kommission wie Theologen, Philosophen, Psychologen, Informatiker, Ökonomen und Bürgervertreter. Es bedarf auf dem Gebiet der künstlichen militärischen Intelligenz klarer Richtlinien und internationaler rechtlicher Regelungen, stets mit der Warnung im Hintergrund, den kategorialen Unterschied zwischen Menschen und Maschinen nicht zu verwischen.

Deutschland ist weltweit an militärischen Einsätzen beteiligt, das ist die Realität, vor der man die Augen nicht verschließen darf. Das militärische Engagement der Bundeswehr geschieht in unser aller Namen, in der Verantwortung der deutschen Gesellschaft. Wir müssen diese Verantwortung wahrnehmen. Die Fortentwicklung einer Friedens- wie einer Militärethik ist eine gesamtgesellschaftliche Aufgabe.

BIBLIOGRAFIE

Ackermann, Dirck: »Ein Weg in Loyalität und Freiheit. Die evangelische Militärseelsorge in kritischer Solidarität mit der Bundeswehr und den Soldaten«, *Deutsches Pfarrerblatt*, 1/2014.

Aquino, Thomas von: *Summe der Theologie*, hrsg. von Joseph Bernhart, 3 Bde., Stuttgart 1985.

Arnold, Gerhard: »Gerechter Friede am Hindukusch? Die evangelische Kirche und der Afghanistan-Konflikt 2008 bis 2010«, *Kirchliches Jahrbuch 2010*, Lieferung 2, Gütersloh 2010.

Assmann, Jan: *Monotheismus und die Sprache der Gewalt*, Wien 2006.

Augsburger Bekenntnis, https://www.ekd.de/Augsburger-Be-kenntnis-Confessio-Augustana-13450.htm

Augustinus, Aurelius: *Vom Gottesstaat*, München 2007.

Aus Gottes Frieden leben – für gerechten Frieden sorgen. Eine Denkschrift des Rates der Evangelischen Kirche in Deutschland, Gütersloh 2007.

Barmer Theologische Erklärung (Barmer Bekenntnis), https://www.ekd.de/Barmer-Theologische-Erklarung-Thesen-11296.htm

Beckmann, Klaus: »Ein zweites Afghanistan? Persönliche Erfahrungen eines Militärpfarrers aus dem westafrikanischen Mali«, *Evangelische Aspekte*, 1/2017.

Ders.: »Gelöbnis ohne Gewissensprüfung? Die Militärseelsorge und der ›Staatsbürger in Uniform‹«, *Deutsches Pfarrerblatt*, 5/2012.

Ders.: *Treue. Bürgermut. Ungehorsam. Anstöße zur Führungs-kultur und zum beruflichen Selbstverständnis in der Bundes-wehr*, Berlin 2015.

Bedford-Strohm, Heinrich: *Position beziehen. Perspektiven ei-ner öffentlichen Theologie*, München 2015.

Ders.: *Radikal lieben. Anstöße für die Zukunft einer mutigen Kir-che*, Gütersloh 2017.

Begleitung im Licht des Evangeliums. 10 Thesen zum Seelsor-geverständnis. Im Auftrag des Evangelischen Militärbischofs hrsg. vom Evangelischen Kirchenamt für die Bundeswehr, Berlin 2019.

Brumlik, Micha: *Der Anti-Alt: Wider die furchtbare Friedfertig-keit*, Frankfurt / M. 1997.

Bush, George W.: Rede vor dem amerikanischen Kongress am 20. September 2001, https://usa.usembassy.de/etexts/docs/ga1-092001d.htm

Demmer, Ulrike; Feldenkirchen, Markus u.a.: »Rekonstruk-tion vom Kunduz-Anschlag. Ein deutsches Verbrechen«, *Der Spiegel*, 5/2010.

Dörfler-Dierken, Angelika: *Führung in der Bundeswehr. Sol-datisches Selbstverständnis und Führungskultur nach der ZDv 10/1 Innere Führung*, Berlin 2013.

Dies.: (Hrsg.): *Graf von Baudissin. Als Mensch hinter den Waf-fen*, Göttingen 2006.

Dies.: (Hrsg.): *Hinschauen! Geschlecht, Rechtspopulismus, Ri-tuale – Systemische Probleme oder individuelles Fehlverhalten*, Berlin 2019.

Dies.: *Zur Entstehung der Militärseelsorge und zur Aufgabe der Militärgeistlichen in der Bundeswehr*, hrsg. vom Sozial-wissenschaftlichen Institut der Bundeswehr, Forschungs-bericht 83, Strausberg, März 2008.

Enzensberger, Hans Magnus: »Hitlers Wiedergänger«, *Der Spiegel*, 6/1991.

Friedensethik im Einsatz. Ein Handbuch der Evangelischen Seelsorge in der Bundeswehr, hrsg. vom Evangelischen Kirchenamt für die Bundeswehr, Gütersloh 2009.

Gerlach, Heinrich: *Durchbruch bei Stalingrad 1944.* Roman, hrsg. von Carsten Gansel, Berlin 2016.

Gillner, Matthias; Stümke, Volker (Hrsg.): *Kollateralopfer. Die Tötung von Unschuldigen als rechtliches und moralisches Problem*, Münster 2014.

Gollwitzer, Helmut: *Und führen, wohin du nicht willst. Bericht einer Gefangenschaft*, Frankfurt/M. 1954.

Gräb-Schmidt, Elisabeth; Zeyher-Quattlender, Julian (Hrsg.): *Friedensethik und Theologie. Systematische Erschließung eines Fachgebiets aus der Perspektive von Philosophie und christlicher Theologie*, Baden-Baden 2018.

Greschat, Martin: *Der Protestantismus in der Bundesrepublik Deutschland (1945–2005)*, Leipzig 2010.

Harari, Yuval Noah: *Homo Deus. Eine Geschichte von Morgen*, München 2018.

Huber, Wolfgang: *Dietrich Bonhoeffer. Auf dem Weg zur Freiheit. Ein Portrait*, München 2019.

Ders.: *Kirche und Öffentlichkeit*, Stuttgart 1973.

Ders.: »Religion und Gewalt. Du sollst nicht töten – und nicht töten lassen«, *Frankfurter Allgemeine Zeitung*, 7. Oktober 2014.

Ischinger, Wolfgang: *Welt in Gefahr. Deutschland und Europa in unsicheren Zeiten*, Berlin 2018.

Jaberg, Sabine: »Frieden und Sicherheit«, *Europäische Friedensordnungen und Sicherheitsarchitekturen. Politisch-ethische Herausforderungen*, Bd. 3, hrsg. von Ines-Jacqueline Werkner und Martina Fischer, Wiesbaden 2019.

Jäger, Sarah; Scheffler, Horst (Hrsg.): *Frieden und Gerechtigkeit in der Bibel und in kirchlichen Traditionen. Politisch-ethische Herausforderungen*, Bd. 1, Wiesbaden 2018.

Jäger, Sarah; Strub Jean-Daniel (Hrsg.): *Gerechter Frieden als politisch-ethisches Leitbild. Grundsatzfragen*, Bd. 2, Wiesbaden 2018.

Jenni, Alexis: *Die französische Kunst des Krieges*, München 2012.

Joffe, Josef: »Prozent-Politik. Die Zeiten werden übler, die Bundeswehr ist allenfalls bedingt kampfbereit«, *Die Zeit*, 21. Februar 2019.

Kant, Immanuel: »Zum ewigen Frieden. Ein philosophischer Entwurf«, *Schriften zur Anthropologie, Geschichtsphilosophie, Politik und Pädagogik 1*, hrsg. von Wilhelm Weischedel, Frankfurt/M. 1977.

Kennan, George F.: »A Fateful Error«, *New York Times*, 5. Februar 1997.

Kermani, Navid: *Über die Grenzen – Jacques Mourad und die Liebe in Syrien*, Dankesrede zur Verleihung des Friedenspreises des Deutschen Buchhandels am 18. Oktober 2015, https://www.friedenspreis-des-deutschen-buchhandels.de/sixcms/media.php/1290/2015%20Friedenspreis%20Reden.1611966.pdf

Körtner, Ulrich: *Für die Vernunft. Wider Moralisierung und Emotionalisierung in Politik und Kirche*, Leipzig 2017.

Kreis, Georg (Hrsg.): *Der »gerechte Krieg«. Zur Geschichte einer aktuellen Denkfigur*, Basel 2006.

Kronenberg, Ulrich: »›Krieg soll nach Gottes Willen nicht sein?‹ Von der Phantasie für den Frieden zur Phantasterei – und zurück zur Realität«, *Deutsches Pfarrerblatt*, 8/2014.

Krötke, Wolf: »Die Verantwortung der Kirche für den demokratischen Staat«, *Geschichtserfahrung und die Suche nach Gott*, hrsg. von Agnes Valyi-Nagy, Stuttgart 2000.

Lange, Sven: *Der Fahneneid. Die Geschichte der Schwurverpflichtung im deutschen Militär*, Bremen 2003.

Lau, Mariam: »Oder soll man es lassen?«, *Die Zeit*, 11. Juli 2018.

Lünenborg, Gustav: *Verstand und Emotion. Demokratie – Krieg – Tradition: Zum Offiziersberuf heute*, Berlin 2018.

Luther, Martin: *Ob Kriegsleute auch in seligem Stande sein kön-nen*, hrsg. im Auftrag des Evangelischen Militärbischofs von Angelika Dörfler-Dierken und Matthias Rogg, De-litzsch 2014.

Markschies, Christoph: »KI und Moral. Vertraue deinem Computer nie«, https://www.faz.net/aktuell/feuilleton/de batten/ki-und-moral-verraue-deinem-computer-nie-160 55308.html

Matern, Tobias: »Die neuen Bestien«, *Süddeutsche Zeitung*, 2./3. Februar 2019.

Michaelis, Peter (Hrsg.): *Für Ruhe in der Seele sorgen. Evan-gelische Militärpfarrer im Auslandseinsatz der Bundeswehr*, Leipzig 2003.

Müller-Kent, Jens: *Militärseelsorge im Spannungsfeld zwischen kirchlichem Auftrag und militärischer Einbindung. Analyse und Bewertung von Strukturen und Aktivitäten der evangelischen Militärseelsorge unter Berücksichtigung sich wandelnder gesell-schaftlicher Rahmenbedingungen*, Hamburg 1990.

Nachtwei, Winfried: »Gehen oder bleiben?« Vortrag bei der 32. Afghanistan-Tagung in Villigst – vier Wochen vor der Ankündigung eines US-Teilrückzugs aus Afghanistan, http://nachtwei.de/index.php?module=articles&func=dis-play&catid=36&aid=1563

Nithack-Stahn, Walther: *»Völkerfriede«*. Sedan-Predigt von Pfarrer Walther Nithack-Stahn am Sedanstag 1911 in der evangelischen Kaiser-Wilhelm-Gedächtniskirche in Berlin-Charlottenburg, https://www.gedaechtniskirche-Berlin.de

Ohler, Norman: *Der totale Rausch. Drogen im Dritten Reich*, Köln 2015.

Polman, Linda: *Die Mitleidsindustrie. Hinter den Kulissen inter-nationaler Hilfsorganisationen*, Frankfurt/M. 2010.

Pöpping, Dagmar: Kriegspfarrer an der Ostfront. Evangeli-sche und katholische Wehrmachtseelsorge im Vernich-tungskrieg 1941–1945, Göttingen 2016.

Rink, Sigurd: *Der Bevollmächtigte. Propst Grüber und die Regierung der DDR*, Stuttgart 1996.

Ders.; Beckmann, Klaus: »Fenster ins Zivile. Überlegungen zu einer künftigen islamischen Militärseelsorge«, *Deutsches Pfarrerblatt*, 3/2019.

Rohde, Michael: »Christliche Frömmigkeit im Einsatz: Beobachtungen eines Militärgeistlichen im Auslandseinsatz der Bundeswehr. Ein Diskussionsbeitrag«, Hamburg 2018 (unveröffentlicht).

Rosen, Claus von: *Wolf Graf von Baudissin – Grundwert: Frieden in Politik, Strategie, Führung von Streitkräften*, Berlin 2014.

Ruttig, Thomas: »Eldorado am Hindukusch«, *Zur Sache BW*, Ausgabe 34, 2/2018.

Sandel, Michael J.: *Gerechtigkeit. Wie wir das Richtige tun*, Berlin 2013.

Schneiderhan, Wolfgang: Redemanuskript zur Gedenkveranstaltung Apscheronsk des Volksbundes Deutsche Kriegsgräberfürsorge, August 2018.

Schritte auf dem Weg des Friedens. Orientierungspunkte für Friedensethik und Friedenspolitik. Ein Beitrag des Rates der Evangelischen Kirche in Deutschland, EKD-Texte 48, 1994.

Schubert, Hartwig von: *Pflugscharen und Schwerter. Plädoyer für eine realistische Friedensethik*, Leipzig 2019.

»Seelsorge für Soldaten. Interview mit Militärbischof Franz-Josef Overbeck«, *General-Anzeiger*, 11. Januar 2018.

»Selig sind die Friedfertigen«. Der Einsatz in Afghanistan: Aufgaben evangelischer Friedensethik. Eine Stellungnahme der Kammer für Öffentliche Verantwortung der EKD, hrsg. vom Kirchenamt der Evangelischen Kirche in Deutschland, Texte 116, 2013.

Soldatinnen und Soldaten in christlicher Perspektive. 20 Thesen im Anschluss an das Leitbild des Gerechten Friedens, hrsg. vom Evangelischen Kirchenamt für die Bundeswehr, Berlin 2013.

Stümke, Volker: *Zwischen gut und böse. Impulse lutherischer Sozialethik*, Münster 2011.

Stuttgarter Schuldbekenntnis der Evangelischen Kirche in Deutschland, 18./19.Oktober 1945; https://www.ekd.de/Stuttgarter-Schulderklaerung

Thonak, Sylvie: »Ecclesiola extra ecclesiam? Zur Zukunft der evangelischen Militärseelsorge«, *Deutsches Pfarrerblatt*, 11/2015.

Thurau, Markus (Hrsg.): *Gewalt und Gewaltfreiheit in Judentum, Christentum und Islam. Annäherungen an ein ambivalentes Phänomen*, Göttingen 2019.

Timmermann-Levanas, Andreas; Richter, Andrea: *Die reden – Wir sterben. Wie unsere Soldaten zu Opfern der deutschen Politik werden*, Frankfurt/M. 2010.

Töpelmann, Roger: *»Unser Beitrag kann nur begrenzt sein.« Militärbischof Rink besucht Einsatz der Bundeswehr in Afghanistan*, 28. Mai 2018, https://www.eka.militaerseelsorge.bundeswehr.de/portal/a/eka/start/bischof/

Trojanow, Ilija: *Macht und Widerstand*, Roman, Frankfurt/M. 2015.

Weber, Max: *Politik als Beruf*, Köln 2014.

Werkner, Ines-Jaqueline: *Gerechter Frieden. Das fortwährende Dilemma militärischer Gewalt*, Bielefeld 2018.

Winkel, Wolfgang, »Bundeswehr braucht archaische Kämpfer«, *Welt am Sonntag*, 29. Januar 2004.

Wolffsohn, Michael: »Die Bundeswehr: Rechts und prekär? Ein (welt)historischer Rahmen«, *Soldatentum. Auf der Suche nach Identität und Berufung der Bundeswehr heute*, hrsg. von Martin Böcker u.a., München 2013.